辛亥安徽人物传系列

烈 士 传

张珊 著

图书在版编目(CIP)数据

烈士传/张珊著. —合肥:安徽大学出版社,2011.1(2013.9重印)
(辛亥安徽人物传系列)
ISBN 978-7-81110-978-8

Ⅰ. ①烈… Ⅱ. ①张… Ⅲ. ①辛亥革命－革命烈士－列传－安徽省 Ⅳ. ①K820.854

中国版本图书馆 CIP 数据核字(2011)第 006381 号

辛亥安徽人物传系列　**烈士传**　　张珊 著

出版发行：	北京师范大学出版集团
	安徽大学出版社
	(安徽省合肥市肥西路 3 号 邮编 230039)
	www.bnupg.com.cn
	www.ahupress.com.cn
印　　刷：	合肥远东印务有限责任公司
经　　销：	全国新华书店
开　　本：	140mm×203mm
印　　张：	8
字　　数：	186 千字
版　　次：	2011 年 1 月第 1 版
印　　次：	2013 年 9 月第 4 次印刷
定　　价：	23.00 元

ISBN 978-7-81110-978-8

责任编辑：李海妹　　　　　　　**装帧设计**：戴　丽
责任印制：陈　如

版权所有　侵权必究
反盗版、侵权举报电话：0551－65106311
外埠邮购电话：0551－65107716
本书如有印装质量问题,请与印制管理部联系调换。
印制管理部电话：0551－65106311

徐锡麟

吴越

程家柽

倪映典

 吴旸谷
 范传甲
 范鸿仙
 熊成基

辛亥安徽人物传系列

序　言

本丛书(《辛亥安徽人物传系列》)共分五部,即:《烈士传》、《一般人物传》、《柏文蔚将军传》、《冯玉祥将军传》、《方振武将军传》。

本丛书的编写是一个偶然的过程,一个漫长的过程,也是一个逐步发展结果的过程。事先并未考虑到出版这样的人物传。

1957年,我调入安徽省历史研究所,首先接受领导布置的任务,便是调查捻军史,开始在研究捻军史、太平天国史方面,做出一点点成绩。1962年,捻军史研究刚刚勉强告一段落,又接受领导布置,参加编写《安徽近百年编年史》(大事记)。开始时参加收集材料的人很多,除本所同志全部参加之外,尚有安徽大学和皖西大学4个人,共有29个人。但后来真正编写的人不到十人,而最后增添、整理、修改、补充、完成定稿的,只有我一个人。成稿共225条,96万字,全用二十行纸抄录,堆在地面上近两尺高。抄写笔迹是两个人的,一个是当时刚从合师院中文系毕业的学生丁梦洲,行草字写得非常漂亮(后来成为书法家,并成为淮北师院中文系主任),他的字迹占70%,其余30%则是我的字迹。

本来写成此稿,并促成其出版以及继续开展其他专项(题)研究,才是正常情况。但1964年之际,"文革"风暴出现的可能性和必然性,已经略有感知。我想,这时如不加大力度,完成一点成形的东西,今后还不知如何变化,很可能再也见不到或者难以利用这些资料。于是我便利用星期天及每天晚上,连续写成了《论大通自立军起义》,(此时正是我人生精华时期(四十岁),材料极熟,我只用一整天及半夜的功夫,就写成1.5万字定稿)以后又写了《安徽近代的哥老会运动》1万字,及《秦力山传》1.2万字,尚有《安徽近代史稿》六七万字。除此之外,尚写成《倪映典燕塘起义》、《程家柽传》、《吴旸谷传》、《王天培传》的一部分,又共有三四万字。

果不其然,1966年秋冬之间,"文化大革命"来临,在军宣队主持下,先批判我的大事记,分成七八份,每人一份。但并未批判起来,不了了之。后来安徽省直机关及其附属机构全都被砸烂,我们和省委宣传部在一起,先到宣城敬亭山进行斗、批、改,然后再回来下放农村当农民,三年后取消工资;用当时安徽军管总负责人的话说,叫做砸烂原有机构全部工作人员都"马放南山,刀枪入库"。怎样砸烂法呢?房子是省委中级党校的,那时由6408接受。家具折价卖给工作人员。图书全部移交给省图书馆,由他们自己运走。我所成立七八年来,派出专人,在外地抄录的资料很多,特别是三毛钱一千字四毛钱一千字,从扬州、南京、上海抄来,每年都抄五六千元的资料。加上我们的大事记,二三十人抄的和出钱抄来的资料合在一起,堆满二楼两大间宿舍。处理方法更简单,叫来收破烂的,拉来三个平板车,用叉子从二楼把资料撒扬下来。军宣队李秀如(粗野的护士)还特地派人通知我(我当时还在牛棚里),不准我看,更不准我拿去即将销毁的片纸只字。这是在我所革命领导三人小组已经成立的情况下在光天化日之下公然干的。回忆及此,犹觉痛心,这种做法,使人难以理解,这哪里是人干的事,更不是革命者干的事。我当时想,幸亏我抓紧时间,使用一点,保留了一点,不然岂不完全被化成纸浆?

"文化大革命"后,大学恢复招生。1977年底,我调到安徽大学政治系,准备增办历史系。我的两篇文章——《论大迈自立军起义》、《安徽近代的哥老会运动》分别于1978、1979年在安大学报上发表。1978年安大历史系成立,我写的《安徽近代史》正好派上用场,做为安徽地方史课程的教材。因为教授安徽近代史,我又把《辛亥人物传》作了补充。因为这些人物传的材料在桌上堆了一大叠,被系里一个同志发现,到了2000年,他忽然想到,要以我的材料为主,把系里其他人写的有关人物传,合在一起,做为系里的共同成果,印成一个集子。他要我开列一个我资料中尚缺人物传的人物名单,请其他人补充。我这样做了,谁知这件事竟是泥牛入海,此后毫无消息了。

我当时正在整理中国秘密社会史材料,以及一些中国古代史材料,经此同志一摧,我不得不把工作重点转回到人物传上,加紧补充、修改、再修改,依然感到很不足。

本丛书取名"辛亥安徽人物传系列",主要是因为本丛书收入的是辛亥革命运动参加者的材料,他们革命的目的,是实现资产阶级共和国。至于辛亥以后参加革命的,由于人多复杂,就不再收入了。其次是收入安徽人的材料,以及虽是外省人但主要革命事迹发生在安徽省的徐锡麟、秦力山的资料。徐的事迹已多次在安徽刊物上发表,早被皖人所承认。但皖人对秦力山尚不熟悉,我以为秦的先祖乃江苏人,其父客居长沙,乃为湖南人。他的事迹即大通自立军起义发生在安徽,故收入本书。又本人以为,正因为秦不是祖居湖南,故湖南不会为之立传,而江苏人也不会为之立传,他是一个革命先行者,起来的早,虽表面上是勤王,实际上是追寻共和国理想的,我敬佩其为人,而悯其虽有壮志,却不得归国,客死外国,甚可惜焉,这部分内容在本书中成文最早,写于1982年。

新中国成立以后,全国政协各组织,从中央到县一级,都集中一部分力量收集、调查、整理各地区的文史资料,这是保存历史资料的最好办法,是非常重要的。特别是在今天,全国社会进步很快,国家变化很大,从经济、政治到文化,都发生了空前剧烈、快速的变化,许多重大历史事件,也会很快被遗忘。如不认真收集整理各方面的史料,很快便会消失。正因为全国政协特别是安徽政协各级组织的认真工作,我这个《辛亥安徽人物传系列》,才可能迅速编写起来。在本书撰写过程中,我要特别感谢安庆市政协主席张杭同志。他自己是研究九华山佛教的，几次参加我们安徽史学会，我们都住在一起，无话不谈。他还协助送给我安庆政协所编的几乎全部文史资料，以致在许多人物的传记中，都用到了它。又如蚌埠市政协编的文史资料，借助它，吴家泰这位农民英雄烈士传才写了出来，事迹生动。又如合肥市政协的文史资料，材料不少，本书所收的戴健同志所写的龚振鹏传和叶季济、叶道明所写的叶粹武传，以及省中级党校聂皖辉同志所写的汪孟邹传，因为写得很好，我几乎一字不动的把他们都收进本书。我想作者一定是高兴的，我在替他们传播。还有老朋友张毅同志，写的童茂倩传，我也直接用了。多年未有联系，情况如何，甚以为念。总之，我要感谢你们。

本书所收集阜阳专区的人，我曾在安大老同学聚会时，请老同学阜阳人邹椿年帮忙，请他提供阜阳专区材料，结果他寄来了《新修阜阳县志》，据此，我才写出了程恩普传，特此感谢。

后来安徽大学出版社朱寒冬同志提出把《烈士传》和三将军(柏文蔚、冯玉祥、方振武)传先出，并安排了出版计划。我认为他的意见很有道理。当前全国的大学生数量增加很快，高级知识分子数量也增加很快，因为改革开放的力量空前加大，西方社会的各种思想一涌而入。由于科学技术的发展和需要，许多年轻学子都忙于学习科学技术，而忽略了民族文化精华的学习，忽略了爱国主义思想的学习。忽略了正确认识我们的国家文化和历史都是世界上最优秀的，有最优秀的内容文化。只要和世界上最先进的思想继续结合下去，坚持三个代表思想，并争取有利的和平时间,继续发展 30～50 年,使之成为世界上最强大的国家,无人敢来欺压的国家,最后胜利一定是属于我们的。我们的国家也一定会在国际大家庭中成为维护世界和平最主要的一员。

从进行爱国主义教育角度说,当然是烈士传最为重要,将军传在其次,一般人物传更次之。但就其总体来说,一般人物传的作用并不在烈士传之下。这是本书作者的建议。当然,三者齐读效果更好。由于本丛书收入人物太多,涉及面广,不足之处在所难免,或有应该收入而未收入的,还请读者原谅指正。

本丛书所以能够出版,首先应感谢今天的学校主要领导,他们均有远见卓识,这是办好世界一流大学所必需的,是需要经过多少年的努力积淀才能达到的。其次要感谢我的老伴张觉非同志。我的一生,是努力学习的一生,每天都休息很迟,形成了个习惯,即每晚要吃东西。六十年代那可是中国人民痛苦的时代,每月 23 斤粮食是远远不够吃的。我老伴每天都搞东西给我吃,而她自己却饿着肚子。在我的一生中,她几乎每天都让我休息,从来没有摧我工作。

张 珊

2005 年 4 月于安徽大学

目 录

序 ... 1

一、投向清廷第一弹:吴越烈士事迹 ... 1

二、刺杀安徽巡抚恩铭:徐锡麟烈士起义失败 ... 16

三、领导安庆马炮营起义的熊成基烈士 ... 41

四、范传甲烈士传 ... 69

五、凤阳田氏双烈(田激扬、田叔扬)传 ... 76

六、新军运动家倪映典烈士 ... 86

七、宋玉琳烈士传 ... 113

八、程良烈士传 117

九、石德宽烈士传 120

十、为革命献身的吴春阳烈士 122

十一、临终还想着革命的张沛如烈士 139

十二、农民英雄吴家泰烈士 143

十三、辛亥元老同盟会成立的促成者程家柽烈士 148

十四、韩伯棠烈士事略 173

十五、献身革命、猛勇精进的黑马范光启烈士 176

十六、淮上军(实际司令)副总司令张汇滔烈士事略 206

十七、淮上军军统李诱然(茂询)烈士 229

十八、马祥斌烈士事略 233

序

  由于中国的资本主义发展的不够充分和资产阶级的软弱性,中国资产阶级革命刚刚取得初步胜利,尚未来得及建立真正意义上的全国政权,孙中山刚刚当上名义上的临时大总统,辛亥革命的成果就被当时原清廷走狗、已操实权者袁世凯,以伪善的面孔、阴谋家的欺骗伎俩,攫夺而去。袁世凯暗杀了宋教仁,操纵了议会,包办了选举,当上了大总统,又修政了宪法,复辟了帝制,当上了洪宪皇帝,使中国革命走上了非常曲折而漫长的道路,使孙中山及其追随者,遭受了很多的挫折、失败,才找到了联合中国共产党的道路。无数的失败,使孙中山受尽磨难病逝而去。他的后继者,立即背叛了他的遗愿,夺取了联合革命的果实,采取镇压共产党的政策和阴谋毒辣手段,虽然也勉强建立了短暂的对全国大部分地区的反动统治,但这个政权已丧失了民主的本质、共和的本质,更置人民生命于不顾,堕落成为反共反人民的专制政府,成为帝国主义、封建势力在中国的代表,遭到全国广大人民的唾弃,最终被逐出中国大陆。

  正因为中国资产阶级革命落得如此下场,使中国革命遭到极大的反复,以致为辛亥革命而付出宝贵生命的烈士们,也牺牲得更多,付出的代价也更大。在革命正在进行时,不可能收集保存史料,而后来更无人关注,没有得到国家社会应有的表扬和赞许,有些烈士变成了无人知晓的人物,被人遗忘了。甚至因为沾上国民党的关系,而累及家庭和子孙后代,本传中程家柽的家属、淮上军将士的家属和王天培等人的家属等都曾写信给我,谈到此事。

我在教授和研究安徽近代史过程中,深感这些革命精英,乃人间的俊杰、民族的脊梁、国家的正气。他们在国家危难关头,挺身而起,义无反顾,为国家民族献身,何其壮烈也!不计私利,道德何其高尚也!然而由于国家多难,社会变化特快,死后竟寂然无闻,又累及子孙后代,又何其不当也。为了使后人能知其事迹,不忘大德,使后人能受到教育,发扬爱国家、爱乡土思想,我便逐渐收集辛亥烈士史料。凡是在安徽的革命者事迹,以及安徽人在外省的革命牺牲事迹,都尽力收集。集之又集,改之又改,因为受到各种条件的限制,虽有我家人子女之助,依然深感从各地收集来的资料不足。本书只收集烈士传18篇(含19人),以及附传不到10篇,缺点肯定是有的,对收集不到的,只有暂付阙如了。

本烈士传虽然只收到19位烈士的忠贞事迹,但据我所知,大约除广东、湖南两省外,安徽是全国各省中最好的、最有特色的,也是特点最多的,都充分发挥了烈士的个性,使每个烈士都找到了他在历史上的定位。正如江苏的革命家赵声所说:"江淮自古多杰,山水而今信有灵。"结便出现了吴越烈士,徐锡麟烈士,以及以熊成基、范传甲为首的许多青年烈士。我希望它能成为我国青壮年的喜爱,成为爱国主义教育的材料之一。编写本丛书的目的之一是保存史料,保存历史的真实性,因而不可能在可读性方面多下功夫,这是其缺点之一,尚希读者原谅。由于时间仓促,也不可能把所有事件都彻底搞清,错误之处,在所难免,尚希读者指正。

作者 2003 年 11 月于安徽大学

一、投向清廷第一弹：吴越烈士事迹

吴越(1878—1905)，又名樾，字孟霞，一字孟侠，安徽省桐城县高店人。生于光绪四年(1878)，兄弟凡五，孟侠行四。寄居县城内，8岁时丧母，在父亲的私塾里读书，颇聪颖。年十三，慕科名，岁岁应童子试而不售。后来父亲出外谋食，家境清寒，束脩无着，21岁时，戊戌变法发生，遂放弃学习八股文。

求学保定直隶(河北省)高等学堂、创办两江公学

时值1900年，华北义和团事起，八国联军进入北京，清廷的腐败无能，愈加暴露。孟侠奋起而言曰："国势颠危，至于此极！大丈夫竟终老于斗食也。"乃向亲友多方借贷，单身走上海，欲进方言馆，恶其学制，遂北上保定，拜见族长吴挚甫(汝纶)先生谋生计。先生一见孟侠，即教以先求得新知识而后问世。于是介绍孟侠考入保定直隶高等学堂，由旅保同乡金寿民先生具保结入学。因年龄较大，初入学堂第一班附学。年终考试，因数学、英语都不及格，降入第二班。因受吴汝纶所托，遂被派充学长(其他学长都是举人)，每月给月费银4两，学堂牌示并有"学端品粹"评语。

该学堂为直隶全省最高学府，规模较大，教习多西方学者与

国内知名人士。孟侠时与中西教习接近,便逐渐了解中外知识,知识范围日渐扩大。

孟侠生活作风艰苦朴实。当时保定高等学堂学生,大多是官吏子弟,服装饮食,相当优裕。而孟侠则一贯刻苦自励,律己甚严,课余洗染缝制。假日各同学多有轿车迎接回家,并多出入酒楼戏院,而孟侠则仅约同乡张啸岑聚谈,饿时各买馒头一个果腹。同乡前辈如金寿民、王子翔、丁健侯先生等,知孟侠远离家乡数千里,又毫无接济,或常约便餐,或予零用,而孟侠皆婉谢之。而遇友人有困难时,总是倾诚相助。

孟侠此时仍然未放弃功名念头,他自己说:"此时交游者,非官即幕,自不禁怦怦然动功名之念。"汤滴清先生也说他曾见过吴有一张照片,长袍马褂,座旁几上盖碗水烟袋,俨然一个小官僚的神气。他后来说自己进高等学堂的目的是"得出身任教习……岂知本(国)朝廷为异族,而此时的自己竟是在奴隶丛中耶?"

1903年,清廷命直隶布政司杨士骧督办直隶学务处,掌管全省教育事业。杨是安徽泗县人,对于同乡后进,多有照顾。孟侠便借机物色同志,扩大革命力量,且联系两江(安徽、江苏两省)在保定的各校友,向杨要求利用两江会馆开办两江公学,教育旅保两江同乡子弟。经杨拨给馆址,并酌予开办经费。当时会馆内住有清廷练兵大臣铁良,费尽气力与铁良交涉,才获允迁让。两江公学开办以后,关于教室宿舍的布置、办公室的修理、图书馆簿册的购置,均由孟侠一手张罗。公学招了两个班学生,高级班有英语、数学,低级班只有算术。教学则由高等学堂等在保定校友马铸风(鸿亮)、杨心如(积厚)、金慰农(猷澍)、张啸岑等担任。全是尽义务,仅供给茶水、伙食、灯油。初期只有学生十余人,半年后增至百余人。孟侠虽不授课,但对学生的学习十分重视。曾多次请吴辟疆先生到校,给学生讲授古文。孟侠还出题叫学生作文,每周一次,并送给吴氏修改,此法甚得学生好评。

随着革命思想的增强,在教课之余,孟侠还召集学生漫谈时事。每星期六晚上,则必约张啸岑宿于两江公学,促膝倾谈,交换阅读各种革命书报,如《革命军》、《苏报》、《中国时报》、《新民丛报》、《白话报》等。以上报纸都是寄交张啸岑负责推销传阅的。孟侠也常与先进人士通信,如陈仲甫(独秀)、汪康年、潘瑨华等,革命知识愈丰富,革命意志也就愈坚定。与此同时,公学创办人金慰农又创办了《直隶白话报》,宣传革命思想。而孟侠自己在高等学堂,已经无暇认真求学了。

后来,为了避免清廷官吏注意,不得不另寻秘密地方。于是经由久住两江会馆的汪雨田先生介绍,认识了同乡严老太。严母为人旷达,中年时曾随丈夫在日本东京侨寓数年(其丈夫是驻日中国使馆随员),见多识广,在老年妇女中可谓凤毛麟角。彼时风气未开,男女内外,界限甚严。而严母见孟侠诚笃,便请其教授当时十五六岁的女儿严天畏,讲授历史、英文等课。严女领会力强,进步很快,有暇则看《白话报》、《中国时报》、《革命军》等,遇有疑问,辄要求孟侠详加讲解。其母女间问孟侠:"你将来要做何事业?要做哪样人物?"吴答:"我要做顶天立地的人。"严女与吴相处日久,似依恋难舍。啸岑自愿从中撮合。严母粗通日文,时从啸岑补习日语,偶尔谈及家务。啸岑曾探刺口气,知严母狃于常情,觉得男女相距10岁,总不相宜。而孟侠则因革命事业未见端倪,自是绝口不谈。严母愈重其为人,而严女愈埋首于功课。1904年春,合肥万福华在上海枪击王之春未遂,吴越闻之"深为感奋,唯惜其大材小用……乃蓄意谋杀铁良"。

革命思想猛进,主张暗杀

1904年秋,桐城潘瑨华以考察北洋警察的名义到了保定,下榻两江公学,与孟侠、啸岑二人朝夕聚谈,每至深夜,交换对时局的看法,并商讨革命工作如何组织、如何进行。还传达了陈仲甫(独秀)的意见。(陈、潘、张是总角交)陈意见的精神是:要努力唤醒广大群众,起而救亡。救亡就必须推翻清廷的腐朽统治。同志们要革命、要慎重,而不怯懦,要有勇气而不急躁。同时还告诉他们,江苏丹徒赵声(伯先)不久即来保定考察。赵声,工书法能文,以拔贡入陆师学堂,曾参加南京学生北极阁学会,曾就拒俄一事登台演说,慷慨激昂,为当时军界青年所推崇,而为东南地方大吏所忌,因而辗转到保定访问吴越,共商革命反清的行动问题。

大约由于赵声来访吴越,使吴越在同志们中受到特别重视。汤滴清说:"和他(吴越)同学共事三年,未听过他发表激烈的言论。当时同学的言论比较激烈,但未听到吴越的激烈言论。"汤以为吴越之所求在事实,而不在虚文。吴越只痛斥那些一"谈到革命就畏首畏尾"的人。而赵声的来访,对吴越的革命和暗杀行动,起到了巨大的推动作用。他们"聚首一日夜,彼此各抒所见,无不志同道合"。此时孟侠已下了暗杀铁良的决心,杀铁良,由己任之,而推翻清政府的军事革命行动,则由赵声任之。故孟侠称赞此次会见说:"生平快心之事,未有过于此者。"赵声也盛赞孟侠的沉着英武,为世人中所少见。

后赵声继续到北京联络杨笃生(守仁)和胡瑛(经武),离别后,赵声到天津,又寄来《赠吴越》七绝四首,分别是:

一、投向清廷第一弹：吴越烈士事迹

淮南自古多英杰，山水而今信有灵。
相见尘襟一潇洒，晚风吹雨太行青。

双擎白眼向天下，偶遇知音一放歌。
杯酒发挥豪气露，笑声如带哭声多。

一腔热血千行泪，慷慨淋漓为我言。
大好头颅拼一掷，太空追摄国民魂。

临别握手莫咨嗟，小别千年一刹那。
再见却知何处是？茫茫血海怒翻花。

孟侠接信后，立即复信说："赠某(我)诗四首，刻已诵熟，惟于后二言，每一诵之，则心为之酸，泪为之出。今者某为其易(暗杀易)，君为其难(革命难)；某念念固在君，君请勿以某为念。异日提大军北上，而为某兴问罪之师者，必吾子(君)也。"

同时，赵声又写信给正隐身于北京编译馆(或作张百熙幕)的杨笃生(守仁、叔壬)。杨乃湖南长沙人，游学日本，是革命党中主张暗杀并钻研制造炸弹者，也是全国党人中第一个会制造炸弹的人。他曾和同乡编印《湖南游学编译》、《新湖南》二书，内容都是主张种族革命。他曾参与组织拒俄义勇队和军国民教育会。赵声要杨来保定，和吴越联系。(此乃据蒋元卿文，张啸岑文则说赵声邀吴越、马铸风二人去北京和杨笃生、胡瑛二人接谈)杨到保定后，当天夜里即"主盟立誓"，并组织了军国民教育会支部，公(共)推吴越、马铸风、杨积厚(心如)、庄以临、侯景飞、金猷澍为职员(会员)，进行革命活动。(此据蒋元卿文)

张啸岑文说，吴到北京和杨、胡联系后，杨知道孟侠是真能实行暗杀的人，便立即交给他"自制圆香烟盒式小型炸弹"。但"仓促间未及详告使用方法"。孟侠"带回两枚，次日即交一枚给张啸岑，又怕啸岑年轻(二十岁)偾事，便谆谆告诫，需先得(吴)

许可,方能进行"。蒋文则说,1905年"党(中)众(人)议急进,或主张大举(起义),或主张暗杀"。杨笃生主张"各行其志(即各干自己想干的)"。杨又对吴越及金猷澍说"君二人主暗杀甚力,然事不密则败,望好自为之"。杨又问用什么武器暗杀?吴、金二人均"以手枪示之"。杨看了用手触摸说:"这是东洋货(日本货),击狗且不中,况(击)人乎?"又说:"我有利器,比这好百倍,已带来了。"于是关上窗户,拿出一个皮包,从中取出一个纸包,内有一个铜制圆罐,"可五寸许,直经三寸,(原文如此)四周固封,如罐头食品"。杨说:"这是我自己制造的炸弹,你可试一试。"第二天同到廓外(城外)数里,埋弹于岩石之下,以长树枝挑香火燃之,霎时烟起,炸声如雷,埋弹处,全成碎石。孟侠大喜,便力任暗杀铁良的任务。(见蒋元卿文)

从此以后,吴越便和张啸岑"无日不谈,无夜不谈",彼此商量在"什么场合,什么时间,什么人前,轰炸一声",始能惊醒世人的"弥天大梦",震活已死的人心,"震破鞑虏之胆",振兴"汉族的气"。

向全国人民发出革命宣言——《暗杀时代》

孟侠既决定了革命的方法,便在1905年春,利用假期,草拟了促使人民的觉悟的意见书,长达万言,并交张啸岑一份,请张保存好,如他能够完成任务,已离开人世,就请他设法发表;如仍在人间,即将其焚毁,免留祸害;如无法发表,即交杨笃生或寄安庆陈仲甫。后该稿果被陈仲甫在冬天索去,摘要刊于《白话报》,并经上海、香港其他报纸转载。1907年又全文刊载于《民报》增刊《天讨》上,其内容包括13篇文章:《暗杀时代》、《暗杀主义》、《复仇主义》、《革命主义》、《揭铁良之罪状》、《杀铁良之原因》、《杀铁良之效果》、《敬告我同志》、《敬告我同胞》、《复妻书》、《与妻书》《与章太炎书》《与同志某君》。

但据吴越密友张啸岑回忆,该意见书尚包括以下几部分内容:

(一)驱除鞑虏

满族统治中国两百年,入关初期,杀戮极惨,扬州十日、嘉定屠城,几乎鸡犬不留。对男子强迫薙发,汉族因而被杀者,何止千万?历康熙、雍正、乾隆三朝,文字之狱,汉族读书人士,家败人亡,莫可数计。甚至株连九族,累及乡里。太平天国失败时,杀人盈野,血流成河。此其所以必须驱除鞑虏,还我河山也。

(二)改革政体

消灭君主独裁专政,建立人民共和政治,实行代议制度。厉行法制,使全国人民养成遵守法制的良好习惯。法律执行,一律平等。执行偏差,应该受到制裁。谨防不肖官吏利用职权欺上罔下。

(三)整理财政

平均地权,实行耕者有其田。关税自主,对外采取保护税法措施,以防帝国主义实行经济侵略;对内以不苛不扰为原则,开发矿藏,开垦荒地,增加产量供应,发展大小工业。增强国力,改善生活,发达水陆交通,互通有无。确定预算、决算,最后期望收支和进出口的平衡。

(四)振兴教育

各省会设立工、理、文、农、商、法等科完备的大学,聘请中西学者专家授课。府、县、市、镇,各按其需设立中小学堂及技术专门学堂。实行义务教育,扫除文盲。大学毕业生经严格考试,选送国外留学深造。务期学以致用,用当其才。

(五)建设国防

实行征兵制度。常备军额以足够布防北、西、南各边疆要塞重镇为目的。东面海防多多训练海军官兵。建造各类小型舰艇,首求足敷大小港口防御之用。枪炮子弹,各设造厂,徐图达到不需外求。

（六）决心自我牺牲

西方目我为"东亚病夫"、"狮子酣睡"，所以必须自我牺牲。如果因我的一击，能使病夫转为强健，齐心努力，救国救民；然后醒狮一吼，群兽慑服，外不致遭列强瓜分惨祸，内可以脱离鞑虏的奴役，使老大病夫之国，变为新兴富强之邦，则我的精神不死，死胜于生矣。

（七）死后希望

我之一死距救亡的目的，尚属遥远。希望全国父老、兄弟、姊妹，急起直追，前仆后继。鞑虏无德，人心已去，其政权之被消灭，必在不远。可是革命最艰难困苦的阶段，不在今日的破坏，而在将来的建设。齐心努力，培养具有高深学术与纯洁修养的后进，是建设国家的唯一要图。

（八）告慰老父

我父幼读长耕，劬劳顾复，教我成人。我已年近而立，愧未尽到人子之道。忠孝已难两全。为四万万五千万同胞设想，为后代子子孙孙设想，都不容我和我的同志，徘徊于十字路口，犹豫不决。我既已设计走此道路，望我弟季膏（吴楚）善事奉养，将来家中自有人代为照料。某女士（指严无畏女士）从我学史、地、英文，相处甚好。但情谊虽笃，亦不得不天各一方矣。

孟侠常说："吾辈革命大目标，不仅在于取得政权，乃是为了拯救同胞出火炕，免遭亡国奴的惨痛待遇。推倒清朝政权以后新建的政府，如果腐败，也不惜再作一次政治上的改革。一定要求将来的国家做到人尽其能，地尽其利，摒绝依赖思想，抵制外来侵略。"他敌视荒淫无道、卖国求荣的清朝宗室、王公大臣，而对其他各界进步人士则力求团结一致，为国求存，从无仇视怨恨的批评。他认为即使在当时与革命对立的保皇党康有为、梁启超辈,如果他们放弃保皇保大清的念头,亦可作为将来的大政治家、大教育家。并说《新民丛报》启发青年,功不可没。

1905年暑期,孟侠离开保定计划已经确定,将自己各种书刊全赠严女士。只讲异日相见时,"你的学问必定很好,你的思想必更进步,你我二人的情谊可能与日俱增"。至于何时离保,到什么地方去,做什么事,均未道及只字。并常常口吟:"桐城吴某身长存,不杀满奴誓不休。"绝非英雄气短、儿女情长者可以比拟。孟侠离开保定的次日,啸岑曾到严家,严母女二人惘惘如有所失,严女更不禁热泪盈眶,只要求函嘱孟侠:"事情办好,立回保定,重作从长计划。"啸岑只有含糊以应。

掷向清廷的第一弹及其影响

在孟侠草拟意见书时,已经明确革命要从推翻清室政权着手。而手无寸铁的书生,怎样做才能达到目的呢?经与马铸凤、张啸岑进行一星期的日夜密商后,也没有得出结论。马铸凤旋即赴沈阳就陆军学堂教员职,只剩吴、张两人磋商。张主炸东交民巷外国使馆,吴主炸清室宫殿。彼此认为非如此则不足以震动已死的人心,唤醒同胞的弥天大梦。但念清廷首要如叶赫那拉氏(西太后)、载湉(光绪帝)、各王公和军机大臣等,皆深居简出,不易得到机会。张啸岑便改变主张,力劝孟侠南下与赵伯先合作,隐身于军事机构,助赵异作大规模举动。而孟侠则仍决心于7月离校,单身前往北京,作久居之计,伺机行动。时值奉天省新民府兴办学校,约啸岑前往任职,孟侠乃力催啸岑速往任教,以解决孟侠在北京时的旅食费用问题。初步商定如此。隔天,孟侠于两江公学办公桌子的抽屉内留了封给啸岑的信,信上说:"我于今日离保。家长老父、弱弟,盼以待我者以待彼等。后会或许有期。速往新民府,谨慎前途为要!"8月上旬,啸岑又接由新民府署转来孟侠的一封信,略谓:"北京一切都好。所事已有端倪。用度不缺,无需再寄。君为其难,我为其易。希多看书报,勿以我为念!"此后便没有来信了。9月上旬,报载清廷派振国公载泽、两江总督端方、商部右丞绍英、户部侍郎戴鸿慈、军机大臣徐世昌五人分赴东西各国考察宪政,想借此迷惑人民,缓和要求政治改革的紧张气氛。于是吴越决定炸此五人。

张啸岑回忆道:几天后,又见报载考察宪政五大臣在北京车站被炸,未死。啸岑知亲如兄弟的友人已离尘世矣。惊悸惨痛,病逾旬日。旋接陈仲甫先生来信问:"北京店事,想是吴兄主持开张。关于吴兄一切,务速详告。"张啸岑当即将孟侠交存意见书原稿回寄于陈,此乃遵吴之遗嘱也。寒假期间,啸岑前往北京,逐日到西城根桐城试馆,与久住试馆的同乡及管理负责人江紫嘉老先生盘桓倾谈。据江先生说孟侠平日在试馆内不多到别人房间,有点心,有荤菜,必定留人同吃。问他到京原因,不是说找朋友,就是说谋位置。谈话之间,总是说外国人要如何瓜分中国,中国人若不再自立,到了亡国的时候,就将怎样受苦,怎样难活;有时谈到明亡故事,说得生动感人。还曾说到南方人士如何开通,孙逸仙先生如何伟大等等。

1905年10月24日(旧9月26日),在考察宪政五大臣出发的早晨,孟侠手提小皮包,身穿蓝布长衫,头戴红缨帽子(工友服装),在车站人丛中不断来往。识者疑为吴某借此机会出洋"勤工俭学"。在专车将要开动时,孟侠一脚踏上火车梯蹬,遭到警卫(蒋文作徐世昌随从)盘问:"你是跟谁的?"吴答:"我是跟绍大人的。"(蒋文作吴答"泽爷的随从")不料绍英正在这节车厢内,警卫即进去向绍英的随从问话。孟侠知事不妙,随即打开手提包,不幸炸弹引线走火,未及远抛,轰的一声,遂以身殉国。载泽、绍英受伤未死。

事后清廷追究案情,保定高等学堂总办钱镊(候补道台)被革职;原吴的保人金寿民(候补同知)被革职、永不叙用。试馆同乡,俱遭传讯。孟侠的老父、弱弟逃往他乡。影响所及,中外报章,竞相记载。驻北京的外交官吏纷纷发电回国,报告中国革命派首领吴某以身殉国。国内街谈巷议,妇孺皆知吴越是排满首领,因不愿清廷败亡我们的国家,故坚决反清,不惜一死等情。是时孙中山先生成立中国同盟会于日本东京,海外华侨、留学青年争先恐后,积极参加同盟会。革命热潮,风起云涌,莫可遏抑矣。

孟侠殉国后不久,李光炯先生电邀张啸岑回芜湖,在安徽公学教书。旋以党案(啸岑担任同盟会芜湖支部之责)发生,逃亡日本。经谒见同盟会总理孙中山先生,述及吴孟侠进行革命的经过。孙先生认为孟侠在北京牺牲,虽云可惜,但是影响于国内外人心者至大。并云,外国报纸,登载不详,得此介绍才知道孟侠是一位品学兼优的同志。嗣后各地革命党人,先后在萍乡、醴陵、安庆、广州集合起义。虽然失败,终是人心所趋。当时人士认为吴氏在北京的一击,对革命起到了一定的推动作用。

1912年春,由张啸岑向安徽当局申请,备文给资,责令孟侠的胞弟吴楚北上换棺迎榇回皖,葬于安庆西门外烈士墓。墓侧树有同盟会总理孙中山先生及皖省都督柏烈武(文蔚)碑文。1929年,又由张啸岑约同金慰农呈准以安庆市最繁华广阔之大街命名吴越街,以纪念烈士。

原载《安徽史学通讯》1957年第2期
本文据张啸岑《吴越烈士事迹》及蒋元卿
《吴越烈士革命事迹》二文综合写成
2002年于安大历史系

附吴越:《敬告我同志》

某尝自以主义之不破坏、手段之不激烈为深戒。故每观虚无党之行事,而羡其同志者之多能实行此主义、实行此手段也。诚以无破坏则无建设,无激烈则无和平。若一于破坏,一于激烈,匪特建设之不可期,和平之无由致;而破坏为无用,激烈为无益矣。若求其建设,而不先经以破坏,则建设直无从建设;若求其和平,而不先出以激烈,则和平亦无可和平。不观夫医者之治热病乎?先之以苦寒之剂,俾去其邪,然后补以参苓,以复其元气。若先以补剂,则热邪在中而不出,其为患必至于不可药。此医者之切戒也。吾党之行事,亦复如此。盖以我同志久伏于异族专制之下,其受患较热病为重且大;若不先之以破坏主义,行之以激烈手段,而骤以建设为宜,平和为主,则鲜有不失其利而得其害者。

夫至今日而言建设、言和平,殆亦畏死之美名词耳。某尝见夫言建设、言平和者,则曰:破坏为不可恃,激烈为不可恃;而吾以建设为破坏,平和为激烈,则所谓共和之天下,民族之帝国,将不血刃而成立之。噫!岂知其所言之建设,所言之和平,皆由一念畏死之心,期以建设而兑破坏,以平和而兑激烈,非真以破坏为不可恃,激烈为不可恃也。而特为是建设、平和诸名词,以饰其畏死之行焉耳。予敢断言曰:误尽我汉族者,必此辈也。

附吴越:《复妻书》(给未婚妻的复信)

吾所谓"复仇者",非私子于我,而为我复仇也。吾之意,欲子他年与吾并立铜像耳。爱子之甚,故愿子亲生而就死,以为同胞复九世之仇(清代皇帝已历9代)也。若云报吾之恩,吾何恩之有,子又何报之有?吾期望于子者,思想日渐发达,智力日渐进步,而导以民族主义,爱国之精神者,亦为同胞起见也。子若志不在此,则人间之富贵安乐,自可操券而得之。亦以子之年华才貌足以相当也。如曰"拙钝无能为力",是直不自尊、不自爱之代名词也。天下事,人能为者,我亦能为之。"舜何人也,予何人也,有为者亦若是"。(此乃《孟子》中的一段话)子不见夫法(国)之罗兰夫人(1754—1793),以区区一弱女子,而造此惊天动地之革命事业。彼岂有异于人哉?无异也。其所以至此者,亦由于平日明于自由之不可失,虽此身可亡,而此名不可没,故宗旨一定,方法随之,直至达其目的而后已。

今日大地之上,人莫不曰,产欧洲各国之革命者,法国也;产法国之革命者,罗兰夫人也。何不一思,享富贵安乐,身殁而名不称者之为得乎,抑生则辱、死则荣,不惜一己之牺牲,而为同胞请命者之为得也。孰得孰失,子自裁之可耳。

附：女爱国诗人秋瑾《吊吴烈士樾》诗（写于日本）

昆仑一脉传骄子，二百余年汉声死；
低头异族胡衣冠，腥膻污人祖宗耻。
忽地西来送警钟，汉人聚哭昆仑东；
方知今日豚尾子，①不是当年大汉风。
裂眦啮指②争传檄，③大叫同胞声激烈；
积耻从头速洗清，毋令黄胄④终沦灭。
大江南北群相知，英雄争挽⑤鲁阳戈；⑥
卢梭⑦文笔波兰血，拼把头颅换凯歌。
年年岁月驹驰隙，⑧有汉光复终无策；
志士奋乎东海东，⑨胡儿⑩虎踞北京北。
名曰同胞意未同，徒劳流血⑪叹天功；
提防家贼⑫计何酷？愤起英雄出皖中。
皖中志士名吴越，百炼刚肠如火热；
报仇直以酬祖宗，杀贼计先除羽翼。⑬
爆裂同拼歼贼臣，男儿爱国已忘身；
可怜懵懵无竞警，⑭致使英雄意未申。
电传噩耗风潮耸，⑮同志相顾皆色动；⑯
打破从前奴隶关，⑰惊回大地繁华梦。⑱
死殉同胞新血痕，我今痛哭为招魂；⑲
前仆后继人应在，如君不愧轩辕孙。⑳

---

①豚尾子，指脑后辫发如豚尾巴。

②裂眦啮指,愤怒也。
③传檄,传檄文而声讨也。
④黄胄,指黄帝之后代。
⑤争挽,挽,唱也,争挽,争唱也。
⑥鲁阳戈,鲁阳公,楚国人,挥戈一指,使太阳倒退九十里不落,以利战事。喻当时志士的昂扬斗志。此传说见《淮南子·览冥训》。
⑦卢梭,法国革命家,《民约论》作者。宣传革命。
⑧驹驰隙,谓时间过得飞快。
⑨东海东,指日本。
⑩胡儿,指清廷贵族。
⑪徒劳流血,指多次流血,仍然无功。
⑫提防家贼,指慈禧"宁给外人,不给家奴"的恶毒思想。
⑬除羽翼,指炸出洋五大臣。
⑭懵懵,谓上天无知。无竟瞽,谓天也瞎了眼睛,指未炸中也。瞽,盲也。
⑮风潮耸,谓革命之风潮云起也。
⑯皆色动,谓革命同志皆为悲愤也。
⑰奴隶关,谓从此不再当奴隶了。
⑱繁华梦,谓光复汉室之理想也。
⑲招魂,谓招扬革命精神也。
⑳不愧轩辕孙,是黄帝的好子孙。

二、刺杀安徽巡抚恩铭：
徐锡麟烈士安庆起义失败

徐锡麟(1877—1907)，字伯荪，浙江绍兴东浦镇人。父徐国鸣(海生)，家富有，在绍兴经商，独资开设天生绸庄和泰生油烛栈，并有田产百亩。有人估计其资产在15万元左右。虽非钟鸣鼎食之家，但因人口众多，必得鸣锣开饭。① 徐锡麟兄弟7人，姊妹4人，他年龄最大。

倔犟的性格，天生的正气，强烈的反侵略爱国精神

徐锡麟自幼好奇心重，喜动，"器物过手，辄破坏之"，常遭父亲的斥责和处罚。他又秉性刚毅，胆大倔犟，父亲并不喜欢他。他少年时有许多朋友，有个孩子叫平长生的，和他很友善。因长生有个哥哥在徐家做杂活，故常相往来。他十分钦佩古代的英雄豪杰，喜欢舞刀弄枪，练习武艺。1884年，即徐锡麟12岁时有一个和尚从他家门前经过，他问平长生，和尚为何不害怕？平说："庙里的和尚最有本领，有的能飞檐走壁，所以和尚走遍天

---

① 见刘序功《徐锡麟烈士生平》，见《安庆文史资料》总第15辑，本文约综合10篇文章而成。

二、刺杀安徽巡抚恩铭:徐锡麟烈士安庆起义失败

下,无人敢欺侮。"①一天他又被父亲训斥,一怒之下,竟跟着和尚逃到钱塘(今杭州)白云庵当和尚,家里人费了很大力气,才把他找了回来。从此后不准他擅自外出,只好在家里的桐映书屋闭门读书。

他爱好读书,对数学、天文、地理都极感兴趣。他经常在夜间观察星象,乐而不眠。他曾独出心裁地绘制许多星象图和地图,还制造了圆桌大的浑天仪。② 他不但研究宏观世界,也注意微观世界。他提出了"物无极"想法,他说:"天物无极也,物无外无内。物以外有物,物外之物又有物,则谓无外之物。""而物无极,物之内有物,物内之物又有物,则谓之无内之物。""而物无极,物爱物,物物而合为一物,一物又有爱物。""物无极,物离物,一物而分为物物,物物又有离物"。"此之谓物无极"。③

1893年,21岁的徐锡麟考取县学诸生(秀才),之后又考中副榜(举人备取)。随着年龄和学识的增长,他关注起国家大事来。清政府腐败不堪,帝国主义列强在中国横行无阻、为所欲为,国家处于危险之中,"国家兴亡,匹夫有责",怎样才能拯国救民于危险之中?徐锡麟常到墨润堂书店去看新书,看那些刚翻译过来的名人传记,并从此放弃考科举,他在亲友韩英中秀才的宴会厅上写道:"韩英居榜首,徐子落孙山,(不愿科举之意)放下生花笔,同来闯玉关。"政治和社会科学启发他,大丈夫当创大业,而创大业必须办教育,开启民智。

1894年,甲午战争爆发,清军在战争中节节败退,日寇疯狂地屠杀中国人民,战后清廷签订了大割地、大赔款的《马关条

---

① 见徐乃常《徐锡麟烈士生平事迹》。
② 见徐乃常文。
③ 见刘序功文。

约》。一个个噩耗传来,震荡着徐锡麟的心灵,激发了他强烈的爱国热忱及救国思想。他跑出书斋,走上社会,开始关注帝国主义的侵略和救国图存问题。徐锡麟很快意识到中华民族已处在生死存亡的紧急关头,他奋笔写下《韩信登坛之对》、《诸葛亮草庐之谈》、《王朴平边之策论》。①指出:"当今外患猖狂,日盛一日,俄横于北,其势负隅,不可改也。德肆于东,其兵强劲不可敌也。英法并峙于西南,一据缅甸,以窥永昌(云南保山),一据越南,以临蒙自,有挟而求,不可击也。"甚至区区意国,也在窥视我国三门(浙江)。

他又发现外国教会充当侵略中国的急先锋,便写了《问罗马为意大利所据,教皇权势已去,(实际上梵蒂冈乃教皇之国,仍在罗马城内)而中国教祸反剧,其故何在?》。②对这个问题的认识虽然不够成熟,但足见徐锡麟勇于追求真理的可贵精神。他又考察了鸦片战争以来,帝国主义经济侵略给中国造成的严重后果。③又指出:"自中外互市以来,门户洞辟,中国之利源,日流于外域,中人之膏血,日耗于外洋。"他因而惊呼:"时至今日,内忧作矣,外患乘矣,人心动矣,社稷危矣。"④徐已开始认识到:"保国之要,则在御患。"他要寻找保国的出路了。

大约在1900年,徐锡麟和他的妻子徐振汉结婚已经7年,但未生孩子,他的父要为他取小妾,徐锡麟坚决反对,携妻子外出另寻屋而居。

1901年,他抱着启发民智的宏愿,受聘于绍兴府学堂,担任

---

① 见徐乃常文。
② 徐乃常文引《辛亥革命四烈士年谱·附录》。
③ 见《已文公通商惠工论》,引《正气集》(九)。
④ 见《小不忍则乱大谋集》,引《正气集》(八)。

数学教习。数学本是他的特长,而且他又热心于教育,以致任教几个月后,便声名鹊起,得到绍兴知府熊起蟠的重视,把他收为门生,并把他提升为学堂副监督(副校长)。他又深感国家衰弱,必须学习军事,加强军事教育,于是任副监督之后,又自编军事教材,把枪弹的基本常识和射击的距离等军事知识,以及行军作战的方法与路线等编入教材,以增加学生的军事知识和提升学生的爱国思想,他还设立并教授军事体操课程。他经常对学生说,强国必先强身,他也身体力行,锻炼身体,在腿上绑上沙包或铜钱,练习跑步,风雨无阻。

1903年春夏间,日本大阪市举行劝业博览会,绍兴府学堂日文教员平贺深造邀徐锡麟同去参观。于是他第一次东渡日本,顺便游览了东京。当时在日本的中国留学生中,反帝爱国活动蓬勃开展。他们组织拒俄义勇队,反对清政府勾结沙俄,镇压义和团,屠杀爱国志士;声援因为进行革命宣传而入狱的章炳麟。这种革命气氛,深深地感染了徐锡麟。于是,他便以同乡的身份,积极参加了留日浙江学生为营救章炳麟(因"苏报案"被捕入狱)而组织召开的会议。会上,他作了慷慨激昂的反帝爱国演说,并捐款支持营救章炳麟出狱。徐锡麟这一豪爽的举动,使得革命志士陶成章和龚宝铨非常钦佩,当场把他引为知己,订生死之交。接着,陶成章约徐锡麟和留日的拒俄义勇队负责人纽永建相见。他们畅谈了国内形势,愤怒地抨击了"引盗入室"的清朝政府,主张用武力推翻帝制,建立共和。通过这次偶然的出国考察,徐锡麟领悟到"宗邦之削弱,实源于祖国之陆沉",[①]明白了清朝反动统治是祖国贫弱的根本原因,颠覆清政府之念,由是

---

① 南史氏《徐锡麟传》,《民报》第十八号。

益专。① 他在日本购买了许多新书和刀剑,装了20多箱,作为行李,迫不及待地乘船回国了。这时的中国,资产阶级的革命思潮正在兴起。徐锡麟回到故乡绍兴。首先,由友人陆志军出钱,他在家乡创办了热诚小学堂。他积极提倡军国民教育,专设了兵式体操课,他自任体操教习,每日午后由绍兴步行至20里外的东浦,教学生们持枪操,翌日早晨又返绍兴,风雨无阻。他还从南京请了一位军乐家教军乐,一时间学生中俨然有军队气象,致使村中有人谣传说他要利用学生造反。同时,他在绍兴开了一个书店,起名为"特别书局",出售新书报。有的书封面为课本,内容是宣传革命的重要文章,如《革命军》、《猛回头》、《警世钟》等,受到各界进步人士的热烈欢迎。他对沙俄在我国东北的侵略暴行非常愤慨,常常画沙俄侵略者头像并作为靶子,用短枪射击,一日数十次,以泄满腔仇恨。

1904年初,宁波天主教法人赵保禄,利用教会势力和庇护教会的清廷官吏高柏林勾结,以银币500元强买绍兴大善寺,企图用来建造天主教堂。徐锡麟当时正巧发疟疾,卧床在家,他闻讯后,带病赶往大善寺,身裹棉被登台发表演说:"教会势力掌握在外国侵略者手里,是一帖毒药,是一把杀人的刀。他们以护教为名,占广州,割九龙,租威海,据旅大。教会势力日盛一日,中国土地日少一日,长此下去,后果不堪设想。"他又发动绍兴各商号联名上书官府,辗转递请政府外务部进行外交干涉。清朝政府见群情激奋,不敢公开庇护侵略者;天主教会知众怒难犯,也不敢坚持无理要求,后来宣布大善寺和尚出卖寺产的契约取消,强占大善寺的侵略活动最终被粉碎。这些活动,在他父亲看来完全是越轨的,对他既是训斥,又是多方阻挠,最后为避免被拖

---

① 见陶成章《徐锡麟传》。

累,借口徐锡麟曾过继给徐死去的伯父为嗣,与他分家,让他另过。这一决裂,使他获得了自由,为他参加更多的革命活动提供了方便。不久,徐锡麟又被罢免了绍兴府学堂副监督的职务。

参加光复会,创办大通学堂,培养革命力量

1904年,龚宝铨、陶成章以"军国民教育暗杀团"的名义先后从日本回到上海,他们根据东京浙学会的提议,准备组织一个革命团体,以便进行革命活动。因章炳麟还在狱中,他们便同蔡元培商议,蔡欣然赞成。同年10月他们在上海成立光复会,蔡为会长。徐锡麟到上海,在爱国女学堂秘密会见蔡元培和陶成章。12月,徐锡麟由陶成章介绍在上海加入光复会。经过商讨,他们决定以绍兴为中心,联络各地会党,创办大通学堂,搞武装,积蓄革命力量,伺机起义。徐锡麟回到绍兴以后,带着几个学生,用两个月的时间,翻山越岭,日行百里,走诸暨,过嵊县,至义乌、东阳,到达缙云,会见各地革命党首领,寻求出色人才,物色新学堂第一批学生。准备工作就绪,徐锡麟亲自到省里备案。他对官厅要员说:"要使国家强盛,就要实行征兵制。我这个大通学堂,设有体操专修课,学生毕业后,回到各地,可以分发各方创办团练。这样,征兵就有了基础。"这番堂堂正正的陈词说服了省学务处,创办大通学堂提案很快得到批准。这所学堂原计划办在徐锡麟的家乡绍兴东浦附近的大通桥旁的大通寺,后因徐锡麟那位思想守旧的父亲极力反对而放在绍兴城内的豫合开办,但仍用"大通"作校名,于1905年9月23日正式开学,设有国文、英文、日文、历史、舆地、理化、算术、博物、体操等14门课程。此外,为了使各地会党人员熟悉军事,徐锡麟还特地在学堂中附设一体育专修班,只教授军事体操和有关军事方面的知识,

不教授别的功课。招收金华、处州(今丽水)、绍兴三府的会党骨干,前来进行为期半年的训练。并且还规定:凡是学堂的学员,一律得加入光复会,毕业以后也仍然受学堂办事人员的节制等等。从此,大通学堂成了浙江各地会党的联络中心,"遂成草泽英雄聚会之渊薮矣"。光复会本部的事权,也由上海移到了绍兴。一时间,金华、处州、绍兴府革命会党的精华分子都集中到大通学堂。嵊县革命会党首领竺绍康带着兄弟、门徒20多人前来报到,表示要为光复中国,实现共和贡献一切。会稽(今绍兴)人陈伯平听到大通学堂徐锡麟的大名,也在从福建武备学堂肄业后,前来入学。毕业文凭由绍兴知府发给,正面加盖官印,背面记有暗号。学生开学、毕业典礼,都邀请官绅主持,并摄影留念。由于徐的巧事周旋,大通学堂建立起来并发展良好。它既是一所为革命培养、聚集人才的学校,又是光复会的一个重要秘密联络机关。为了办好军训,徐锡麟从富商许仲卿那里筹到银元5000枚,到上海买到后膛九响枪50支、子弹2万发,声言枪[①]200支、子弹20万粒,并且公开报请熊起蟠批准,声明是为学校体操和各地办团练所用。领取批复公文后,雇挑夫10余名到上海起货,经杭州,搭船运回绍兴。徐锡麟废寝忘食地工作着,有时身体疲劳了,睡觉也忘记脱下衣服和鞋子。有一次,他想洗脚,发现皮鞋脱不下来,原来双脚已经磨破溃烂,鞋子和脚竟黏在一起了。

徐锡麟亲自给学生上兵操课,和学生一起练习打枪、舞剑。反动官吏和士绅们,眼见手持枪支的学生,耳听"杀、杀、杀"的喊声,心惊胆战。但因为是知府批准的,也无可奈何。师生们白天上课出操,夜晚言谈光复共和。这时,在日本留学的杰出女英雄

---

① 原文如此,不知何意。

秋瑾也由徐锡麟介绍入会,并被推荐担任领导工作。陶成章也一再来绍兴,与徐锡麟一起办学。

赴日本留学学习军事不成,又转而求官

在大通学校,陶成章对徐锡麟说:在会党中也有富有的人,我们可以筹款捐官去日本学陆军(清政府规定,要去日本学习陆军,必先得在国内捐官),然后打入敌人内部,谋取兵权,出其不意,举行起义,推翻清廷。徐锡麟表示赞成,并再次运动许仲卿出钱5万元,为5人捐官:徐锡麟捐道台,填步兵科;陶成章捐知府,填步兵科;陈志军捐知府,填炮兵科;陈魏捐同知,填骑兵科;龚宝铨捐同知,填工兵科。接着,徐锡麟去湖北求见他的表叔原湖南巡抚俞廉三。当时,俞正想得到浙江铁路总理职务,为人所阻,不成。徐便投其所好,巧言相激,俞欣然答应为他们纳粟捐官,并写信请浙抚满人将军寿山帮忙。还在张曾歇从湖北调任浙抚时,当面拜托,请张对他们多加关照。徐锡麟回浙后,得知寿山愚蠢而贪财,便"纳贿"3000元,寿山立即嘱幕友批准他们去日本学军事。

1905年冬,在把大通学堂事务委托曹饮熙后,徐锡麟便第二次东渡日本。到日本之后,他们遭到清廷陆军留学生监督王克敏的怀疑,说他们不是军人出身,多方刁难,说什么不是官费,不能进振武学堂,在官费由张曾歇批准后,又说他们5人不能开班,要等奉天(今辽宁)学生来了一起送学,奉天学生到了,又干脆说他们身体不合格,不让入学。这使他们大失所望。最后进入私立车斌学堂,学习军事。徐锡麟眼看国难当头,不容坐等,遂不顾陶成章的反对,坚决主张立即回国,一面继续办好大通学

堂,一面想从警察界入手,谋任军校或军正司令①等职,寻找革命新途径。

他回国后在轮船上经陈伯平介绍,结识了马宗汉。回到绍兴大通学堂,秋瑾已主持校事。二人根据光复会决议相约共图大事,由秋瑾主浙事,他自己准备打入官场,相机行事。

然后,徐锡麟再次去湖北见俞廉三。俞写信给张之洞,张又转信致袁世凯。他又去见寿山,寿山也写信给自己岳父庆亲王奕劻。于是,他和曹饮熙带信北上,到京、津游说王公大臣,找进身门路。不料,袁世凯怀疑他不是"孙"党就是"康"党,拒绝接见。奕劻虽然见了他,但丝毫没有引荐的意思。一番雄心,又成泡影。怅惋之下,他出山海关,游辽吉,一览东北山川形势。在奉天他结识了当地爱国名人冯麟阁。这位冯麟阁,把民众武装起来,屡次把沙俄打得落花流水。徐锡麟从中看到了希望。回浙途中,正当江苏淮安、徐海一带发生饥荒,他便乘势打出已捐道员头衔那张牌,出钱赈灾补实缺。1906年冬,他被分到安徽,以道员候用。去安庆前夕,徐锡麟在杭州西湖南屏山下白云庵与秋瑾会面,约定分头活动,筹划安徽、浙江两省同时起义。计划以安庆为重点,以绍兴为中枢,金华、处州等地同时发动。占领两省重镇之后,分路攻取南京。② 安徽方面由徐锡麟全力进行,浙江方面由秋瑾全力准备。大通学堂学生陈伯平负责奔走浙、皖两地,进行通讯联络。那天,徐锡麟向秋瑾等人慷慨激昂地表示:"法国革命八十年战成,其间不知流过多少热血,我国在初创的革命阶段,亦当不惜流血以灌溉革命的花实。我这次到安徽去,就是预备流血的,诸位切不可引以为惨而存退缩的念头才好。"

---

① 见《浙崇纪略》。
② 见吕公望《辛亥革命浙江光复纪实》,《近代史资料》1954年第1期。

二、刺杀安徽巡抚恩铭:徐锡麟烈士安庆起义失败

任巡警学堂会办,准备组织起义

　　当时,安徽省会在安庆,巡抚为恩铭,字新甫,满族镶白旗人,有权位赫赫的丈人奕劻做靠山。他同寿山是连襟。在山西任知府时,俞廉三是巡抚,他同俞有师生关系。恩铭为官数十年,顺流平进,抚皖时年事已高,嗜好亦深,怠于治理,但尚少误事。而此时的徐锡麟,其友人形容他"短小精悍,言不忘发,眉目清秀,善气迎人,喜信交"。徐锡麟由寿山和俞廉三介绍而来,恩铭自然毫不疑心,甚至极其信任,呼之为"小徐"而不名。1906年底,徐锡麟被委为陆军小学堂会办,他决定先精心经营校务,借以求得恩铭的信任,只在暗中通过陈伯平和秋瑾等互通声气。但是,在他任事不久,便感到有许多难处,学堂学生多是十几岁的青年,年轻无知,一时不易策动。于是他又通过俞廉三写信给恩铭,称徐锡麟有才,务加重用。恩铭复信表示:"门生正拟重用之,毋劳老师悬念。"1907年初,徐果然被提升为巡警学堂会办兼巡警处会办。安庆巡警学堂设在安庆城内东北隅百花亭,它是1906年清廷诏令各省办巡警学堂时创办的,是清政府专门培训巡警骨干的场所。学员分甲、乙两班,每班200人,每期3个月(后改为半年)。甲班毕业后再训乙班。参加训练的学员,每人都发九响毛瑟枪一支,毕业后大都分配到全省各地充当警官,所以又称"警官学堂"。巡警学堂原总办为满人世善,道员何维栋为会办。刚刚筹备就绪,而世善病死,何又奉调入川,恩铭乃委派满人安庐滁和道毓秀为总办,徐锡麟为会办。

　　满人官僚习气严重,又乃兼职,故道员毓秀并不到堂办公,只有会办主持一切。徐锡麟到任后,积极从事革命活动。白天他亲自督课,向学生宣传爱国思想,出操训话,言辞激烈,虽大雨

烈日,行不张盖,衣冠淋漓,从不顾惜。夜晚则常设酒宴请各兵营官兵,从中联络革命力量。同新军中的薛哲(北门外步兵营长)、倪映典(西门外马营营长)、范传甲(工程营正目)、胡维栋(兵备提调)、常恒芳(马营排长。此点有误)、龚振鹏(督练公所)及兵弁孙希武交往甚密。但未发展光复会员(见黄琛《安庆起事之失败》)。陈伯平、马宗汉也次第来皖,就职于巡警学堂。徐锡麟曾私下自豪地说:"我有这三百学生(有一班近期毕业,故有三百人),直等于三千子弟兵啊!"秘刻木质印信一方,文曰:"江皖革命新军总司令印"。① 他在同僚中声誉日高,和学生的关系也更加亲密。这样,他很快得到恩铭的赞扬,说他办事认真,操守廉洁,是不可多得的人才。恩铭还曾欲奏赏他二品衔,提升为巡警学堂监督,后来有人进言"留日学生大多有机谋,不可轻信",恩铭才稍有戒意,但仍然很信任他。

徐锡麟利用巡警学堂会办的合法身份,秘密地在巡警学堂、军械所、城外新军中发展光复会员。他还带着学生骨干驰马郊游,出集贤关,游览码湖、龙珠山、观音山,暗中观察了解地形,绘制军事地图,以为他日之用。这些事除陈伯平、马宗汉和巡警学堂总教习桐城潘瑨华三人知道外,其他人都不知道。

尽管徐锡麟做事十分谨慎,但是巡警学堂收支委员满人顾松,为人阴险狡诈,见徐行为奇特,生了疑心,暗中监视,并私拆了徐的来往信件,报告了恩铭。恩铭知道后便放弃了提升徐锡麟的打算,并召见徐锡麟说:"有人说你是革命党,你可要小心干啊。"徐听此言,不自觉地心里一惊,却镇定地回答:"大帅明鉴。"恩铭见他神色从容,就不再怀疑他了。

---

① 见巡警学堂学生吴健吾、汪鉴衡、陈午村合撰《徐锡麟事迹》,《安徽史学通讯》1957年第3期。

二、刺杀安徽巡抚恩铭：徐锡麟烈士安庆起义失败

徐锡麟疑虑革命机密泄露，觉得起义宜早不宜迟。1907年4月，秘密赶回绍兴，同秋瑾等光复会成员商量起义行动的计划。

清明节（旧3月1日，即4月13日）那天，光复会秘密召集负责浙、皖两省起义的会党首领在绍兴大禹陵开会，会上决定组建光复军，大家推举徐锡麟为首领，秋瑾为协领。会上确定于1907年7月8日（旧5月28日），乘安庆巡警学堂举行学生毕业典礼的时机，由徐锡麟率领光复军起义，占领安庆城。浙江义军由秋瑾负责，同时起义，攻占杭州，进而两军会合，夺取南京。马宗汉匆匆拿来一只公鸡，拧断鸡颈，血滴在酒中，每人端起一碗血酒宣誓："为光复中华，揭竿起义，不怕牺牲，如有背叛，天地不容。"为了将分散各地的会党革命力量纳入到统一的行动计划中来，他们把所联络的会党统一编组为16级，以"黄祸源溯浙江潮，为我中原汉族豪。不使满胡留片甲，轩辕依旧是天骄"这首七绝诗为标记，依次从"黄"字到"使"字共16字，代表16个等级，"黄"字为首领，推徐锡麟担任（革命暗号为"光汉子"）；"祸"字为协领，由秋瑾担任；"源"字为分统，由平阳党首领竺绍康和王金发等人担任……各级职员均以金戒指为记，在戒指中嵌入表示自己职衔的那个字，或嵌入英文字母A、B、C、D……代替之。经这番编组，从缙云到金华府各县，直到嵊县等地会员，都被纳入到统一的组织里来了。

紧接着，他们又把这些会党力量和光复会员一起，用"光复汉族，大振国权"8个字，编成几个军，总称"光复军"。每个军都设置大将、副将、参谋、副参谋、中军、左军、右军、中佐、左佐、右佐、中尉、左尉、右尉13个军职。规定以写有白底黑色"汉"字的黄色小三角形旗为军旗，内书黑色"复汉"两字，并盖上图章作为

顺旗。① 还规定了军服、头布、肩章、胸带等的式样。全盘计划确定后,徐锡麟黝黑的面庞上泛起了对胜利充满信心的红光,他怀着兴奋的心情,迎着和煦的春光,回到了安庆。不料在布置起义的过程中,上海侦探逮捕了革命党人叶仰高,押送至南京,由两江总督端方派人审讯。叶在严刑拷打下背叛了革命,向朝廷供出有个叫光汉子的人已经打入安庆官场。端方密电恩铭帮同侦缉查拿。武巡捕车德文粗声壮气地说:"请大帅下令,全城戒严捉拿。"文巡捕陆永颐摇摇头说:"这张名单分明不是用的真名,例如第一名'黄',第二名'何'(可能是祸字之误)显然是一种代号,难道将全城姓黄姓何的都拿下不成?"由于叶所提供的全是化名,端方、恩铭并不知道其中秘密,所以恩铭仍召徐锡麟商议,把端方电文拿给他看。徐一看电报,大吃一惊,列入电报第一名的"光汉子"就是他自己。而恩铭对徐却毫无怀疑的神色,徐锡麟知道并未全被识破,立刻镇静下来,从容自若地对恩铭说:"请大人把名单交给职道,职道立即派人查拿,两天内破案。"恩铭信以为真,把破案的任务交给了徐锡麟。徐锡麟赶到巡警处,召集数名巡警,命令他们按恩铭交给的名单严察缉拿。布置任务后,徐为了稳住恩铭,又向恩铭回复。但是,徐锡麟已知时间紧迫,必须先发制人,以防万一。

仓促起义,枪杀安徽巡抚恩铭,起义被俘

当时安庆的防务正是兵力空虚的时候,徐锡麟早已了如指掌。于是,他当机立断,请陈伯平、马宗汉火速前来计议,并派他

---

① 秋瑾手拟《光复军军制稿》:"顺旗,小三角形内书'复汉'二字,黄底黑字,并盖图章。"转见徐乃常文。

二、刺杀安徽巡抚恩铭：徐锡麟烈士安庆起义失败

们去上海添置手枪。与此同时，秋瑾经营浙事也已经妥当。

1907年7月5日，徐锡麟按起义计划向恩铭呈上请帖："安徽巡警学堂订立……首届毕业生大会，敬请抚台大人……莅临训示。"

但事不凑巧，恩铭二十八日（农历）要去结拜兄抚幕张次山家为张母祝寿，下令改期提前于二十六日（农历）举行毕业典礼。情况突变，难道敌人发觉了吗？徐锡麟认为机不可失，就同陈伯平、马宗汉等紧急商定，决定于农历二十六日（阳历7月6日）起义。

7月5日，徐锡麟在安庆对江大渡口附近的芦苇丛中秘密召开学生骨干会议，对7月6日起义作了布置。徐锡麟想到蓄志多年的计划，明天即将付诸实践，激动万分。他紧握着到会同志的手说："明天是本会办带领全体同学起义报国之日，大家都要协力同心，患难与共。"会上共饮雄鸡血酒为盟，立誓献身革命，义无反顾。

7月5日晚上，徐锡麟、陈伯平、马宗汉等5人又在徐锡麟的住所秘密而又紧张地进行起义前的准备工作。由徐锡麟拟定了"杀律"（即革命军纪事），审定了起义告示，准备起义时张贴和散发。接着，拿出手枪5支给各人佩带。

7月6日清晨，徐锡麟全身戎装，在西操场集合300多名学生，发表了简短演说："我这次来安庆，专为救国，诸位也不要忘救国，行止坐卧，咸不可忘。如忘救国两字，便不成人格。"接着，他暗示今日将有特别行动，请大家帮忙，说："我为救国二字，不敢自处安全的地位，所以有特别意见，再有特别办法，打算从今天起开始实行。"言词慷慨激昂。

7月6日上午8点钟，军乐队大吹大擂，轿子接踵而来。徐锡麟身穿黑色警官制服，脚踏皮筒靴，腰佩指挥刀，在巡警学堂门口迎候抚台恩铭的到来。

突然,中军传令:"抚台有令,任何人不得携带手枪,学生持空枪操练!"徐锡麟上前给恩铭请安,中军将他一挡,说:"请徐会办下枪。"徐锡麟摘下手枪交给中军。恩铭率官员来到操场礼堂,各官员分坐两旁。学生列队整齐,听候训话。恩铭嘱安徽督练公所总办宋芳滨讲话。宋语毕,请徐锡麟主持毕业典礼,徐锡麟威严地向学生发布口令:"全体立正——"顿时,礼堂里鸦雀无声。徐锡麟双手捧着学生花名册,气宇轩昂,跨着大步,走向恩铭。

徐锡麟单膝下跪,向恩铭呈上花名册。突然,他大声说:"抚台,今日有革命党起事。"这是预定的行动信号。听到信号,立在堂侧的陈伯平冲上前,猛向恩铭投出一颗炸弹,可惜没有爆炸,滚到了台上。徐锡麟闪电般地从靴筒里拔出手枪两支,对准恩铭连连发射。恩铭身中七弹,一中唇,一中左掌手心,一中右腰际,余中左右腿,可惜都没有击中要害。巡捕护卫恩铭退出礼堂。陈伯平追放一枪,子弹从恩铭臀部穿至心际。轿夫把奄奄一息的恩铭放入轿中,狼狈地抬回抚署。恩铭还能声嘶力竭地喊"抓住徐锡麟"。文武官吏,只顾自己,纷纷逃窜。这时顾松逃到门外跳进一条污水沟,正想逃走,被马宗汉一把抓住,顾松叩头求饶,徐锡麟先用刀砍,见不死,命马宗汉用枪打死奸细。接着徐锡麟向学生大呼:"巡抚已为顾松所杀,我们快去占领军械所,随我革命。"(徐友王迈常文说:在发文凭前夕,徐曾手书一函,"交学校庶务员顾某,嘱其急送驻城外的炮营队官熊成基,盖有所联络。次日事发,而城外寂然,伯苏知外援已绝,询之顾庶务,方知此函犹在顾某身上,伯苏恨极,又一枪而顾某倒矣"。见《文史资料选辑》合订本)正是在这个起义的关键时刻,在日本学习警察三年、当时正担任巡警学堂总教习的潘瑨华,大约还未决心起义,或者是由于怕死,竟然随着惊散的学生一起,从巡警学

二、刺杀安徽巡抚恩铭:徐锡麟烈士安庆起义失败

堂的围墙洞孔中逃走。①

于是徐锡麟、陈伯平、马宗汉遂率领仍然在场的学生军 100 余人,冲向安庆城北门大珠子巷(关岳庙前),去占领军械所。

重伤将死的恩铭,被抬回抚署,立即下令关闭安庆城门,又令巡防营管带杜某立即前往逮捕徐锡麟。

此时军械所总办已携带库门钥匙逃走,徐锡麟等立即占领军械所。但弹药都存在地下室内,一时无法取出。于是陈伯平(光复子)守前门,马宗汉(宗汉子)守后门,阻击清军进入,并等待安庆新军薛哲、倪映典等前来领取子弹,共同起义。但徐的起义很仓促,没有事先联系好新军,而临时派出的人员,又出不了城,且 6 日这天,又恰逢星期天,同志们都散开了,即使通知也不容易找到人。

光复军从库房拖出一门大炮,架在军械所后厅,陈伯平取了一枚炮弹装进炮膛,对徐说:"现在形势危急,炮弹能把抚台衙门炸掉,摧毁领导机关,然后轰击北门城楼,打开城墙缺口。"徐锡麟见抚衙四周民房稠密,便立即制止说:"这样就会玉石俱焚,百姓遭殃,与革命宗旨不符。"坚决不让开炮。

下午,属于张勋部下的巡防营和缉私营入城围攻军械所,把

---

① 潘世结《潘瑨华事略》说:在徐锡麟打死恩铭后,秩序混乱,瑨华在学生掩护下脱险,未被清兵逮捕。笔者曾亲访潘之侄女,即黄冈人林哲夫之妻,她在上海学习体育,后任合肥小学体育教师。她直接说,潘是从狗洞中逃出,隐藏家中,一年后才敢外出。又马厚文《潘瑨华先生传》说,"五月二十六日(即 7 月 6 日)司马(指瑨华,因其后任巡警厅长)适与某公共事(暗指徐锡麟),几被连染(连累也)。盖先生原任巡警学堂总教习,烈士五月二十八日起义,先生事前不知此,回归故里,故未及于难。当时讳莫敢言,无人能知之"。这不过是潘自掩之辞,以上两文皆见《安庆文史资料》总第 15 期。

它团团围住。光复军利用军械所周围围墙,有的爬上屋顶,向清军射击,伤亡清军100余人,清军便不敢进攻。安徽藩司冯煦派道员黄润九、怀宁县令劳之琦前往督队进攻。冯和臬司满人毓贤见久攻不下,便悬赏捉拿徐锡麟,赏金从3000元增至7000元,后又增至1万元。

清军又开始进攻,双方相持射击数小时,陈伯平中弹牺牲,学生死4人。下午4时,清军破门而入,徐锡麟丢了军帽戎装,越墙逃走,藏匿于隔壁药店之中,后来想越墙而走,为枪弹击中腿部,被俘。马宗汉和学生共被俘捉40余人。其中有马祥斌(文伯)、宋桓柟(梓臣)、姚崇一(汤甫)、宋玉琳、朱蕴山等人。[1]

审讯,慷慨陈词,从容就义,意颇含蓄的"望华楼"

安徽布政使冯煦、按察使毓贤、安庆知府桂英等开始审讯徐锡麟。毓贤命徐跪,徐不跪,盘膝而坐。冯煦问:"恩抚待你不薄,你为何要杀他?"徐义正辞严地回答:"恩抚待我好是私情,我杀恩抚是为公。"冯又问以食毛践土之义,徐厉声说,"谁食谁之毛?谁践谁之土?"冯又问:"有哪些同党?"徐答:"革命党人多得很,但在安庆只我一人。"冯煦叫他写供词,徐锡麟奋笔直书,立写千言。大意说:我本革命党大首领,捐道员到安徽专为革命而来,满人虐汉300年,表面用立宪笼络人心,其实只为中央集权,膨胀专制力量。立宪是万万做不到的,以争权为立宪,只能促成革命。我的宗旨是杀尽满人,汉人强盛,再立宪不迟。我蓄志排满,已十余年。本意杀恩铭、端方、铁良、良弼,岂知刚杀恩铭,即被拿获。今日只想杀恩与毓中山,想恩已死,便宜了毓中山。其

---

[1] 见巡警学堂学生吴健吾、汪鉴衡、陈午村合撰《徐锡麟事迹》。

他被伤,是误伤。顾松是汉奸,说会办谋反,故杀。你说抚台是好官,待我甚好,诚然。但我既排满,不能问满官好坏。待我是私恩,我杀他,为公理。这次起义本欲缓图,而抚台稽查甚严,故不得不先下手。为同党报仇,要在大众面前击死,以成我名。你们再三问我密友二人,现已并获,但不供出姓名。你们说,无姓名不能与我共垂不朽。所论亦是。二人皆有实学,日本知名,在军所击死者定是陈伯平,我好友。被获者宗汉子,二人皆以别号传,无真姓名。众学生程度低,均不知情,你们杀我好了,将心剖了,全身砍碎均可,不要冤杀一个学生,是我诱逼的。革命党本多,安庆只我一人。助我者光复子、宗汉子二人,不可拖累无辜。我与孙文虽同是革命党,而宗旨并不相同,他也不配使我行刺。我自知即死,故亲书数语,使天下皆知我名,不胜荣幸之至。大丈夫生而何愧,死而何惧,恩铭既死,我更无憾矣。(徐锡麟供)

　　书罢,徐又自读,复自涂改,满纸如龙翔凤舞,豪气百端。徐录供时曾问:"恩铭死否?"答曰:"大帅无恙,行且亲讯尔矣!"徐默然。问官又说:"将剖尔之心矣!"徐辗然笑曰:"然而(可见)恩新甫(铭)死矣!"

　　审讯毕,命摄影。摄罢,锡麟说:"面无笑容,不可留于后世,须另摄。"毓贤说:"死到临头,你还笑得出来吗?"徐锡麟举手怒发竖眉,怒斥说:"今天便宜了你的狗命!"毓贤大声呼妈,面如土色,向后便倒,众人挟之而去。①。

　　当时恩铭的妻、妾、家人,都要求多杀革命党人,为恩铭报仇。冯煦继任安徽巡抚。冯煦,江苏金坛人,在安徽做官多年,比较开明,主张以镇静态度对待。恩铭文案张次山,在京城时曾是名御史,与冯友善。张做恩铭遗嘱时冯示意说:"刺我者徐锡

---

① 见吴健吾等三人文。

麟一人所为，不干他人之事。"冯治此狱，也表示宽大，不株连一人，不究胁从，人心始安。即使当场被俘者也都以年轻释放。又以徐来时，与其父脱离关系，故也未连累其家属。

徐被捕后，安徽"省城罢市，人心惶惶"。端方恐有余党劫狱，立即复电，将徐锡麟就地处死。大约在7月8日（徐乃常文作7月6日，不确，有作7月7日者），徐锡麟就义于安徽抚署辕门外。临刑时，安庆同知满人志瑞为监斩官，徐见志说："前日便宜你志露卿！"志吓得打寒噤而退，月余即死。恩铭家属要求援同治九年（1870）张文祥刺杀两江总督马新贴治罪的案例，要求活剐徐心以祭恩铭。冯不得已，许之。密谕行刑者以利刃刺心，免受苦楚。（徐乃常文作先将睾丸击碎）并当场把陪斩的学生全部释放。徐殉难时，年仅35岁。徐受刑后，天降倾盆大雨，一日夜不止。马宗汉关于东门露丝桥监所，一个月后，也在监所门外就义。

徐锡麟在安庆就义，在绍兴明道女学堂的教习秋瑾，也谋在浙响应事泄，7月13日被绍兴知府贵福逮捕，15日就义于绍兴亭口。

徐锡麟的起义虽然失败了，但对于革命者，对于全国人民是一个极大的激励和鼓舞。对于所有清廷官吏，都是一个不小的震动。朝野一片惊慌，一些高官显贵感到"革命军不可畏，暗杀实在可怕"。一时间，安徽巡抚、两江总督和清廷军机处之间，来往电函如雪片乱飞，在两个月之内，有关电讯就有160份之多。万恶的慈禧也非常害怕，立谕在北京城内外缉查革命党，并立令其最可靠的安徽走狗姜桂题速调兵一营保护颐和园。不但端方，连张之洞、袁世凯也奏请慈禧，从颐和园移居内廷。直到反动者朱家宝任安徽巡抚时，在奏折中还说："自徐……倡乱后，谬论邪说,时有流传。"①

徐锡麟被害后,安徽巡抚冯煦在安徽西门外大观亭左角,即原来"上达楼"旧址上建造了一座新楼,取名为"望华楼",并将徐锡麟的衣冠剑履,陈列其中。冯煦并撰有对联一副,文曰:

来日大难,对此茫茫百感集;
英灵不昧,鉴兹寒寒匪躬恩。

此楼本为纪念元末忠臣余阙(忠宣公)的地方,余阙守安庆,被武汉的起义军陈友谅打死。对于冯煦此举,时人颇多推想。表面上好像是将徐物示众,实际却有纪念徐锡麟的深意。冯还上奏清廷:"今日党祸日亟,民生不聊,中外大臣不思引咎自责,合力图强,乃粉刷因循苟安旦夕,政府能使天下举安,则天下莫能范。根本之计实系于此。"1907年当年,冯煦也被罢职。

徐锡麟牺牲后,其妻徐振汉伤心痛哭,终致双目失明,悲恸而死。其子徐学文,后留学德国,获药学博士学位,娶了德国妻子,也是药学博士,都住在德国。

1912年辛亥革命发生后,浙江都督蒋尊簋请迎徐骨归葬,徐四弟锡骥来皖搬柩,义骨完好,身上所穿官纱背心也完好。并有杨某所献一支锈手枪,说是徐刺杀恩铭之枪,但真伪难辨。此时孙毓筠为安徽都督,立碑于省府辕门外,石上刻有"徐烈士剚心处"6个字将巡警学堂基址所建的恩铭祠改名为"徐公祠",并立石纪念。又将百花亭街(长955米)改为锡麟街。

抗日战争时,这些史迹多被破坏。新中国成立后,1984年安庆市人民政府在安庆最繁华的人民路西段,即徐锡麟烈士殉难处附近建了一重巍峨的徐锡麟纪念台,座南面北,正方形,占

---

① 见徐乃常文。

地259平方米,四周围有石栏,正面升九级台阶,上有石壁,壁上有长方形大理石,上有铭文记述烈士事迹,从左右两端再升九级,便到纪念台上。台上正中大理石底座上,端坐着徐锡麟半身汉白玉雕像,目视远方,闲情自若。底座上有"徐锡麟"三个苍劲有力的大字,乃著名书法家、老同盟会员,曾设法护送孙中山脱险的孙墨佛的题字。①

---

① 见《八十年来安庆人民纪念徐锡麟烈士概况》,倪斌文。

附：徐锡麟诗词各一首
（录自《辛亥革命烈士诗文选》）

出 塞

军歌应唱大刀环，誓灭胡奴出玉关。
只解沙场为国死，何须马革裹尸还。

浪淘沙（游金山焦山）

铁甕树云凉，山水苍茫。金焦如黛碧天长。
呜咽大江流不住，淘尽兴亡。
割据剩空场，驻马坡荒。我来凭吊几神伤。
好句东坡何处是？芳草斜阳。

笔者注：本词被《神州丛报》第一卷第一期选用。镇江古称铁甕城，谓其固也。树云凉，谓镇江树多、云多而有凉意。金焦，指金山、焦山。割据，指三国割据。驻马坡，在镇江市内，传刘备招亲时，曾和孙权在此较量骑术。东坡，指苏轼，曾写游金山寺、甘露寺诗。

附：孙中山致徐锡麟书

锡麟先生大鉴：敬复者，前读大扎，聆悉独切。

阁下热心公益，怀雪前耻，抱推翻伪廷，驱逐胡隶之宗旨，坚定不移，可敬可羡。辗转设施，得安庆武备学堂之领袖，全校学生，感阁下平日鼓舞演说，亦念持报复宗旨。一日事起，均受指麾云云。弟以为安徽一省，实为南省之堂奥，而武昌为门户。若阁下乘机起事，武昌响应，一举而得门户堂奥，则移兵九江、浦口等处，以窥金陵，则长江一带可断而存也。惟事缜密，否则害至，恩现信任我兄，务希竭力周旋其间，毋使稍有疑。该使既定，一面密遣心腹与宋卿约定，一面先歼恩抚，城中必乱，君率全堂学生，先占抚署，发号施令，安慰军民，宋卿军谅亦由汉阳接济军械，以为后劲，联络一气，以防意外。至金陵号称坚固，若无内应，断难得志，尚祈经略本省要隘，严为之备，庶稍遗漏，是为切要。

此请

台安

弟汶手肃

附:陈伯平(光复子)烈士及其诗二首

陈伯平(1885—1907),本名渊,字墨峰,伯平是其别号,浙江绍兴人。他在大通师范学堂读过书,是徐锡麟的学生和同志。他认为革命必须采取暗杀手段,因此两次去日本,学习制造炸药。1907年陈伯平和徐锡麟在安庆共同领导起义,不幸战死。

《吊陈星台(陈天华)用石文生韵》二首(石文生不知是何人)

(一)

扶桑噩耗几回惊,一片雄心郁不平;
泽畔何人悲屈子,岛中有客哭田横。
牺牲我愧输先著,珍重云公负盛名;
后死未忘天赋责,神仙岂必是蓬瀛。

笔者注:扶桑,指日本。屈子,即屈原,以陈天华比屈原。田横,齐王,不愿降刘邦而自杀。先著,先我而发也。晋刘琨"常恐祖生(狄)先我著鞭"。

(二)

陆沉大地谁为主,蓬梗飘零滕此身;
尼父抢经思王鲁,仲连蹈海为抗秦。
鲲鹏无力搏沧溟,宝剑何年斩倭臣;
太息萧萧大森水,中原满地正胡尘。

笔者注：陆沉大地，即大地陆沉，喻亡于清朝。尼父，指孔子。思王鲁，想使鲁国强盛。仲连，鲁仲连也。曾称绝不向秦称臣，不然即蹈海而死。鲲鹏，鲲，大鱼也，鹏，大鸟也。其大皆几千里。佞臣，奸臣也，此处指清朝权贵。萧萧，海涛声。大森水，指日本东京大森海湾，陈天华在此蹈海死。

三、领导安庆马炮营起义的熊成基烈士

熊成基(1887—1910),字味根,号子贞,江苏甘泉(后并入江都)人,寄居芜湖。祖父瑞生,为繁昌县令,父亲为候补通判。"淮杨风俗绮靡甲天下,成基少时,血气未定,性复风流放诞,好驰马试剑,读书但通大略。去而学习悬壶(医)术,益不屑"。"以耽酒色故,羸瘠多疾病"。"既而父亡,家(道)中落,无以自聊(安慰也)……落魄于芜湖",乃引镜自照,拍案自劾曰:"大丈夫当立功传世,岂能以少年无行,终(此一生)哉。"①

参加新军,受到教育,决心革命,推翻清朝

1904年,成基18岁,渡长江赴安徽省会安庆。这时安徽武备学堂第一期学生毕业,准备训练新军,又招收300名士兵,取名为"武备练军"。这些士兵多是追求进步的青年,熊成基也在其中。他在这里,忽然完全变成另外一个人,"绝嗜好(烟、酒、色),勤学习,俨然一苦学生矣"。他羡慕岳飞、史可法的为人,立志救国。并说:"大丈夫不为国家出力,是很可耻的,于今国势衰

---

① 见冯自由《安庆革命军总司令熊成基》,《革命总史》第5集。

弱,受到外强欺侮,只有从军学武,才能强国雪耻。"①

他在武备学堂训练时认识了柏文蔚、郑赞丞(芳荪)、杨恋佩、胡万泰(合肥)、李乾瑜(寿县)、田次墥(凤阳)、余中甫、张石泉、孙孟荣、孙叔真、李德瑚、张树侯、王化崇、冷遹(江苏人)、倪映典、龚维鑫、张靖夫、石德宽、吴玉良等,都是一些思想进步的青年。其中还有程恩普,是当时清长江水师提督程文炳的儿子,而柏文蔚、郑赞丞等是年轻的秀才。

在柏文蔚的联络下,他们共同组织了一个团体,称为"同学会"。它的目的是"革命排满",但名称却是一个普通的名称。其用意在于不引起官府的注意。柏文蔚、郑赞丞已经于前一年(1903)在安徽高等学堂读书时,因为发表爱国演说,遭安庆知府(满人)出面干涉,不敢回校而退学。② 故在此时做了防备。他们在新军士兵中散发《猛回头》、《警示钟》等宣传革命的小册子,并利用各种机会宣传革命排满思想。新军中许多下级军官和士兵,都因受他们的影响而倾向革命。据柏文蔚说,熊成基第一次看到《桐州十日记》,曾流泪不止。柏因与之订交,熊的为人也完全改变了。

1905年,武备学堂停办,成基以尚未完成学习陆军之志,又应南京征兵之召赴南京,"编入某营为副目"。③ 营将见他聪颖好学,志趣异于常人,且喜习炮兵,便介绍他进入炮兵速成学堂肄业。④ "勤业尤苦,学术优异"。毕业后,任江南炮兵排长。此时,安徽练军同学倪映典亦在南京军中,"成基与之交最密"。在

---

① 见熊部下炮队排长杨士道《辛亥革命回忆录》。
② 参见柏文蔚《五十年经历》及《五十年大事记》。
③ 见冯自由文。
④ 见冯自由文。

三、领导安庆马炮营起义的熊成基烈士

一起"互以复国仇、建民国相期许"。旋任陆军第九镇队官(连长),常向所部士兵提倡民族、民权之说,听者多感动。①

1905年冬,柏文蔚也从芜湖安徽公学来到南京,带来了他们在芜湖组织的"岳王会"的消息,意思要学习岳飞的精忠报国精神,成基也参加了。后来成基认为"江宁(南京)虽是长江咽喉,然而所驻清军很多,恢复(夺取)不易,因慨然有入皖之志。"②不久,安徽又征兵,增加新兵,邀成基往,被任命为炮营右队队官(连长)。1906、1907年,光复会盛行于安徽,成基也加入其中。

1907年,革命党人倪映典在南京不利,也来到安庆,先在骑兵弁目训练所,后来训练所改为骑兵营,他因为骑术优异而被任命为第三十一混战协骑兵营管带,掌握了一营兵力,这在当时是很少见的,在群众中也有很高的威望。安庆起义群众的信心增加了,声势也"异壮"。

1907年7月,光复会会员徐锡麟在安庆枪杀安徽巡抚恩铭。他事先与安庆新军中同志有联系,但因枪支走火而突然仓促起义,来不及联系新军而失败。③ 倪映典、熊成基、范传甲对徐的失败感到非常惋惜,也很愤慨,"恨未早与同谋",未能配合共同起义,而深以为憾,决心继承烈士遗志,再一次在安庆发动起义。

1907年底,安庆同志推倪映典为首,又计划于1908年初(阴历除夕,即十二月三十日,阳历1908年2月1日)发难。这时,寿州张汇滔和吴越弟吴楚也准备在正阳关梅羹学堂起义,因缺乏武器,来找倪映典、熊成基商议。于是相约,南北互相交接,

---

① 见冯自由文。
② 见冯自由文。
③ 见杨士道文。

共同起义。哪知消息走漏,倪来皖的情况,被两江总督端方所知,"电至安庆询索,将不利于倪"。① 倪得知后,只好把起义大事交给熊成基、范传甲负责,他离职而走。先回合肥原籍探亲,然后转往广州去了。

倪映典走了以后,第三十一混成协协统顾忠琛,很赏识熊成基的才能,想提拔他担任管带(营长),但熊考虑炮兵的重要性,不愿离开炮营。安庆岳王会会员范传甲等公推光复会员、时任炮营右队队官(连长)的熊成基负责岳王会事务。各会员按期交纳会费,共集有银元80余元。1908年秋,清廷陆军部尚书荫昌下令调集南洋各镇新军,定于11月(农历十月)在安庆西北之太湖县,即当年湘军与太平军进行大决战的地方,举行秋操。派荫昌、端方为阅兵大臣。安徽新军第三十一混成协(旅)也前往参加。这就是当时名噪一时的"太湖秋操"。这时安徽新军中的革命同志有:六十一标三营管带冷遹、六十二标二营管带薛哲、炮队右队队官熊成基,还有范传甲、张劲夫等,都任各营弁目(排长)。

此时,一些同志认为,这是有利的起义时机。于是在安庆城内西北角三祖寺后的杨氏试馆,也就是革命党人的秘密机关(负责人范传甲)举行会议。初步决定于秋操时,各军都集中在太湖起义,革命党人乘机发难。由于熊成基平时待士卒甚厚,又革命意志坚决,大众愿为其用,于是推熊成基为总指挥,六十二标(团)二营管带薛哲为副指挥,六十一标三营管带冷遹指挥全协。炮营由熊成基直接指挥,工程营由范传甲任指挥。② 并决定在起义之后,即将端方、朱家宝拘禁起来,然后全军攻打安庆,夺取

---

① 见《革命逸史》初集。
② 见杨士道文。

军火库。再进兵皖北各县,和当地革命党人配合,这样便有较大力量,直捣清廷的巢穴——北京。

他们一方面派范传甲前往南京和第九镇新军官兵取得联系,又指定人员和参加会操的其他新军中的党人联系,策动起义。① 南京陆军已派代表祁山来皖。但范传甲在第九镇联络时,走漏了风声。据说此时安徽布政使沈增植,就认为安徽"省垣谣诼顿兴"而急电朱家宝,"率军队回省,以资震摄"。② 两江总督端方派他的亲信反动分子余大鸿来皖,接替顾忠琛,担任第三十一混成协协统,并逮捕了冷遹。在最反动的新任安徽巡抚朱家宝上任之前,经过南京时,已和端方"筹商连日",已知道第三十一混成协的情况,"订计(在)秋操后大整顿"。③ 安徽巡抚还说,新军第三十一混成协新近成立,训练尚未熟练,不必调赴太湖会操,并一律停发枪支。这样,安徽新军中的党人就不能前去太湖参加,秋操起义的计划便被破坏了。④

1908年11月13日(旧10月20日),皖抚朱家宝赴太湖阅操,行前对发庆城内的防务又做了布置。

仓促率马炮营起义,失败逃走

此时革命烈火已燃烧着革命者的心,他们跃跃欲试,只等着起义。上述消息传来,熊成基认为,在太湖阅兵场起义的计划,

---

① 见杨士道文。
② 见张焕彤《熊烈士成基皖省起义记》。
③ 见《江督、皖抚奏皖省兵变一律肃清折》。
④ 见杨士道文。本文说法与冯自由所谓皖抚不令有新思想的人参加之说相符。

已经不行。乃与范传甲计议,认为无论如何,这次秋操只要举行,参加会操的新军一定要集中,集中起来的好几万人,都是无战斗力的,只要枪声一响,他们是会归顺的,何况军中又有不少革命党人。只要归顺,便有力量向北进攻。于是又决定,在秋操时,以熊成基所掌握马、炮两营为主力,在安庆首先发难,先攻下安庆后,再协助在太湖的同志,策划会操的新军响应。

"天有不测风云",事件的发展,往往不是人们所能预测的。前面已经发生了一次变化,现在更大的变化,正向他们走来。正在他们等待起义时机时,11月16日(旧历十月二十三日)突然传来惊人消息,北京城内,光绪帝于11月14日死去,次日,万恶的慈禧也死了。一时间,"中外震动,人心惶惶",熊成基等以为是"天予(赐也)良机,信心百倍"。他立即找张劲夫密议,二人都认为是起义的极好时机。于是决定在1908年11月19日(旧历十月二十六日)起义,并立即分头通知党人开会,①得到各营同志的拥护。

11月19日,各营代表开会于三祖寺后的杨氏试馆,到会者有熊成基(炮营)、范传甲(工程营)、张劲夫(讲武堂)、薛哲(六十二标二营管带)、薛子祥、田激昂(马营)、廖盘贞、洪成典(炮营)、李朝栋、程芝苎(马营)等十余人。会上制定起义计划,并公推熊成基为安庆革命军总司令,决定于当日晚,由马炮营千余人先在城外起事,薛哲率六十二标二营在城内接应开城,迎接起义军。

熊成基根据会上决议,发布作战密令十三条如下:

一、与我反对的军队:甲,水师一营在西门外。乙,巡防一营在北门附近。丙,城内外火药库有巡防兵两队。丁,巡抚及各衙门卫队约两队。

---

① 党人预先知道起义时间,是据马营周正锋(丰)的话。

二、我军决定于今日午后(晚上)10时齐发,先取城外火药库,后全队进城,各尽任务。于次日(20日)午前(上午)5时在五里庙集合,再候命令出发。

三、六十一标(团)同六十二标第三营先取北门外火药库,得有弹药后,六十一标第二、三营进城,助城内各营攻击西门外之水师营,得(能)收抚即收抚,否则攻溃其兵,收其军械。六十二标第三营留守北门药库。

四、六十二标二营(薛哲营)同工程队先赴其营旁之军械局。得有弹药后,工程队留守军械局。六十二标二营以两队攻破巡防营,以一队先开西门,待马队进城后,再赴北门开城,并留守北门。以一队攻击抚院。

五、炮营先徒手出营,至马号举火,以做全军出发之号令。举火后至北门外陆军小学夺取步枪,得枪后,旋至该小学后取子弹进城。以一队巡南门,两队巡街。

六、马营由西门进城,直赴军械库,得有子弹。以一队守西门,一队开东门,余两队夺取电报局。

七、辎重队直赴军械局,得弹药后,保护教堂及外国人。

八、讲武堂各生充卫生队之任,随时搜寻城内死伤士兵,归入该堂治疗。

九、各标营队之出力人员,次日午前论功行赏。

十、各标营队之兵士等如有乘机抢劫情事,由巡卫队临时照军法处置。

十一、巡警兵如有愿降者,炮营收纳之,编入队内巡街。

十二、各文武衙门之官员,不准任意残杀。

十三、无论军民等均不准出入藩司衙门。

以上十三条密令,第一条乃指出敌人武装力量的驻地,主要敌人为谁,需要解决的是谁。第二条是说起义的统一时间,即当日(19日)晚10时发动,是敌人和居民都已入睡的时间。并指出起义胜利的关键是"先取北门外火药库"。新军都是有武器无弹药的,不首先夺得弹药,则起义不能成功。另外还有第二天早晨再集合起来,决定下一步行动的动向。第三条至第六条是说由炮营举火为号,各营同时起义。起义的具体目标是:夺取北门军火库,夺取军械局,"击溃"西门外的水师营,"攻破北门附近江防营",进攻巡抚卫队。然后防守北门火药库,防守军械局,防守北门。第七条至第十三条是说辎重队保护教堂及外国人,讲武堂学生充卫生队,负责伤员救治,论功行赏,及各种纪律:不准士兵及任何人抢劫,不准杀害官员,不准进入藩司衙门。

可以看出以上这个密令有重大不妥。首先新军都是无武器弹药的,因此,起义必须首先得到武器弹药,得到之后,才能起义,才能进攻。因此,起义必须分两步走,第一步先夺取武器弹药,要秘密行动,得到后,进行武装。第二步再发动进攻。而密令的计划是:首先,举火为号,一哄而起,实际上这样就惊醒了敌人。敌人是武装到牙齿的,而起义者都是两手空空,乱哄哄忙着去找武器弹药,其乱可想而知。

其次,进攻的目标,主要应是三个:俘虏巡抚朱家宝,占领全城,消灭江防营,消灭水师营。特别是第一项任务非常重要。熊成基密令,简直忘记此点。好像他们进了城,朱就成为瓮中之鳖了。他们也未考虑,朱家宝当时有没有在城内。第二、三两项任务也很困难,巡防营是最反动的,而且是由反动分子张勋掌握,是满洲贵族用来控制其他军队的军队。水师营是由长江提督程文炳指挥的,程文炳老奸巨猾,如果革命没有取得绝对胜利,程是绝不会放弃镇压的。

现在让我们来看看这场起义,究竟是如何进行的。

散会后,立即分头进行。晚上9时,驻在北门外的马营(骑

三、领导安庆马炮营起义的熊成基烈士

兵营)和驻在东门外的炮营,同时举火为号,开始起义了。(注意,密令本说10时由炮营举火发动,现在两营都提前一小时发动)

马营党人张烈、田激昂、周正锋(马营正目)等将马营管带反动分子李玉椿(春)包围在楼上,劝李投降。李不从说:(我)"深受皇恩,断不敢造反。"张烈用马刀砍李。(此据马营正目杨士道供。马营正目周正锋供说是周砍的,"本想砍首未中,而将其右手斩伤")李善拳术,虽然受伤,仍在刀下越窗逃走。骑兵营遂在张杨、周正锋、田激昂及高崇道、程芝苎①等的率领下冲出营房,开往城东北,欲与炮营相会。

与此同时,在9时,炮营熊成基率护兵袁成玺,找到正在东门外值班的排长陈元鉴及士兵22人,回到营中洪成典会议室,又见到蒋学礼、孙树森、时文翰、黄光英等。蒋学礼说,薛哲已预备妥当。熊说举火为号,先到辎重队借枪,后赴火药库领子弹。洪立即派人赴马厂纵火。士兵当时都喧哗起来,"大呼革命"。炮营管带陈昌镛知事不妙,逃藏厕所。被蒋学礼看见,陈大呼救命,被蒋学礼杀死,弃尸江流。② 以后炮营出营,熊带左队,洪带右队,陈元鉴带中队。先到辎重队,辎重队已携枪等候。又到北门外陆军小学取枪,③此时马营和炮营会师,又到菱湖北火药库取子弹。守库正目范传国,是范传甲胞弟。见起义军到,立即开

---

① 后二人是据周正锋供词加上去的,这个程芝苎后来出家为僧,释名宏伞,称宏伞法师,抗日战争时,主持安徽救济工作,他是灵璧县人。

② 此据炮营排长陈元鉴供词。杨士道回忆说管带被正目张鸿尧、士兵张茆用炮闩击毙。

③ 见陈元鉴供词。

门迎入,①起义军取了子弹。出来时路经六十二标三营门口,见该营营门紧闭。洪成典命纵火,该营士兵乃出。②又放火烧了测绘学堂步兵营房,该学堂士兵也加入了革命队伍行列。③后大队又到六十一标,率领各队齐到炮营集合。

至此,除长江上水师以外,城外已无敌军。熊成基命步兵进攻西北两门。洪成典和陈元鉴率炮兵在东门攻城。④其余炮兵踞原炮兵营阵地及东南迎江寺高地发炮,轰击巡抚和督练公所(军事领导机关)。⑤据骑兵正目周正锋供词,当时骑营田激昂、高崇道、程芝苎、周正锋等领取子弹后,任务是进攻南门,并负责警戒及通讯各事。当骑营到达大南门时,清军三十一混成协协统余大鸿已率领巡防兵接战。说明巡防营也已防守南门。

原来,安徽巡抚朱家宝在他们起义前已去太湖。后来听到皇帝、太后先后去世,知道不妙,便立即返回安庆城内,加强防备。当熊成基在炮营开始行动时,该营左队队官徐召伯便偷偷逃入城内密报。朱家宝立命紧闭安庆各城门,并调兵防守。并且"以重利诱城内将士,勿为义师所动,对于薛哲,尤为笼络。"⑥住在城内东北角百花亭的六十二标二营管带薛哲本来是负责开北门迎接起义军的,是最关键的任务,现在薛哲被朱家宝所胁,临阵退缩,行动犹豫,不能执行开门任务,是导致起义失败的一个关键。等到城外已枪声密集时,薛才带领百余人冲到北门,本

---

① 见杨士道文。
② 见陈元鉴供词。
③ 见杨士道文。
④ 见陈元鉴供词。
⑤ 见杨士道文。
⑥ 见冯自由文。

欲开城门,但见朱家宝已派"少数巡防营守卫"。① 薛更加害怕,"逡巡"不前。见朱家宝已率队前来,薛又以弹药太少,不敢向朱开火,反而率部回营,甚至有人说他竟伪装成助守从东门逃出去了。② 以致起义军无法进城,最终失败。

范传甲的任务是率领工程队在城内接应。因该队队长(连长)监视极严,营房关帝庙大门也被封锁。他们又有枪无弹,冲不出来。范无奈,便在营房放火,想乘机冲击。但多次点火,都被反动队官发觉扑灭。直到次日(20日)下午2时才逃出营外,到杨氏试馆打听消息。黄如波告诉他,起义军伤亡很重,难以入城。劝他易服逃走。范悲愤交集,坚决不同意。对黄说:"我已准备牺牲,要革命就不怕流血。"随即转回关帝庙营房,打算发动部分士兵,接应起义军入城。

清军新兵协统(旅长)余大鸿,此时已侦知范传甲是革命党首领之一,密谋内应。但因起义军攻城甚急,不敢立即逮捕。为了便于监视范的行动,下令调他到协部充任卫队。范在孤掌难鸣的情况下,仍未退缩。当天下午随余大鸿出巡,行至饮马塘附近,举枪向余射击。不幸被余的卫队看到,枪声未响,范即被逮捕。

讲武堂党人张劲夫,当起义军攻城时,准备率领一批同志冲出来接应,但因没有武器,又处于军官监视之下,未能冲出来,最终被捕。③ 张劲夫的供文表示出他的大义凛然,他坦然承认自

---

① 见冯自由文。
② 见张焕彤文。
③ 原文作"张振丰"供,新加坡《中兴时报》发表时,按作张劲夫,余以为是也。张劲夫,寿州人,寿人读夫如乎音,被清吏误录作乎字。劲振二字韵母相同,故被误录为振字。

己起义,"由我主谋,同谋者仅十余人",请勿妄拿无辜。

安庆清军既已加强城防,起义军的进攻就更加困难了。

前述骑营进攻南门,如果清军尚未准备,那当然要容易得多。安庆城南门面临长江,西门也紧贴长江支流皖河,两面临水,城头即在江岸之上,骑营到来,城上既已防备,便无法进攻。只有等待其他城门被攻开了。

到了次日(20日),清军长江水师提督程文炳[1]已率江南、湖北两省军舰江鄂号、楚谦号、建威号及鱼雷艇等共5艘赶来,程军用口径三十五生地的火枪,轰击起义军。起义军在狭小地带内遭到城墙上和江面上的两面夹击,无回旋躲避余地,"背腹受敌",力不能支,只有退向东门,再退北门。

城内无人响应,城门紧闭,城外起义军奋勇攻城,但弹药不足。炮营炮弹虽有,而无引信(引火线)。原来引信都被藏在督练公所,不打开公所,便无从得到。以致所发炮弹,都不爆炸。停泊在江边的军舰,起初原是"表示降顺的",后来见炮营炮弹都是不炸的,攻城的又屡攻屡败,便移到江心,也发炮轰击起义军,不但轰东门起义军,也轰北门起义军。

起义军攻城无望,朱家宝所调集的援军又已接近城郊,起义军伤亡很重。迫不得已,20日晚10时[2],起义军便向北撤退,分

---

[1] 见陈元鉴供词。原作"汉奸陈从周",又称"水提陈匪"。余按,陈乃程字之误,即是程文炳。程从周,字文炳,乃捻军叛徒,故被陈元鉴称为"汉奸",又称其为"匪"。长江水师提督所辖上至湖北,下至安徽江苏,提督署在武汉,是清廷一支重要统治力量。此时大约也有投机思想,故有其子在武备练军当兵。但此时其子已不在安庆。马炮营起义时,前人未指明此点,大约因程平时不在安庆,也与不敢得罪其父子有关。

[2] 熊自供作下午四点,错。

兵三路[①]：前队由熊成基率领，在集贤关稍事休息，等候。途中又改变战略，经桐城、舒城，想夺取庐州(合肥)为根据地，再联络颍州、凤阳同志，以图大举。他们以为自己是文明之师，不能抢掠百姓，在所经过之地，都秋毫无犯，"军容尚属可观"。但是粮饷严重缺乏，[②]谁知又意外地遭到清廷的老走狗、姜桂题骑兵的追击。姜也是捻军起义叛徒，是慈禧的忠实走狗。他的军队本驻河南，与安徽毫不相干，但为了争功，竟"闻讯，乃率部赶来"，穷追起义军，有骑兵300余人，被成基力战败之。但队伍到庐州境(大约是肥西县)时，只剩下八九十人。

但在逃走过程中，竟有欲谋(俘)成基以降清者，成基知之，乃脱离队伍向西北逃走，又遇督练公所总参谋田中玉率兵追击，"虽遇见多次"，但因田不识成基，未遭逮捕。此时，成基只捡僻静小路向西北逃走，逃到寿县同志常恒芳家藏了数十日，后来又由河南转山东烟台，赴日本东京。

后队由骑营程芝苎率领，又与江防营混战，逃到合肥东乡时，所剩不足40人，几天后，就解散了。

马炮营起义失败牺牲的烈士

熊成基逃走了，但熊成基的一些部下，即尚未赶上熊的队伍的，及起义前及起义中有进步表现的，现在都成为朱家宝、余大鸿追杀、搜捕、追查的对象。据幸免于杀害的炮营排长杨士道回忆说："全省被牵连受害党人、士兵及进步学生等共达三百人之多。"(《辛亥革命回忆录》)这是一个惊人的数字。但无独有

---

① 见杨士道文。
② 此据冯自由文与周正锋供词。

偶,辛亥革命元老冯自由也在他的《革命逸史》第 5 集中说:"此案前后,士兵学生被害者不下三百人,株连极重。"可见这个数字是可信的。

我们知道,徐锡麟起义时虽被俘 40 人,但在巡抚冯煦力主宽大的做法下,无一被杀,全被释放了。而在反动分子朱家宝、余大鸿的逮捕下,竟被害如此之多?冯自由在《革命逸史》又告诉我们说,"高等学堂提调桐城人姚叔杰,力主彻底根究"。①(余按姚叔杰即姚永概,1808 年,正任安徽优级师范监督(校长),上述冯文作高等学堂提调误,杰乃节字之误。姚永概乃姚莹之孙,姚浚昌第三子,即当时安徽教育界所称的姚三先生。直到抗战发生后,安徽教育界还流行这样的话:"天下文章在桐城,桐城文章在二家兄(杨永朴时任安徽高等学堂教习),二家兄不懂,还要来问我。"优级师范又称全省师范,是设立在安庆的全省最高级的师范,其等级约相当于今天的师范专修科。位于安庆龙门口,故又称龙门师范,即今天的安庆一中院内,校内聘有日本教师,校舍也有日式建筑,纯木质结构的房子。有一位徽州师范教师洪静轩,曾寄给笔者一张他父亲洪家麒 1911 年(宣统三年)5 月,毕业于优级师范理化科的毕业证书,四周有龙纹八条,证书上竟将慈禧 1907 年 12 月懿旨"不准干预国家政治,及离经叛道,联络纠众,立会演说等事,均径悬为厉禁……"的禁令,刊印于毕业证书之上。可见姚永概"力主彻底根究",完全可能。清廷反动禁令的忠实执行者,"朱家宝、余大鸿信之",也是可能的。据说姚永概也做过一点好事,他曾亲赴上海请来严复任安徽高等学堂监督。但他纱帽一戴嘴就歪,一当上优师监督,便立即反动起来,主张"彻底根究"这次起义的参与者,使许多进步青

---

① 见冯自由文。

年受害。大约这张毕业证书，在全国也是少见的了，现将它提供于本文之后。）

朱家宝新到安徽，思想反动，余大鸿更是思想僵化，他在南京新军中曾受到党人的痛打，而不敢发作，吃了暗亏，现在既有安徽绅士的口头支持，便大肆杀害，追查起来。范传甲便是被余大鸿亲讯，用重刑烙铁烙得肉块脱落而死。薛哲临阵退缩，虽未敢起义，也被残酷杀死。起义是11月19日发生的，张劲夫、周正锋、陈元鉴三人20日上午辰刻即被杀死（皖省革党供词），24日（旧历十一月十八日冬日），朱家宝奏"先后拿获叛党二十余人，据供革命排满不讳"，但未敢说处死，而实际上是处死。这正是他要隐瞒的地方。11月26日，只有18岁的田激昂（本书另有传）被追到凤阳，在凤阳被凤阳兵备道处死。这是已收集到的，那些未收集到的，还未被人写传的人，当然更多。

正因为此事株连极重，杀人极多，安徽人士群起反对，乃推合肥党人龚振鹏到北京讼冤，受到御史石常信、陈善同的帮助，联络参劾朱、余二人，说他俩"贪功攘乱，徇私害公"，辞极严厉。此时段祺瑞也恨朱、余，排之甚力。结果朱被清廷传旨申斥，余被"先行撤差（职）"、"听候查办"。后又严令余"永不录用"。使皖人之冤，暂时得申，而已被害死者，都成为无人得知的人物。姚永概受到省人的压力，大约心很不安，1923年，58岁即死。

辛亥光复，对烈士史料的收集工作，极其仓促而短暂，只在吴越从河北搬来埋葬时，顺带收集其他8个人，即范传甲、张劲夫、周正锋、薛哲四人，加上李朝栋、张星玉、胡文彬、刘志贤四人凑成九烈士墓，葬于安庆西门外平山头。由孙中山书写墓碑，张之屏书写墓表，柏文蔚书石，以记其事。竟把临阵退缩的薛哲也算作烈士，而陈元鉴、田激昂及其他烈士都被忘到脑后去了，如果说因田在凤阳，故未收入，而陈元鉴可是在安庆啊？

辛亥光复,优级师范也停办了。

熊成基的革命筹款,被困长春、哈尔滨

熊成基自寿州东走之后,即东渡日本留学,初改姓名为"龙潜",号望云。研究军事学及制造炸药等,极有心得。时留东之革命党人甚众,惟"各树门户,意志不一"。成基与孙铭①、钱兆湘、石德纯、肖翼鹏数人,往返最密。即使是这些人,也不知熊之真名。他又由肖翼鹏介绍,加入同盟会。并认识黄克强于小石川区水道端町勤学社。勤学社是革命机关的本部。据熊后来的自供说,他在日本时,颇守静密主义,从未吐露真名,惟党中首领黄兴一人,知他底蕴。并相与计划再图大举之方法。当时大家都说,革命党历次起义,皆由军费缺乏,以致功败垂成。以后非先解决经济问题,不可冒昧从事。因而有"必须先筹款,后举义"之说。

这时恰巧有同志孙启,由日本某武官之手,取得德国参谋部机密兵书及军用地图数种,准备出售给当时的沙皇俄国当局,以充革命经费。孙启正准备回国办理此事。成基当时"恢复之心甚切",也急于回国,欲到东三省求售。同志们都认为成基回国,行动不便,群相劝止。但是这时成基得到他的朋友商震由东三省来信说,"书已交涉明白,请来解决"。有一个名叫臧克明的人,在日本东京耶稣教堂工作,与商震交情甚厚,力劝熊往。臧也是熊的朋友,臧便写信给自己的父亲臧冠三,请父亲答应让熊住在自己家中。于是熊将自己的名字改为张建勋,持臧介绍信,

---

① 安徽寿州人,原名孙元,号竹丹,是北京党人,派驻日本之委员。本书有另传。

三、领导安庆马炮营起义的熊成基烈士

间关(不走正式海关,而走小道)至吉林长春,借住在臧冠三家。"所有行李,日用(经费),均由(在)日本的革命党本部津贴"。①

臧冠三乃奉天(辽宁)人,年近六旬,乃马贼出身。信奉耶稣教,日俄战后,高谈革命,"雅好投机事业"。1908年在长春创办旭东公司,不久倒闭,股东资本尽入臧氏私囊。1909年夏,清政府有缉拿党人韩东洋的举动,臧又投入韩党。臧的为人"外亲仁义,内实奸险"。成基至长春,询问了售书的事情,才知道"商震之函空虚(不能兑现),而臧冠三尤不可恃"。

成基在臧家住了一个月之后,臧竟把他视为"可居奇货",屡次向成基告贷,以致成基所带之资,"尽为冠三敲去无遗"。结果"行囊缺乏,困顿长春"。1909年旧历七月中旬,孙启也到了北京,一方面写信给成基询问他现状及售书事宜,一方面寻找老友安徽人程家柽商议售书方法。成基复信告孙:"商震所说,毫无根据,现另设法办理,并请孙速筹款接济。"孙得信后,即请程"速为售卖"。后来程介绍同志于汝彪和俄文译员赵郁卿,将书售去一种,由大清银行汇300元给臧冠三转交成基。但由于臧黑心,竟将此款吞没,而成基不知,仍去函告急。成基知臧不可靠后,乃弃之而去,赴哈尔滨,拟独立行动。并回信给孙启说,同志韩应房已到长春,所带来川资(路费),尚够二人之用。并说他已与应房同赴哈尔滨,住在秦家岗宾如客栈。请孙以后通信,直寄宾如客栈,千万不要再寄长春。孙得信后,乃抓紧卖书。但购书人也极狡猾,"持不紧(急买)不脱(不说不要)态度",彼此不肯俯就。此时恰遇程家柽筹款成功,"约有五千金(元)之谱",完全寄赠给孙启。而孙启此时也想离开北京,于1909年12月上旬,携带3000金赴哈交给成基。此时,韩应房尚和成基同住在同一客

---

① 见熊之供词。

栈，会同志梁冰也因党事至哈。于是三人一起在哈埠"群力交涉"，仍无结果。遂又决定，不速卖了，待价而沽。并共议熊最好"回日本"。熊以所谋未成，"坚不肯行"。决定留哈学习俄文。又会同东三省同志商震筹划在东北开垦的事情。

1909年12月下旬，孙启、梁冰都回到北京，另有所图。1910年1月中旬，孙启在北京接到熊信说，熊将到长春与徐伟天、高继堂等别图售书方法。孙启复信说，臧冠三不可靠，长春万不可居，"叮咛劝其勿往"。成基因急欲成功，竟不听劝，经赴长春晤徐等。徐嘱其回哈等待，并以旅费关钱（东北币之称）100吊为赠。而不知祸机已伏于此矣。

谋刺清廷大员载洵被捕牺牲

臧冠三以熊再到长春，不与自己来往而恨之，且误闻熊已由北京筹得巨款，乃致信给熊，欲借万金。熊得信，甚为焦虑，便向臧极力表白，说自己无款。臧又来信相迫说："尔在吾家，居有数月，现时年关将近，即不言交情，尔伙食一项，汝亦不给耶。吾当向官府告密。"熊得信，未复。又和一个日本朋友移居俄人饭店避之。

恰巧此时满人亲贵载洵在欧洲各国考察陆军，经西伯利亚铁路回国，路过奉天（辽宁），沿途警戒，异常严密。不意一个曾在臧冠三家见过熊成基的姓董的人，竟向吉林巡抚陈昭常告密，说安庆革命首犯熊成基潜来哈尔滨，欲谋炸贝勒（载洵）。陈得报大骇，乃令抚署中军刘某率军警赴哈严缉。并下令于载洵所过各站，一律严加防范，而外人都不知道。

1910年1月18日，载洵车到哈尔滨站，为防范刺客，载洵并未下车。停一小时，便乘原车南下。成基于载洵过哈之日，尝徘徊于车站附近,欲伺隙行事。后以警备森严,无可进行。"乃在站外餐室据案大嚼。良久,始失意他适"。

吉林巡抚公署派秘密侦探连日在哈尔滨大肆搜索刺客。终于在1910年1月20日下午,在秦家岗下坎俄国饭店,捕获熊成基及日本人一名,成基毫不隐瞒,承认自己是熊成基,日本人当即被释放。21日,由山西路道员颜世清亲自提讯,成基索笔直书,洋洋数千言。(兹全文录后)

1月23日,清吏押解熊成基往吉林,出巡警司时,观者如堵。成基笑着说:"诸君为国珍重,我死犹生。"长春学界及工商界都为之叹息。其时同盟会员在吉林巡抚陈昭常幕府供职者,有廖仲恺、张我华等数人,皆束手无策。

1910年2月21日,陈昭常得清廷旨,令就地加害。遂在监狱优待室内"设馔飨熊",款以洋酒,有江苏同乡官某等相陪。成基谈笑自若,饮尽一盏。以后由狱吏带往法庭,上座者有提法司传签事、高等检察厅厅长李廷路,而安庆派来的安庆府孙成、管带官杨遇春,亦列座其侧。成基是时直立庭中,清法官仍用斩决服刑,加斩条于背。成基欲照相,照毕,熊索笔自题曰:"熊成基被捕时之照相。"接着大声发言,宣布他的革命宗旨,"语极沉痛悲愤,听者无不动容"。临刑时,刽子手使之跪,成基不跪,刀起而头落矣。后有人缝其首,置之棺中,棺值钱80吊,亡年24岁。

臧冠三同时亦被西路道捕获。吉抚因熊潜居臧家两次,显系同党,罪状昭著,情之可原,亦判禁锢十年。民国成立,臧极力运动,得以出狱,且在吉林得有公职云。(以上皆见冯自由《革命逸史》第五集)

若木　1993年初稿,2001年定稿于安徽大学历史系

附：熊成基被逮后之供词

吉林公署所派秘密侦探连日在哈埠大索刺客,卒于是月二十日下午,在秦家冈下坎俄国饭店,缉获熊成基及日本人一名,成基直认本名不讳,日人当即开释。二十一日解赴长春,由西路道颜世亲自提讯,成基索笔写供,洋洋数千言,照录如左：

熊成基：字味根,实年二十三岁,军册年二十六岁,江苏扬州府甘泉县人,寄居安徽芜湖。祖父熊瑞生曾任安徽繁昌县,父熊存仁系候选通判,均已早故。母亲胡氏在堂,胞兄熊成模,安徽候补州吏目,胞弟熊成鳌年尚幼小。我一向在学堂肄业,尚未订婚。先在安徽练军武备学堂,后入南洋炮兵学堂,均先后毕业。由南洋炮兵将校科派陆军第九镇第九标炮兵排长,继调安徽马营队官,由马营调炮营队官。我平日革命宗旨以推翻政府,改革政治,倡人权,均贫富为主。要不尽系满汉种族之见,我平日待士卒甚厚,大众颇为我用,遂阴结在营同志,屡欲乘机起事,俱未得便。光绪三十四年十月间,因各省军队俱赴太湖秋操,又值国丧,人心惶惶,皖省留防队仅有数千人,我本意如能攻开省城,据有根本重地,再连夜直赴太湖之秋操演习地,荫昌、端方均属平庸之辈,卫队都不过千余名,断不济事。至秋操之兵虽有两万,然多系空枪,难以抵御我军,如我得该两镇兵队,直行北上,则必势如破竹,且该两镇兵多系邻省之军队,如一旦为我所有,该邻省亦必在我之掌握中,有此天然一部落之根据地,一面攻取他省,一面宣布独立,又何患目的不达,天下可唾手而得。遂于是月二十六日夜间乘机暴动,逼胁混成协全军变,放火创乱,开炮攻城,皆我一人主

三、领导安庆马炮营起义的熊成基烈士

谋,并无主使之人,孰料城中内应误事,计划未周,以致失败。我之宗旨事成则已,否则牺牲其身,社会上亦不无小受影响也。况各国之历史,皆流血多次而后成功,我此次失败者,普通社会中人不知附和也。推其不知附和之原因,盖因自由之血尚未足耳,譬如草木不得雨露,必不能发达,我们之自由树,不得多血灌溉之,又焉能期其茂盛。我今早死一日,我们之自由树早得一日鲜血,早得血一日,则早茂盛一日,花方早放一日,故我现望速死之。呜呼政府,尔等决不能诛尽我党,亦只有愈死愈多而已。起事之次日,为二十七。下午四点钟败散,带残兵奔向庐州一带而去,被姜桂题马队三百余人追至,我之败兵反击姜军,如鸟兽散,殊为可哂,嗣我因无援助,所带残兵仅有三十余人,已知不能成事,即劝伊等各自逃生,我遂由庐州西北走去。由西北又向正北,由正北再向东北,日行二三十里不等,均循僻地空地逃去。夜则宿古庙或小店。所经地名,日久不复记忆。田中玉带兵追剿,我遇见多次,他们亦不相识,且官兵各存意见,均想邀功,我乃脱逃虎穴,后由河南至山东烟台,由烟台至大连,今年正月由大连至日本神户,由神户至东京,住勤学社。勤学社者,即我们革命机关本部也。本年正月二月间,我曾至沈阳、长春一带游历,在沈阳居留一天,住在东洋旅馆。因闻田中玉在奉天,伊曾充安徽督练处总参议,他手下有我的照片,并因沈阳事无可为,故未久留,复到长春,在府署西偏租赁民房一间,改易姓名为张建勋,字立斋,河南永城县人,自此我遂以此名字籍贯对人,我的熊成基本名,从未向人道及。未久即行回日,六月间党人集议,以党中经济困难,欲谋举办大事,必先筹得巨款,始能为力,东三省介于日俄两国之间,将来必有战事,大有可乘之机。适有北京派往日本之委员孙铭,号竹丹,在日本时曾与我相识,但伊并不知我系何许人,我以别号望云二字告之,伊得有日本军事计划秘本十余册,据云,系为中国政府

所觅,伊留一份,如以售与俄人,当得重价,我即挺身担任代为销售,约定售妥。各得其价之半;先四册作为样本,意欲借此联络俄人,酿成战局,以便从中举事。故于八月间乔装来东,先至长春,住臧冠三家中,臧前开旭东公司,伊子克明在日本东京耶稣教堂,平日与我之友人相契,所以知冠三其人而投止,后因我在臧家居住,究属不便,乃嘱其代租房间栖身,并将售书来意告知,嘱其留意代销。又在臧冠三家曾见过徐尚德几次,徐亦绝不知我来历,伊后赴大连去讫,有人说伊曾由大连寄我银元八十枚,实无其事,如不见信,可以赴邮局或银行调查。缘徐尚德之妻系日本人,粗通文字,其人智识亦非甚高,如其知我底蕴,恐亦早向官府报告矣。我于八月中即到哈尔滨,寓在宾如栈,从俄人夹根肄业俄文为名,暗谋交接俄人,销售秘密书册,乘便纠合同志,以图大举,适俄外部大臣来哈。由在哈俄商介绍往见。先交祥本二册。议价银一百万。俄人现正调查。尚未定局。不意臧冠三走漏消息,致被拿获。孙竹丹现在北京,与我虽在东京认识,并不知我真姓名,缘吾在日本时,颇守静密主义,不肯稍涉嚣张,从未吐露真名,惟党中首领黄兴一人知我底蕴,所有旅行日用,均由东京革命党本部津贴,或疑我之在哈尔滨,系图行刺贝勒,亦属误会。总之我心坚定,百折不回,去年十二月二十六日安庆之役,皆余一人所为,并无第二人预闻其事。乃闻事后皖抚无故杀戮多人。至今回念,为之怆然,惟恨我年纪究竟太轻,阅历尚浅,否则安庆之举不致一败涂地,又何致来东三省耶?然心地光明磊落,所说皆是肺腑之言,倘使因我任意株连,自问不安,亦觉无谓。当余在哈时,所有衣服行囊皆被侦探取去。入署后,胡司马直以胡匪相待,手脚镣铐,较之众囚徒尤苦,其实余并无二心,惟求速死而已,至此次举发我之人董姓,素不认识,不过在长春臧冠三家见过数次,请讯董姓便知其实。臧冠三以外,并无一人与我有关涉,其人利心太重,实不配称为同志,所供是实。熊成基供。宣统元年十二月。

三、领导安庆马炮营起义的熊成基烈士

附:安徽巡抚朱家宝为安庆马炮营起义所发的电文

家宝于二十六日(按:11月19日)回省,是夜城外马炮两营下级军官煽惑目兵谋叛,马营管带被伤,炮营管带被戕。夺占子弹药库,纵火焚毁步兵营房,逼胁同叛,一再攻城,均击退。复凭炮队攻城,黎明复调江西兵轮开炮攻击,将炮台击坏。该匪又率避临江据寺后炮击我军。即遣将带队出城,会合江轮,水陆夹攻,众临溃退。一面遣巡防营将子弹库夺回,二十八日(11月21日)丑刻(夜)该匪因省城西北隅有低缺处,复到此进攻,连开机关枪击之,匪始不支退出。辰刻(8时)又夺回马营,匪道纷纷向西北窜桐城、舒城一带。困城兵之多,不及远追。午后,派队四处搜查,称后拿获叛党二十余人,据供革命排满不悔。为首者熊成基,甘泉人,炮营队官,炮兵毕业生。二十九日(11月22日)即开城,省城内外均照常贸易。午后,午帅由太湖来,所派校军宁省及江北与操军队马步共七营,亦先后到省。陈筱师派与操鄂军一标协助,即由潜山赴桐城追劫,江鄂兵轮派有楚谦、建成及鱼雷各船,亦陆续到齐。省中现无匪踪。三十(11月23日)午师与家宝出城抚慰地方,商民一律安堵。庐州一带已由午师商人程平斋军门派队堵击。现在四面兜动,余孽想不难尽除。特此奉闻,朱家宝,东(旧十月一日,西历11月23日)。

附传一：陈元鉴烈士

陈元鉴(？—1908)，江苏人，素抱民族主义，以恢复祖国为目的。因在炮营任排长，故与熊成基认识，知系同志，故"互相联络，格外亲密"。

11月17日，两宫全毙，遂决定于19日举事。19日晚，陈在东门外率12人值班护电线，熊找陈，返马营，在洪成典办公室相会。熊令举火为号，洪即派人到马厂纵火。叶文翰率马队、士兵，手执桌腿，大喊革命。炮营管带陈昌镛，逃入厕所被蒋学礼杀死。然后集合炮队，讲话，然后出发，陈带中队，熊带左队，洪带右队。都到辎重队，他们已在迎接。又到陆军小学，取枪及子弹。出来经六十二标三营门口，洪令纵火烧门，该营士兵乃出。随大队又到六十一标，又率六十一标回到马营，集合齐了。

熊命步兵往攻西、北两门，洪成典、陈元鉴率炮兵攻东门。

20日天亮时，汉奸陈从周(即程文炳)率兵舰5支攻东门炮兵，洪成典力不能支失败，陈元鉴被俘。所供如上。陈供中说："我军失败，呜呼惜哉，请速加害。"

11月20日辰刻(上午8时)被押赴北门外杀害。

附传二：周正锋烈士

周正锋（？—1908），安徽巢县人，马营正目（班长）。1906年入待雪社，任招待职务。因已确定革命目标，愿"倾家弃产，尽国民一分子之责任"。"况我汉族之国二百六十余年，受异种之使，为牛马、为奴隶，种种虐待，无所不至，稍知人道者，岂能忍乎"。故于1907年初进入马营，"欲用铁血主义，报仇雪恨"。

11月17日"两宫倒毙"，知道机会已到。19日晚，田激昂开门回来，传达当晚起义，及起义政策、起义后措施等。当马营起义时，田激昂已将马营管带李玉椿堵获，劝其投降。见李不知羞耻，竟说"深受皇恩，断不敢造反"；周正锋大怒，举刀杀李，"免遗后患"。但刀未砍在头上，而砍在臂上，李通武术，竟然逃走。后受命往攻南门，受到余大鸿率巡防兵和江上水师程文炳军舰的夹攻，退往桐城、舒城，又受到湖北清军和周寿巡防军堵击。又因起义部队是"文明之师，决不能抢掠百姓"，以致无粮而失败。大约在舒城境被清军俘获。

在供状中说："我死之后，当化几千百万之革命党，尔等亡国之徒，尚不知耻，以我党人血来染你的红顶子，为天理所不容。"11月20日，被押赴北门处杀害。1912年柏文蔚任皖都督时，被收葬于九烈士墓。

附传三:张劲夫烈士

张劲夫(?—1908),安徽寿州人。1906年参加岳王会,以后又在讲武堂肄业,"欲借军队力量,图谋恢复"。审讯时说:"尔速拿笔来,将我为汉族复仇之大意写下,俾人人皆知杀满人复仇的任务。"

他在供状中写:"起义本有我谋,同志者不多,同谋者仅十几人,已先后为满奴杀害,请勿妄拿无辜。"又说:"我虽未达目的,亦可为同种(汉族)倡。尔等此次买了便宜,以后须格外提防,恩铭可为前程之鉴。"

11月20日,被押送北门外杀害。1912年柏文蔚任安徽都督时,被收葬于九烈士墓。

马炮营起义被害无传烈士名单及人数

李朝栋（？—1908）烈士，马营，被害日期、地址不详，1912年收葬于九烈士墓。

张星玉（？—1908）烈士，马营，被害日期、地址不详，1912年收葬于九烈士墓。

胡文彬（？—1908）烈士，马营，被害日期、地址不详，1912年收葬于九烈士墓。

刘志贤（？—1908）烈士，马营，被害日期、地址不详，1912年收葬于九烈士墓。

薛哲（？—1908），六十二标二营管带，被笼络害怕，不敢起义，使起义遭受失败，也被处死。1912年也被收葬在九烈士墓中（见《革命逸史》第五集）。

张志功（？—1908）烈士，被杀日期、地址不详。

郑养源（？—1908）烈士，被杀日期、地址不详（见《革命逸史》第五集）。

易桂安（？—1908）烈士，被杀日期、地址不详（见杨士道《熊成基安庆起义的回忆》）。

十月二十八日（11月21日）午后派队搜查，先后拿获判党20余人。据供革命排满不悔。（按：结果只能被杀）见安徽巡抚朱家宝在马炮营起义时所发电文。

这次被牵连受害党人、士兵及进步学生，共达300人之多。此案前后士兵、学生被害者不下300人，株连极重。（见冯自由《革命逸史》第五集）

安徽优级师范学堂之毕业证书

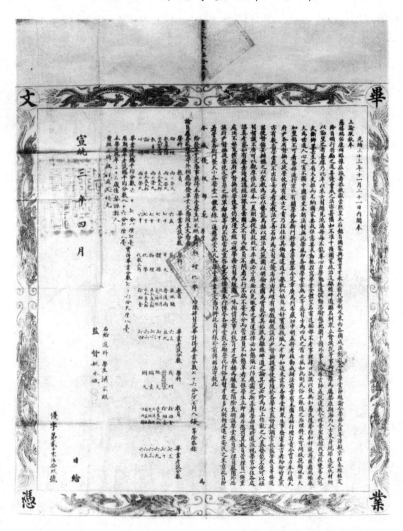

四、范传甲烈士传

范传甲(？—1908)，字寿山，是寿州南约 80 华里的开荒集人。性敦厚有大略，沉潜好学，于经史百家之言，无不历资批注。每与人交，皆以诚，故友人皆德之。曾在茅舍间设绛帐，教授三五弟子曰：天下兴亡，匹夫有责焉！英雄本无种，男儿当好自为之。

1903 年会管带顾忠琛，赴寿募兵。范与毕少珊、倪建侯等议论说：大丈夫既不能杀马上贼，应当于白山黑水（指长白山、黑龙江）间，一痛洗二百年国耻。徒呻吟窗下无益耳。于是相继从军，入安庆志愿兵营，即老三营。①

范传甲的最大特点，是喜欢联络人，发展进步组织，壮大革命力量。他见从军诸同胞皆乡里中人，于是发起创立"自治会"，研究新思想、新学术。其时诸青年粗识文字者不少。范还与倪、毕诸君轮番讲解，实乃鼓吹革命思想。未两月，事为督练公所会办宋芳宾闻知，自治会即自动解散。

适本省设立弁目研究所，营中诸战友，分别进入步、骑、炮、工辎各科，范遂入工程科。其时同志努力，日渐蔓延，四处卒业，后又拔各营充正目，范充炮营正目，于是势力更张。特在省会安

---

① 见李则纲《辛亥革命的前前后后》。

庆设集贤居旅馆,暗作机关部,以联络招待同志。未三月,为警察侦知,又解散。另创"同心会"。每趋省城北门外山上开会,又典民房杨氏试馆作机关部,由他亲自负责。

1905年,熊成基自南洋来安庆,任充马营队官。同志中有人耳闻其名,"嘱范往为联络"。① 熊便参加了他们的活动。

1906年初,寿县人常恒芳从芜湖安徽公学来到安庆尚志学堂教书,他在芜湖曾和柏文蔚、陈仲甫组织一个革命组织——岳王会,也被范传甲带来,安庆岳王会发展了20多个人,熊成基、范传甲等参加了。常恒芳任支部长。② 范传甲参加岳王会后,又积极发展岳王会,"凡在新军中,稍有知识血性者,无不收入其间,亲与接纳,推衣解食,均有布衣昆季之欢,每宣布满人之残暴祸国,无不愤极涕零,同呼效死。新军两标之众,无不唯命是从"。

1906年冬,徐锡麟来到安庆,1907年初被提升为巡警处会办兼巡警学堂会办,范传甲曾主动和他联系,并建立很好的关系。

1907年春,倪映典在南京不利,从南京来到安庆。被任命为三十一混成协骑兵营管带,掌握一营兵力,安庆起义军信心增加,范传甲便推倪映典为首。

1907年7月,徐锡麟在安庆巡警学堂仓促提前起义而失败。范传甲、熊成基、倪映典都深以为憾,都以未能和徐配合起义,而感到无比愤慨。特别是范传甲,当时有知情者撰文说:传甲与徐锡麟交情极深,自徐败后,传甲痛饮沉醉,登龙山之巅,北向长嚎、誓成其志,以报死友。待范传甲见到革命同志宋玉琳

---

① 见石德纯《范受山先生传》。
② 见常恒芳《回忆辛亥革命》。

时,一见倾心,非常高兴,说"他是亡友徐锡麟后第一人"。①同文又说:"范传甲,为人坚苦沉挚,居皖(安庆)十年,谋大举如一日,人无知之者。传甲貌蔼然,人忤之,未曾稍露不愉之色。皖军一混成旅,无虑数千人,无有不识传甲者。"可见他人际关系非常之好,因此才能成为马炮营起义的最主要的组织者。

1907年底,倪映典、熊成基、范传甲又计划在1908年初(旧历除夕,即十二月三十日,阳历则为1908年2月1日发难)起义。这时寿县张汇滔和吴越弟吴楚,正准备在正阳关梅羹学堂起义。因缺乏武器,派人来找倪映典、范传甲等商议。于是双方决定同时起义。谁知消息走漏,倪来皖情况,被两江总督端方侦知,密电皖抚,倪得知此消息后,只得匆匆逃走,经合肥逃往广州。

倪映典走了以后,三十一混成协协统顾忠琛,很赏识熊成基的才能,要提拔他为步营管带。但熊考虑到炮营的重要性,不愿离开炮营。安庆岳王会会员范传甲等便公推炮营右队队官(连长)熊成基主持岳王会。各会员按时交纳会费。

1908年秋,清廷命令调集南洋各镇新军,定于11月(阴历十月)在安庆西北之太湖县,举行秋操。派荫昌、端方为阅兵大臣。安徽新军第三十一混成协(旅)也前往参加。这就是当时著名的"太湖秋操"。这时安徽新军中的革命同志有:六十一标(团)三营管带冷遹,六十二标二营管带薛哲,炮营队官熊成基,以及范传甲、张劲夫等,都任各营弁目(排长)。此时同志们都认为这是在安庆发动起义的最好时机。于是便在三祖寺后范传甲所主持的杨氏试馆举行会议,决定在各军集中太湖秋操时,乘机发难。由于熊成基平时"待人甚厚",革命意志坚决,大众都乐为

---

① 《民立报》(1911年7月19日)。

其用。于是公推熊成基为起义总指挥,六十二标二营管带薛哲为副指挥,六十一标三营管带冷遹指挥全协。工程队由范传甲任指挥,炮营则由熊成基亲自指挥。然后再联络皖北力量,联合南京方面的力量,便可直捣北京。于是范传甲这个专门跑腿联络、认识人最多的革命者便到南京联络第九镇新军。①

但谁知他们的起义计划,走漏了风声。两江总督端方,改派他的亲信,大反动分子余大鸿来皖接替顾忠琛为三十一混成协协统,并逮捕了冷遹。甚至新任安徽巡抚朱家宝在未上任之前,经过南京时,已和端方"筹商连日",已知道三十一混成协的情况,甚至"计划(在)秋操后大整顿"。(见《江督、皖抚奏皖省兵变一律肃清折》)安徽巡抚朱家宝还说,三十一混成协新近成立,训练没有成熟,不必调往太湖秋操,并一律停止发放枪支。这样,这个秋操起义计划便破产了。②

此时革命的烈火,已经燃烧着革命者的心。他们跃跃欲试,只等起义,不是任何力量可以抑制的。③ 上述消息传来,熊成基、范传甲认为,在太湖同时起义,已经不行。但三十一混成协虽不参加,也可在安庆起义,于是仍继续进行准备。忽然有消息说,端方在亲往太湖阅操时,"将设行辕于安庆东门外英公(翰)祠。范传甲等遂欲狙击之于省垣,为擒贼擒王之计"。但又怕"端不果(真)来",还是准备先在安庆起义,然后联络在太湖会操的新军,共同起义。

正在此时,忽然传来光绪和慈禧先后死去的消息。这真是惊人的消息,于是"熊成基、范传甲等认为时机很好,便分头与新

---

① 以上皆见杨士道《熊成基安庆起义的回忆》。
② 见杨士道及冯自由文。
③ 见张杨《熊成基马炮营起义始末》。

军中的同志联系,告以起义打算,大家都表示赞成"。(据杨士道供词)于是就于11月19日(旧历10月26日)邀集部队起义代表在杨氏试馆举行会议,制定起义计划,决定当日晚10时以举火为号起义。并在会上公推熊成基为起义军总司令,熊成基当即发布起义作战密令十三条。各人都分头行动。

范传甲的任务是领导工程队在城内接应。但该队队长(连长)监视极严,营房关帝庙大门也被封锁。工程队人员又有枪无弹,冲不出来,范无奈,便在营房放火,想乘乱冲出营外。但多次点火,都被反动队官发觉扑灭。直到次日(11月20日,旧历十月二十七日)才逃出营外,到杨氏试馆打听消息,黄如波告诉他:起义军伤亡很重,难以入城。劝他易服逃走。范悲愤交集,坚决不同意。对黄说:"我已准备牺牲,要革命就不怕流血。"随即转回关帝庙营房,打算发动部分士兵,接应起义军入城。

新军协统(旅长)余大鸿,此时已侦知范传甲是革命党首领之一,密谋内应。但因起义军攻城甚急,不敢立即逮捕。便立即监视范的行动,下令调他到协部充任卫队。范在孤掌难鸣的情况下仍未退缩。当天下午随余大鸿出巡,行至饮马塘附近,举枪向余射击。不幸被余的卫队看到,枪声未响,即被捕捉。[①] 余派20个士兵看着他,看了一整夜,人都困乏睡了,只有一个人看守。守兵某人认识传甲,重其为人,释其缚,劝他逃走。但他愿自己承担责任。传甲慨然曰:"今不幸事败,吾党死者累累,传甲义不容独活。吾子(兄也)既相爱,请与子约,以二句钟(两个小时也)为限,吾摒挡家事讫(我把家事安排下),当来就死。"宋兵

---

① 见李则纲《辛亥革命的前前后后》。

竟释之。(他以家事骗守兵)①

　　此时石德鑑住在尚志学堂。翌日(11月21日,旧历十月二十八日)晨,范单身来会石,询问情况。石德鑑告以"后事方殷,桑榆未晚,徒死无补焉。余有便衣在,可速逸去"。(范)曰:"城外诸同志均有阵亡,余安忍负义偷生,一日千秋,大丈夫不自负也。"石德鑑"再急(摧)之","(范)曰,杨氏试馆,余自有便衣,许午后至试馆晤面。盖为一时掩饰之计"。实际上,范离开后,依然回到守兵处,"如约归"。

　　下午石德鑑"届时往(杨氏试馆)寻栈",才知道范并未去试馆。石又到"协司令部(范传甲被捕的地方)探问"。正好碰到反动协统余大鸿对范传甲"适(正在)刑讯也"。"皮鞭二百下,(范)仍自认无他","继鞭五百下,(供)如故"。"晚再问,上天平(垫腿脚,绑两臂在十字形架上),跪(铁)火炮,淫刑备至。又以烧红铁杆(棍)扑挚(硬按在身上),脊背皮肤随铁杆下,血液淋漓,筋骨毕露,惨无人状。"范犹大呼曰:"男儿身可杀,心不可屈也。毋再劳奴(你)。"声震瓦屋。"明日晨,遂受刑死"。"父存,弟二,皆年幼"。

　　范是受刑最为惨重的一个人。据说范传甲在受刑时,颜色如平时,(宋)玉琳当时未被株连捉到、杂在人丛中,激然失声哭。传甲怒以目之曰:"吾死不得已,子何为者,当珍重。"玉琳遂逡巡遁去,不知者以为二人是兄弟也。② 1908年11月21日范传甲在西门外因受刑太重而死。

　　寿州同乡石德鑑对范传甲的革命精神最为佩服,对他组织

---

　　① 据石德鑑文《范爱山先生传》。《民国日报》1912年3月30日及其续篇。

　　② 见石德鑑文。

马炮营起义的功绩最为钦佩。为此辛亥革命以后,他大为感慨地说:"嗟夫,当安庆举义,天下咸知有熊成基,何知有范受山(传甲)哉。""顾五百英雄,皆系范苦心联络如辐辏,各机关已头头是道。熊抵皖创议,无非一揆其机耳!则所谓有名之英雄,多由无名之英雄成之者,岂虚语哉?"①

"今共和成立矣,或金刀裘马,肩领辉煌,或驷马轻车,驰骋道路,于革命诸先烈,几置若罔闻。噫,衰亲待哺,奉甘酯兮无人,弱弟飘零,谁提携而抚育。言念及此,真使志士心灰,饮冰无地。当局诸公固汲汲以血史为表扬先烈,震烁古今,而此时之司马门庭,家鲜担石者,又将何以为情也。"

1912年当年,柏文蔚任安徽都督期间,皖人收集范传甲、张劲夫、李朝栋、张星玉、胡文彬、周正锋、刘志贤、薛哲等8人遗骸与暗杀出洋五大臣的吴越灵柩,葬于安庆北门外平山头。孙中山先生亲题皖江九烈士墓碑,石刻家张树侯(之屏)为作墓表,柏文蔚书石,树侯亲刻之,以慰英灵,教育后人。

又台湾有胡秀者写有《血路——范传甲、倪映典、熊成基三烈士传》,非史非文,写了近二十万字,而文中无可录之处,仅证明一点,对范传甲之无比钦佩。

本文据冯自由《革命逸史》,张杨《熊成基马炮营起义》,杨士道《熊成基安庆起义的回忆》,石德鑑《范受山先生传》及《民立报》1911年7月19日等各文整理。

---

① 见石德鑑《范受山先生传》,《民国时报》1912年3月20日及其续篇。

五、凤阳田氏双烈（田激扬、田叔扬）传

田激扬（1890—1908），字昂甫。父田月樵，为凤阳大家，世代材武。祖居城西南田家圩子。其父兄弟四人，大伯瑞书，耳聋，被称为"聋太爷"。解甲后迁入府城内花铺廊大街。月樵先生行二，大半生淡泊明志，拒出仕、修家政，深得兄弟们尊重。三叔田干臣，字勤生。为官达练勤敏，早年为两江总督营务练兵。时在中日甲午海战之前，东南沿海倭寇骚扰频繁。台湾府时时告急，干臣去东南海防剿倭，后以台湾道卒于台湾。因旷世军功，得以三品官被追谥为田勤敏公。四叔田弼臣亲去台湾扶柩回籍后，也闲居家中。长兄和四弟都住在花铺廊大街，月樵建宅府东街、文昌街口。三弟建宅府北街。

激扬长兄昆扬，字始如，长激扬19岁。次兄仲扬，字次壎，长激扬16岁。三兄叔扬（后改淑扬），字亚豪，长激扬1岁。激扬母已生有3兄及3姐后，体质已弱，年岁较大，但又孕育激扬，以致患了"涮锅痨"，饭后即饿。生激扬之后，更加病弱。时值四叔弼臣尚无子息，激扬便交由四婶抚养。

幼时激扬，十分壮健活泼，深受兄姐们的宠爱。稍大一些，父亲（即四叔）治家严谨，难得被大人带出活动。小激扬求知欲极强，常瞪着圆溜溜的大眼问他的父兄："二哥哥，岳元帅为何不把秦桧杀了？""四妈（即四婶），梁红玉擂的战鼓有没有大桌

子大？"

他家有老人何玉，系伯父聋太爷的亲随马弁，后又随三叔田干臣赴台湾，大半生戎马生涯，因无家室，随四叔弼臣住在田府。何玉虽马弁出身，但粗通文墨，且博闻强记，是激扬幼年时最好的忘年伙伴。老人跟他讲："文天祥至死不屈，留取丹心照汗青。""岳元帅被奸臣秦桧用十二道金牌召回，害死在风波亭。""元鞑占中华，怕百姓造反，十户才合用一把菜刀。人民在月饼中夹放字条，八月十五，一齐动手杀鞑子。"就连当时的甲午战争，北洋水师同仇敌忾，邓世昌以舰撞舰的英勇事迹，也装进了小激扬的脑中。每当听到坏人做奸，国家民族遭到凌辱时，小激扬总是攥紧拳头说："我长大了一定要杀尽天下坏人。"

1897年，激扬8岁时，被月樵先生送入家塾。在学习上，激扬表现得异常早熟和勤奋。此时的田家，虽为凤阳府的名门贵族，但实际上已是中落之家。父亲和四叔都闲居家中，长兄昆扬已不再谋取官职。次兄仲扬已去南京、上海，寻求复国道理。

少年激扬，用情激热，为人坦荡，在是非问题上常坚持己见，从不轻易附就，善于用犀利言辞把对方驳倒。且积极探求新学，锲而不舍。致使族人、同窗都说"激扬者名如其人"。

为了走向社会，叔扬（淑扬）、激扬也十分勤奋练习武功。激扬小小年纪，已经刀马娴熟，常骑马驰骋于凤阳西南乡之白石山、曹山、东鲁山，凭吊古战场于山林之中，舞刀射箭，以致能双足站立马背，任其奔驰。凤阳府著名学者、凤阳师范著名语文教师、后来被称为"安徽三高"的高亚宾说："烈士兄弟，其材武有熟，至于怀民族之哀思，抱光复之志行，则时实为之异乎常人。"

1903年，安徽省创办了一所武备学堂，武备学堂头班学生毕业后，1904年初，又招募新军300人，归学堂训练，称为武备练军，地址在北门外南庄岭。田仲扬（激扬二哥即田次壎）与张树侯、李孟洲、孙淑真、倪映典、孙卓如、张子嘉、张劲夫、郑赞丞、熊成基、柏文蔚、胡万泰、杨替龙、李乾瑜、刘松南、吕宪等均为同学,其中张树侯、田仲扬、孙卓如等数十人都应召至武备练军当学员兵。每到夜间,琅琅书声,传于营外。此时练军与旧时营防,从营房、服装到训练都迥然不同。营房是新盖墙楼,上下铺一律是新木板床,兵士制服都是用灰布、黄布制作,集体吃饭,军官穿蓝呢制服,穿皮鞋、打绑腿,吃饭设小厨房。武器用汉阳兵工厂造小口径步枪,炮则购自德国、日本。操战之法,也学习德、日。操练和战术科目轮回调换。

1905年暑假,激扬此时已15岁,叔扬16岁。仲扬回家召其弟激扬来安庆考入测绘专科学堂,叔扬则考入南京南洋将弁传习所。当时安庆、南京推翻清廷、光复中华活动都蓬勃兴起。首先是柏文蔚、张树侯(之屏)等在练军中发起组织"同学会",它是不分省籍、学籍,只要志同道合者即可参加。流传讨论的书有《猛回头》、《革命军》、《警世钟》、《扬州十日记》、《嘉定屠城记》,同学们每当阅读谈论清朝政府的祸国殃民,致使民不聊生时,都慷慨涕零。激扬到安庆不久,就经其兄介绍,参加了同学会。同年李光炯(德膏)等"旅湘安徽公学",也迁至芜湖,改名"安徽公学"。当时提倡革命的人物,多聚会于此。如江苏刘光汉,怀宁陈仲甫,寿县柏文蔚、常恒芳等。陈、柏、常等还组织了"岳王会",借岳飞的精忠报国、抗击金人事迹,激发人们的爱国热情。这年秋天,常恒芳来到安庆尚志学堂,把岳王会也带到安庆。1905年秋天,在尚志学堂的一间密室中,气氛严肃,神案上供着岳公画像,田激扬剑眉微蹙,双目炯炯,手捧信香和次兄仲扬,以及熊成基、范传甲、张劲夫、宋玉琳等十余个不同年龄的人,同拜于岳武穆像前。并宣读誓词:"我等中华七尺男儿,誓以一腔热血,荐我轩辕,杀身成仁,光复中华……"声如一把利剑穿透帏帐,直冲斗霄。宣誓毕,主誓人柏文蔚兴奋地握着激扬的手说:"弟乃吾乡后起之秀也。"

不久,安徽开始筹办新军,武备练军停办。练军成员,部分改编成新军第一标第二营,俗称老三营。薛哲、倪映典、熊成基等赴南洋陆军学堂深造。仲扬则返皖北联络同志。

1906年秋,安徽督练公所成立步、马、炮、工、辎五种弁目训练所。激扬以马刀功夫见长,被推荐转入马弁训练所学习,第二年即被任命为马营弁目(排长)。常藩侯(恒芳)、吴旸谷、袁子金等参加了炮兵弁目所,留在老三营的有毕靖波、张汇滔、薛子祥、范传甲、石德宽、石德鑑、张劲夫、郭昌玉、倪权屏、肖良璞等人。这年10月在萍乡醴陵爆发了工人、会党、农民联合起义。东京同盟会员纷纷请命回国杀敌。同盟会总部命宁调元、胡瑛、孙毓筠、段云、权道涵等回国策应长江一带革命。孙、段、权到南京后,便与新军中赵声(伯先)、柏文蔚联络谋刺两江总督端方,图举起义大业。为之奔走联络者,则为激扬三兄亚豪(叔扬、淑扬)。亚豪治事严肃,当他抱定为中华献身取义之后,每见同志,则必脱军帽为礼,胸背挺直,如寒松劲竹,无戏容懈骨,一副标准军人模样。12月起义计划被孙毓筠不小心泄露,孙被捕入狱,赵声以嫌疑去职,逃往广东,柏文蔚走奉天。田亚豪与表兄孙传瑗转奔安庆,亚豪不久即经会党活动,进入安庆新军步营且任排长。

马炮营起义中的田激扬、田叔扬(亚豪)弟兄

1907年7月5日(旧历5月26日),安庆发生了徐锡麟刺杀安徽巡抚恩铭事件。徐锡麟,字伯荪,光复会领袖。为了革命,捐得道台来皖,谋得恩铭信任,得被任命为安徽巡警处会办

兼巡警学堂会办职务。在学堂宣传革命,组织起义。且与六十一标取得联系,相约在巡警学堂学生毕业典礼时发难。不料情况有变,毕业典礼改期,提前两天,在7月6日举行,徐在阅操时以手枪射杀恩铭,并夺取了军械所,但因弹药被存放在军械所地下室,无法取出。城外六十一标因城门紧闭,不知道起义提前,无法支援。

徐锡麟举事,安庆新军中党人,都因未来得及响应而失败,感到十分遗憾,更加激发了为死难烈士报仇的决心。激扬在给其次兄仲扬的家信中愤而立誓:"杀身成仁,以竟伯荪之志。"

当年,倪映典被从南京调到安庆,任骑兵营管带(营长),岳王会党人研究,公推倪为首领,于阴历除夕发难,不料消息走漏,倪映典因被怀疑而主动离职,走往广州。岳王会在安庆的第一次起义计划,未能实现。

1908年秋清政府下令,南洋各镇新军于11月间(旧历十月)在安徽太湖举行秋操,荫昌端方为阅兵大臣,安徽巡抚朱家宝率安徽新军三十一混成协前往参加。新军中党人知此情况后,立即在北门黄花亭三祖寺后杨氏试馆举行会议,推熊成基为起义总指挥,冷遹负责指挥全军准备事宜。这第一次会议方案,主要是在太湖秋操时拘捕端方、朱家宝,与会操新军联系起义,然后攻下安庆,夺取火药库,再与皖北党人联系,直捣北京。不料走漏了风声,陆军部已有所闻,并电告皖抚不调新军三十一混成协参加会操,并一律禁发枪支。两江总督端方也"尤以皖军为忧","定计俟秋操后,大加整顿"。

这时新军中的革命同志有:炮营队官(连长)熊成基,六十一标三营管带冷遹,六十二标二营管带薛哲,工程营弁目(排长)范传甲,马营弁目田激扬,此外易桂安、张劲夫、田亚豪等均在各营任弁目。派范传甲往南京联络第九镇新军,但因走漏风声,端方

五、凤阳田氏双烈（田激扬、田叔扬）传

派心腹余大鸿来安庆监督新军逮捕冷遹，且不准新军参加会操，全都留在安庆。第二次制定的计划又落空了。

但他们起义的决心更加坚定，仍然准备乘太湖秋操，朱家宝已到太湖，革命同志全在安庆之机，即安庆空虚之时夺取安庆，争取南京、寿县革命同志响应。然后以一军杜绝宁军归路，另一军渡江袭南京。

这时又突然传来光绪、慈禧先后死亡的消息，认为是天赐良机，便立即在1908年11月19日（旧历10月26日）在杨氏试馆召开起义代表紧急会议。出席会议的有：熊成基、范传甲、张劲夫、薛哲、薛子祥、田激扬、廖盘贞、洪成典、程芝苎、李朝栋、宋玉琳等十余人。决定在当夜10时由驻玉虹门外马营放火为号，东门外炮营发炮响应，由驻城内关帝庙之新军二营担任内应开城。当即由熊成基发布作战命令十三条。

激扬回马营后，立即召集同志周正锋（振丰，马营正目，巢县）、张烈（寿县人）等人研究起义行动。大家分析马营岳王会的弟兄颇多，加上平日流露对清廷不满，而且痛恶巡防营的跋扈，发动他们起义应该是有把握的。

当晚9时，管带李玉椿（春）在楼上正由马弁侍候饮酒。激扬、正锋、张烈提刀夺门而入，厉声大喝：举义之时已到，或受命或受擒，快速决定！李正待反抗，被激扬砍伤。两个亲丁马弁忙挺刀相迎，也被激扬、张烈一刀一个，结果了性命。李玉椿得两马弁一挡，撒腿穿越窗口而逃。张烈正待飞窗追赶，被激扬喊住："举火时刻已到，起义大事为上。"

晚10点整，军号齐鸣，操场上排列马队全体官兵，全部穿着一色的新军军装，大盖帽，铜扣对襟制服，马裤，绑腿，出鞘的马刀，上膛的汉阳造钢枪，在夜色中闪烁道道寒光。激扬全副戎装，剑目炯炯地接过卫兵火把点燃了代表几千年封建制度的黄

龙大旗,点燃了大堆草料和营棚,顿时,秋风中燃起冲天火焰,照亮了数百名即将冲锋陷阵的华夏子孙的严峻面孔。一会儿工夫,"轰、轰"的炮声响起来了,从东门传来。马营起义军开始杀向清王朝。

马营由田激扬、张烈率领杀向北城。此时炮营在熊成基直接指挥下,由正目(班长)张鸿尧、战士张茆等击毙管带陈昌镛后,全营开往北门,与马营会师,并赴距北门五里的菱湖弹药库取出子弹,再返回北门外攻城,测绘学堂步兵也参加了起义。

此时朱家宝听说安庆有变,已在午间驰回安庆,各城门遂被严令关闭。又调集巡防营队,加强防守。而原来约定开城接应的薛哲,从百花亭率队去开北门,见敌人已有布置,临时退却,半途折回。讲武堂张劲夫,听到城外枪声,准备率队接应,因无武器且在军官监视下,未能冲出。驻在关帝庙的工程队范传甲屡次放火,都被反动军官扑灭,且在队官监视下,到次日下午2时,才乘隙逃出,后因企图击毙余大鸿被发觉,第二天殉难于抚署前。

城内各路响应援军均遭失败。革命军虽勇猛攻城,但弹药不足,炮弹又无引火线,伤亡很重。泊在江心的清军军舰,先则观望,后见起义军攻城不下,武巡捕从西门出来,持巡抚与提督大令,命令江西军舰升火驰近起义军阵地轰击。成基率炮营避入迎江寺,架大炮于寺塔向城内轰击。到天刚亮时,迎江寺屋宇被炮舰轰塌。朱家宝从太湖调来的援军,已逼近城郊,起义军背腹受敌。在不得已的情况下,义军于20日晚7时,分两路突围。熊成基一路由集贤关到桐城,再到合肥。程芝苎一路从安庆直奔合肥,沿途均遭遇战斗,伤亡惨重。范传甲、张劲夫、李朝栋等9人在大屠杀中牺牲。

田激扬突围后悲愤异常,间关跋涉,夜行昼伏,辗转千里,欲返凤阳故里,图联合淮上同志再举义旗。激扬到了凤台县后,曾暂息于凤台一廖姓同志家。再与他(廖)一同走返凤阳。行至半路二人在饭店休息时,似乎发现有人认出,两人随即分手。激扬独自回凤阳,于天黑时进城,由文昌街转进田府。不幸进门时被凤阳兵备道戈什(差役)蔡长青看见。此时朱家宝已知激扬为起义主要领导人,又杀伤李玉椿,传令各地悬赏追捕,并派侦捕缇骑到凤阳侦拿。激扬回家后,第二天天尚未亮,道府兵士已将田府包围。蔡长青带省城来的侦捕人进入田宅捉人。激扬知不能免,他十分镇静,挺身而出说:"我就是你们要拿的田激扬,要推翻满清的是我,与他人无关。"他又转身向二哥仲扬一字一句的说:"次兄请保重,来日方长。"望着激扬被捉走。抚养激扬长大的婶娘,禁不住地放声大哭起来。

激扬当天即在凤颍兵备道衙门提审。田家系凤阳大家,世代材武之家,凤阳道在提审时留有后路地说:"田激扬,你今年才十八岁,安庆马炮营谋变,你当真参加了吗?"激扬答:"当真参加,我就是要推翻这个祸国殃民的满清朝廷!"又问:"你如此年轻,想必是裹胁被迫不得已?"答:"不,我是起义主持人,推翻封建帝制,建立民主共和,解救我亿万同胞,是我此生的理想。"身系大镣的激扬,面对大堂两边差役,毫无惧色,侃侃而谈,宣说革命救国道理,痛斥腐败至极的清朝政府,致使审讯官无地自容,不能自持,颤声喝道:"田激扬,你如此年轻,竟如此祸害于大清……"审讯就此收场了。

安徽巡抚朱家宝已数次电令各地文武,认真搜捕要犯,一经缉捕讯明,就地正法。田家知激扬难免一死。在审讯结束后的当天晚上,遂以金子买通狱率,送去夹毒馒头,示意激扬吞食,以求全尸。视死如归的激扬,立掷毒馒头于地,奋笔疾书:"男儿不流血,不是大丈夫。"第二天,即 1908 年 11 月 26 日,午时,激扬从容就义于凤阳道署衙门东侧,距其家宅仅仅百余米。观者无不为其刚烈坚贞的革命气节而感动流泪。

田叔扬继续组织淮上军起义

田叔扬(1889—1911)在安庆任步兵排长,与其弟激扬同谋发难,起义失败后,逃往江西,继续进行革命活动,1911年10月10日,辛亥武昌起义开始后,奉同盟会之命,赴凤阳组织江淮义军。实际上寿县革命党人在这年秋天,已决定在中秋节前后各乡党人都集中寿州,准备起义。后来听说武昌起义已经发生,11月初寿县党人张汇滔、王庆云、袁家声等召集皖北沿淮各县同志开会,筹划响应,到会的有凤台廖海粟、廖梓英、岳相如,寿县张纶、王占一、权道涵、杨穗九,定远方绍舟、张范(蕃)侯,凤阳田亚豪、刘安武、刘敬成,怀远杨筱哉等,会议决定在11月15日起义。成立淮上革命军,推王庆云为总司令,下设军统,军统之下设支队、营。并分军两路光复淮河上下游。张汇滔率军西征。袁家声率军东征。东征军于11月19日夜光复怀远。与此同时,仲扬、叔扬兄弟起义临淮。当东征军杨穗九率部至凤阳时,仲扬、叔扬兄弟在城内率众响应,凤阳大小官吏乘夜逃走。凤阳守兵统领杜青远,自知前在安庆围攻徐锡麟于军械局,党人恨之,又因其家属在寿州,已被党人拘扣,便率众投降,兵不血刃,光复凤阳府。

那时寿州尚属凤阳府,府北十里即刚刚通车的津浦铁路,府西北的蚌埠,为南北必争之要地。此时两江总督张勋据守南京,与革命军相持不下,得知凤阳光复,恐后路被切断,便立即北撤。车站职工将消息秘密透露,便在蚌埠市小南山(铁路从其下面经过)布防,架起旧式大炮,以待张勋。

张勋抵临后,企图血洗凤阳,进取定远和寿县。凤阳守城军皆新成立之军,不习战斗,一夕数惊。亚豪奋勇率部在凤淮之间,阻击张军,两天两夜相持不下。亚豪毅然身携短枪入阵,以革命大义劝说张勋投降。不料被反动透顶的张勋肢解于临淮铁道之边,牺牲时,年仅23岁。叔扬马夫刘某逃回,凤阳满城军民闻之,无不义愤填膺。仲扬拍案而起,复率义军于凤阳之北激战,军兵皆举白旗为叔扬致哀。张勋见凤阳通山皆白,杀声冲霄,怕蚌埠后路也被切断,遂北撤而走。凤阳当时有叔扬"灵惊张勋"之传说出现。

12月2日,张勋军受到蚌埠小南山防军凤台人廖朴纯部的阻击,战斗异常激烈,但终因寡众悬殊而失败。廖朴纯战死山下,淮上军和学生军阵亡者160余人。

后来为表扬田激扬、田叔扬两烈士献身革命的光荣业绩,孙中山先生曾亲笔手谕,追认田激扬烈士为陆军上将、叔扬烈士为陆军中将,并在凤阳建立双烈祠。由烈士之表兄孙传璞撰文,寿县老同志张之屏(树侯)刻石,置于祠中。中华人民共和国成立后,凤阳县政府为双烈树造烈士碑,1984年清明,经安徽省政府批准,将双烈士墓迁入凤阳烈士陵园,重新树碑,永为纪念。墓碑结尾之词云:

  神州魂,义士血,
  淮水淮山增光烈,
  肮匕平原奠汝血。

本文据宋崧梧文《"神州魂"辛亥革命田氏双烈传》略加整理而成,文字风格也尽量保持其原样。
2001年于安徽大学历史系

六、新军运动家倪映典烈士

弃医从戎,立志革命

倪映典(1885—1910),字秉璋,安徽合肥人,今属长丰县吴店乡,生于1885年9月20日。父瑞麟(字玉泉),以中医行世,兄映书,习中医。映典少时亦随父学医。1900年八国联军侵入北京,次年签订《辛丑和约》。他痛恨大好河山任人践踏,中国人民任敌屠杀,中国的宫殿宝物任敌焚掠,此事激发了少年倪映典的爱国思想,愤而在纸上大书:"男儿当有强国志!"遂"慨然以天下为己任"。①

1904年春,安徽武备练军成立,首批共招收300人。20岁的倪映典便弃医从戎,到安庆报名参加武备练军,"冀练一军人资格,以为国民用"。② 他的妻子原为童养媳,临别前他郑重地对妻子说,我已"以身许国",望你另行改嫁,"不必耽误青春"。

这时的安徽武备练军,也是一支新军,都招"年少识字者充

---

① 《革命逸史》初集。
② 《革命逸史》初集。

当","多是举人廪贡秀才的优秀分子","且多官绅子弟"。① 连上年(1903)在安庆发表爱国演说,被安徽高等学堂追捕的28岁秀才柏文蔚也来到这里。柏在这里组织了安徽最早的革命组织"同学会",这个组织采用普通名称,是为了"避免官府注意",它的主要活动是研究、学习"革命排满之道",倪映典也参加了,结识了不少革命有为青年,从此后倪映典确定了"非推翻清廷……不足以挽救危亡"的革命思想。

1905年武备练军停办,他又到南京陆师炮兵学堂(或称炮兵速成学堂)学习。为了便于革命,他改名易培之,②这为后来在广东活动提供了掩护,他平日刻苦学习,"学冠侪辈"。

他中等身材,智勇双全,精于骑术,这时南京军营有匹烈马,无人敢骑,他手抓马鬃跃上马背。烈马野性大发,腾纵跳跃,飞奔全城,竟从桥上直扑水中,但倪依然安坐马背,稳如泰山,烈马终被驯服。倪从此蜚声江南,骑术被誉为"江南第一"。③

1905年冬,柏文蔚从芜湖安徽公学来到南京,任新军第九镇三十三标二营前队队官(连长),还把柏在芜湖成立的革命组织"岳王会"也带到南京,倪又加入了岳王会。同年底东京新成立的中国同盟会派安徽合肥人吴春阳发展同盟会会员,吴到南京后立即和柏文蔚、倪映典联系。1906年初,倪和赵声、柏文蔚等都宣誓加入同盟会,④并组织了同盟会长江五省同盟,推赵声

---

① 见《铁侍郎抽阅沿江各省营务、炮台、武备学堂情形折》。

② 据烈士侄儿倪世杰谈话。合肥人读倪为夷声,与"易"音近,均为齿音。倪世杰是作者的高中同学。

③ 据烈士侄儿倪世杰谈话。

④ 见柏文蔚《五十年经历》。《革命逸史》第六集《丙午南京党狱实录》亦云倪在南京入盟。

为盟主。

同年(1906)，倪在炮兵学堂毕业，到新军三十三标任炮兵营队官(连长)。本年冬，湖南萍浏醴起义发生，江西清军向南京求援，南京欲派兵前往镇压，南京党人也欲乘机起义，变镇压军为起义军。倪映典"挺身前往"，等到倪军到达湖南时，萍浏醴起义已被镇压下去。倪映典"更加悲愤，(从此后)吞灭胡虏之念，时流露于辞色间"。① 这时孙毓筠也预谋当清军前往湖南时，乘机刺杀两江总督端方，但因行为太不检点，走漏了消息；加上这时孙中山曾派乔义生随法国武官巡游长江各省，调查军队中的革命党势力，被两江总督密探得知，三十三标的革命者也受到牵连，倪也被撤职，他又来到安庆。

1907年，倪先在骑兵弁目训练所，后来训练所改为骑兵营后，他也因骑术优异被任命为安徽新军三十一混成协(旅)骑兵营管带。这时熊成基等在安庆，正准备组织新军待机起义。他俩既是武备练军同学会同志，又是在南京时"切磋"革命道理最要好的同志，倪的到来使安庆革命声势"益壮"。

1907年7月，浙江光复会首领徐锡麟在安庆利用巡警学堂学生起义失败。因徐未认真联系安庆党人，倪映典、熊成基等"根未早与同谋"，未能配合而"深以为憾"。

倪既掌握一营兵力，在同志中威信也大大提高，安庆同志便推倪映典为首，又计划在1908年初(阴历除夕)起义。这时寿县张汇滔和吴越弟吴楚也准备在正阳关梅羹学校起义，但因缺乏武器，来和倪映典、熊成基商议。于是双方相约：南北互相支援，共同起义。哪知消息走漏，倪的情况被两江总督端方发觉，"电

---

① 《革命逸史》初集。

至安庆询索,将不利于倪"。① 倪得知后,只得把安庆起义大事交给熊成基、范传甲等负责。他自己在赵声之后,于1908年春,转到广州。② 行前,返合肥探亲并与在合肥的吴春阳相约,请吴暂时"毋动","俟我起于两广,君举江淮之众,以向中原,南北交举,大事可济"。吴答应了。倪在探亲期间,父亲乘此机会为他完婚。新婚刚10天,他就走了。

倪到广东后,到香港同盟会分会机关报报社中国日报社,找到会长冯自由,改名倪端,以倪端名字再次加入同盟会。③ 以后便加入广东新军,在新军学兵营任炮队见习官。又经赵声介绍认识了胡毅生、朱执信,从此在新军中宣传革命,大力发展同盟会会员,使广东新军迅速革命化,革命形势一片大好。

运动新军的急先锋

任何新生事物的成长都不是一帆风顺的,辛亥革命也是如此。同盟会自1908年夏河口之役失败后,元气大伤,而且由于历次武装起义都以失败告终,革命党人束手无策,不知如何是好。孙中山再游欧美,黄兴和谭人凤则东渡日本,从1908年5月到1909年初冬,国内革命运动几乎处于停滞状态。连同盟会诞生地日本东京,1909年春由于同盟会经济困难,党员也逐渐

---

① 《革命逸史》初集。
② 《革命逸史》初集。
③ 《革命逸史》初集说,倪此时正式加入同盟会。全书第三集《香港同盟会史要》也说此时新入盟者有倪端。如前所述,柏说,倪在南京曾加入同盟会,《革命逸史》第六集也说倪在南京已加入同盟会。又从倪在广州大胆发展同盟会的老练看,也不像是新入盟者。

离开,不是回到内地销声匿迹,便是避身欧美。章太炎负责的《民报》,也不能按期出版,因和亡命南洋的陶成章、田桐等"愤然宣布孙中山罪状,遍传海内外",产生了恶劣影响,使革命内部出现了分裂的不利形势。清政府也派唐绍仪为欧美财政调查大臣,命令他路经日本,与日本政府交涉,要封禁在日本发行的《民报》。一时乌烟滚滚,白浪滔天,革命航船陷入前所未有的困境,以致许多意志不坚的党人,都垂头丧气。

这时唯有赵声和倪映典更加"猛勇精进",努力运动两广新军。1907年赵声到广州后,先任督练公所提调,接着又改任燕塘新军标统,不久又调驻广州。

1908年春,倪在广州任新军学兵营炮队见习官,不久(仍在春天)又升任炮二营右队二排排长。倪映典充满激情,毫不畏惧地投入培养新军战士、发展新军士兵参加同盟会工作。同盟会员莫纪彭回忆倪说:"他最大本领是一个雄辩家,他高雅纯洁的人格和善意,无不博得人家的亲近。"钟德贻也说,他是一个雄辩家,"明事理,善辞令……对人诚恳,乐于助人,故人皆乐与相处",故与倪联系的人非常多。倪也非常主动,他知道右队队官钟德贻在学生时已是同盟会员,便主动联系。钟给倪编写岳武穆、韩世忠抗金故事,以及清军入关、扬州十日、嘉定屠城、两王入粤等清军屠杀我国各民族人民的故事,每天晚饭后,倪便率领目(士)兵散步,择地向士兵讲说革命,士兵称他为"讲古仔"。并由排长罗炽扬和张军等选择会讲普通话的士兵替倪翻译。开始时只有炮二营听,不久炮、工、辎营目兵均往听讲。

由于倪映典爱国情绪高涨,以致"长于煽动,精力绝殊",[①]演说国事时声泪俱下,为士兵所爱听。冯自由也说:"演说复仇

---

① 《胡汉民自传》。

主义,声泪与俱,同胞将士,多为感动。"有时语言不通,不容易为士兵所理解,他就以大字书写"驱逐鞑虏,还我中华"八字。人数多时,就到无人处的瘦狗岭大空地上,更多时就到广州郊区白云山濂泉寺前大草地上。① 在倪映典努力宣传以及自己强烈爱国思想革命行为的影响下,参加同盟的人数与日俱增。

在1908年六七月间,因为向士兵散发加盟证,第一标有十余名士兵被清吏发觉,接着又发觉扣留见习官多人,并牵连到倪映典。清吏搜查倪的房间,只查到一张姓易的在南京陆师学堂毕业的证书,无其他证据,于是又调倪为左队二排长。从此后,更借率士兵散步之机,宣传革命。

本年(1908)旧历十月二十一、二十二两日,光绪帝和慈禧先后死去,革命同志都认为机会难得,是举义的好时机。当又得知安庆新军即将举义时,赵声、倪映典、朱执信、邹鲁、徐维扬等也"拟乘时发动,以与安庆相策应"。并决定由邹鲁、姚雨平主持巡防营发难,赵声、倪映典、徐维扬以新军响应,朱执信以绿林(民军)响应。

这时同盟会员葛谦、曾传范也以为机会难逢,主张加强工作,"克日举兵",得到同志谭馥、罗治霖、黎尊、严国峰、姚雨平等的帮助,采取"保亚票"方法以争取群众。葛等认为同盟会太引人注意,便仿照哥老"海底"和自立会"富有票"办法,印制一种"保亚票",上有文字,号召哥老会员都应"救国复仇,加入革命同盟才有力量";使得当时在营伍中的哥老会员,莫不以"加入革命党及领取保亚票为荣",其中以水师提督李準的亲兵营加入的最多,"殆占全数十分之七八"。为了保密,又规定除葛、曾、谭、罗、黎诸同志外,不许保亚会员和其他同盟会员相识。这样做的结

---

① 见钟德贻《广州新军庚戌武装起义经过》。

果,是使"香港广州党务(工作)……发展很快……气象一新"。①但正当这件事做得似乎很有成绩时,又出现新的挫折:12月3日严国峰不慎遗失保亚票一张,被李準的巡捕拾得,李準立即逮捕了严国峰、葛谦、曾传范、罗澍沧、钱占荣、谭馥等。葛、严被杀害,这次起义还没开始就被扑灭。

这时熊成基安庆起义已经失败,倪映典深以未能参加安庆起义为憾。

如前所述,这时全国范围的革命运动,已经陷入困境,前途茫茫,不知如何是好,只有广东运动新军、争取新军的革命经验,即变镇压力量为起义力量,把旧世界的卫道士变成挖墓人的办法,似乎是正确、可行的道路,而这条道路正是由赵声、倪映典走出来的。

以前广东的革命途径,"多是向绿林土匪上用功夫";②而现在经过熊成基的新军起义和倪映典对新军的努力争取,使广东的革命者也看到,在新军上下工夫,是一个重大发现。

但不久,赵声的工作又出现挫折:1909年2月,两广总督袁树勋要保举赵声为新军第一协协统(旅长),被两江总督端方得知,端立即报告陆军部长荫昌,说赵声"才可用而心不可测"。结果导致赵不仅未干上协统,连标统也被撤去,调为陆军小学监督。倪映典也"见疑于当局",行动不便。倪便辞去排长职务,到香港向同盟会领导机关汇报,极力主张新军都通识文字,容易接受革命道理,"大部倾向革命,机会(很好)大有可为"。他愿意到广州新军中积极发动,一旦时机成熟,即可立即起义。赵声等"深韪其议",香港同盟会分会批准了倪映典的计划。

① 《革命逸史》第三集《广州保亚票之革命军运动》。
② 见莫纪彭《同盟会南方支部之干部及庚戌新军起义之回顾》。

倪接受任务后,便把他的全部革命行动,"都集中……于新军运动上"。他立即在《香港中国日报》①领取《革命先锋》、《外交问题》、《立宪问题》等小册子一万数千册带回广州,遍发给新军士兵,几乎人手一册。② 他又设立运动新军的办事机关于天官里五号、雅荷塘六十七号、宣安里、清水濠等处。天官里是倪映典的办事机关,方楚囚、莫纪彭是办事人员,但倪的办事处不断变化。③ 雅荷塘、宣安里是联系新军的机关,同盟会员炮一营右队排长谭瀛夫妇住此,这两处都是省城内的聚议机关。清水濠是领导同志常聚在一起划策指导的地点,由胡汉民妹妹胡宁媛和林直勉妻子住在此,赵声等常到此策划指挥。④ 而宣安里也是放秘密物件和接待紧要人物的地方。此外并派低级军官巴泽宪、方紫枡、张立璧、陈哲梅、谭瀛、黄洪昆、王占魁等十余人分头运动新军,称为干事员、运动员。

倪映典亲自定有运动新军的计划,称为"运动军事章程十条",其中明确规定,"以专门运动省城新军水陆防营及各局所,以急进实行为目的"。运动争取的对象主要是弁目(排长),"均先从弁目着手",要求对士兵要快速发展,"提倡士兵之神速"。凡能运动二十人以上入盟的,发给普通文明印章一颗,五十名以上的给优等印章,一百名以上给特别印章,二百名以上给最优印章,以为鼓励。运动新军工作又强调保密,"不能轻泄于寻常普通人"。其运动方法是不仅向士兵宣传推翻清朝教育,也大力发

---

① 香港同盟会机关报,原为孙中山所创。后由香港同盟会分会会长冯自由负责。
② 见钟德贻文。
③ 见莫纪彭《同盟会南方支部之干部及庚戌新军起义之回顾》。
④ 见徐维扬《庚戌广东新军举义记》。

展士兵加盟,并规定各营、队、排中都选定有党人代表;这大约是近代军队中党代表的雏形。

倪又在中国日报社印有同盟会"小盟单"(入盟书)一万张带回广州,发给愿意革命的士兵填表宣誓入盟。他发展盟员要求明确,手续简便,只要同意"推翻满清,建立民国"口号,即可入盟。加盟时只要交一寸半照片,填写姓名、籍贯、职业,举手宣誓、签名、按指印即可。他每到星期天就到濂泉寺向士兵"演说革命","每次或三几百人"。他认为:"汉人如此之多……多数人受少数人欺压,轻汉重满,全无公道,专以压制手段,外国则不然,何以我汉人甘为奴隶?嗣后各需同心同德,苦志操练,听候机关命令,大众当要排满。言至忿际,拍桌几烂;各人则鼓掌赞同。"①当讲得士兵激情高涨,痛哭流涕,掌声雷动,要求参加组织时,他就立即散发"小盟书",据说最多一次就发了200张。②倪不但自己发盟书,还召集各营同志开会,每人发给200张,回去后再发给革命士兵,"不旬日而军界举手者甚众"。③为了防止泄密,在经常教育中又采用各标营派代表参加,由各营推出营、队、排党代表听讲后,再回去向士兵传达的方法。

倪映典语文水平较好,"寥寥数语,宛然有作家风,行楷也娟丽可爱……是革命军中文武全才"。④他擅长辞令,长于煽动,加上革命思想激进,大胆、热情、积极教育士兵革命,引导士兵参加同盟会革命组织,把士兵引上革命、正确的道路,获得新军士兵的拥护,并称他为"革命导师",在广州新军中有很高威望,为

---

① 《革命逸史》初集,黄洪昆供词。
② 据烈士侄儿倪世杰谈话。
③ 见徐维扬《庚戌广东新军举义记》。
④ 见莫纪彭《同盟会南方支部之干部及庚戌新军起义之回顾》。

他人所不及。

1909年六七月间,广州党人认为革命时机已经成熟,要求加速发动起义。香港同盟会也认为"各地党势日盛",建议在同盟会香港分会之外,扩大组织,添设南方支部,香港分会只管香港以内党务,南方支部则统一负责西南各省的党务军务。南方支部推胡汉民为支部长,汪精卫为书记(只干3个月即北上),其下为实行委员。委员分三个组:筹款组李文甫、林直勉,军事组胡毅生、洪成典,宣传组林时塽。朱执信也是实行委员,但不常到,只在广州教书。①林直勉为会计,会址设在香港黄泥甬道。由于林直勉捐款15000元,②南方支部领导的起义工作也立即行动起来,并且发展很快。

在同盟会南方支部的指导和支持下,赵声、朱执信、倪映典、张醁村、胡毅生、陈炯明、莫纪彭和黄侠毅等,把推动广东革命工作做了移交,由赵声总负责,倪映典专门负责新军的联系和发动(一说倪为运动总主任),张醁村负责巡防新军,朱执信、胡毅生负责联系各县农村会党,陈炯明、朱执信、邹鲁等则联系咨议局及学界和报界。

由于倪映典的热情工作,大胆发展低级军官和士兵,1909年底,广州新军加入同盟会的已有三四千人,占全部新军的一半以上。特别是第一标和炮一营,入盟人数已超过80%。③连被反动派控制最严的巡防新军,也有一些人入盟。如哨官曾虎标,

---

① 见莫纪彭《同盟会南方支部之干部及庚戌新军起义之回顾》。

② 《革命逸史》第三集,《香港同盟会史要》做3000元,也有做30000元的。此据莫纪彭文。

③ 据上述钟文,倪曾向钟说,新军加盟人数在几成以上,应有近5000人。

副哨官见习官范秀山、温雅带、张恒杰、刘逸夫、陈辅臣、李济民和管带李景濂都是。连朱执信活动的番禺、南海、顺德等县的革命力量,也大体就绪。

约在11月中旬(农历十月下旬),一标三营反动队官罗嗣广知道倪映典在濂泉寺发展同盟会事情,罗得到盟票一张,报告协统张哲培,张又向领导密告,某上司大惊,立命将盟单烧毁,并嘱咐说:"勿传播于外,彼此均有不便。"①张哲培未敢追究。

1909年11月下旬,倪映典到南方支部汇报说:"联络新军反正已告成熟,可以约期大举","迟恐生变"。赵声等都赞成倪的主张。但起义无钱不行,这时同盟会总理孙中山正远游美国,南方支部便向他汇报运动情况,请他汇款20000元前来,以备起义之用。同时电请黄兴、谭人凤来港主持起义。得到总理的来信说,20000元马上即可筹足,起义要赶快进行。不久谭人凤来港,倪映典也"湾弓盘马以待"。

但总理三次汇款只有8000元,还相差很远,这时有香港同盟会员李海云,本是香港文咸街远同源汇兑业商号管事,革命热情很高,看到革命需款紧急,又认为良机不可失,便不顾一切,把该号存款20000万元全部提出,提供给南方支部,他自己则躲藏起来,避开股东追究。

南方"党部得此款,顿呈生气",便立即行动起来,派李海云为购置军械的特派员和会计,住在广州河南大塘乡同盟会员李福林家中,和朱执信、胡毅生加紧购买武器。朱、胡二人并帮助民军领袖李福林、谭义、黎广等组织民兵,准备响应。又派孙眉、杨锡初在香港湾子东海旁街赶制起义用的大批青天白日旗,密

---

① 此据《革命逸史》初集,《庚戌新正广东新军反正记》说上司为周馥,但此时总督为袁树勋。

运广州等地。派洪成典、徐宗汉负责密运炸药子弹;徐宗汉、胡宁媛、林直勉、李应生等在宣安里租房居住,准备起义时纵火响应。①

12月初,湖北共进会领袖孙武经过香港,访冯自由,愿以湖北配合广州起义。李书城自广西来也访冯自由,求见黄兴,愿桂、粤两省同时大举,但要"缓期数月(起义)"。大约正是这个原因,南方支部曾确定于1910年7月(农历六月)和"各省军队同时起事",并在香港定购步枪2000支,马枪2000支,子弹80万发,大战炮4尊。在占领省城后,再攻广西,上湖南湖北,直攻北京。②

由于小盟书已被反动军方发现,12月,倪映典又改用"红小名片"代替盟书,以"威武"二字编号。继续发展同盟会员,发展得很多很快。司务长江运春入盟后为干事员,发展盟员至200多人,奖有特别勋章;干事员黄洪昆也得优等勋章。

但这时由于规模大,与社会接触面广,发展的人也多,很难绝对保密,消息时有走漏,风声越来越紧,广东军政官吏都加紧搜查。12月中旬,一标三营队官罗嗣广从士兵黄昌漱处搜出盟票20余张,追查经手人二排正目林越,得知是由巴泽宪发给。巴逃入香港,林也逃走。1910年1月下旬,广东陆路提督秦秉直也密电袁树勋:"据线密报,有会匪正由外洋运有毛瑟枪四千支,小手枪一万支到省,于年底在省城起事,潜向军学两界骗惑。并派党羽分派银刃、会票、枪械,闻有不知姓名在省留学生系嘉

---

① 《革命逸史》初集,《庚戌新正广东新军反正记》及《香港同盟会史要》。

② 《革命逸史》初集,《诸烈士之供词》。

应州人……"①袁树勋命令李準秘密防范。正是在如此情况下,起义日期不宜久拖,必须立即进行。

这时海内外同志聚集香港、广州的不少,广州已设立党人机关十余处,起义已有"弦满待发"之势。

浓烟滚滚,烈焰骤成

清代官吏照例在旧历元旦后 20 天内,要封印休息。1910年(庚戌)1 月下旬,赵声、倪映典打算在此时起义。计划起义以新军为主体,其他各军运器械来广州响应,广州附近各军也同时响应。由赵声赴香港和南方支部统筹部联系,南方支部经研究后,决定在 1910 年 2 月 24 日起义。② 推赵声为总司令,倪映典为副总司令。起义办法是首先由炮营开炮为号,各标营一齐行动。巡防新军在广州城内外的,也听炮声响应,暗集在广州河南的民军,也在李福林、陆领率领下进攻广州城。③ 并暂以曾在台湾搞运动,此时任广东咨议局副议长的邱逢甲和议员陈炯明为临时民政长官。等到全省初定之后,立即分兵两路北伐:一路出江西取南京,一路出湖北取武汉。④ 并电促黄兴由日本回来主持,黄兴于 1 月 29 日到达香港。

这时广东新军有一个混成协,下辖步兵三标:一标驻燕塘,

---

① 见徐维扬《庚戌广东新军举义记》。

② 《革命逸史》第三集,《香港同盟会史要》九作 2 月中旬(即旧历正月初旬)发难。《武昌起义真史》作旧历正月初二,徐维扬上述起义作旧历正月初六,但都明显是不对的。

③ 见张醁村《庚戌新军起义前后的回忆》三,《发难计划》及《革命逸史》第三集,《香港同盟会史要》九。

④ 见张醁村《庚戌新军起义前后的回忆》三,《发难计划》。

二标、三标驻北郊场;另有炮兵两营,工程、辎重各一营也驻燕塘;学兵一营驻北郊场。上述步兵每标三营,每营300余人,总数6000余人。燕塘一标三营扎营如品字形,炮、工、辎各扎一处,相距不远。第一标训练已有四年,规制完备。这些新军中,中级(营)以上军官多为北洋军校毕业及留日学生,思想顾虑较多,而低级(连以下)军官多为广东陆军学堂及虎门讲武堂学生,入盟的很多。此外尚有巡防七营,时常调动,驻地不定,水师提督李準对此军控制很严,认为它是镇压革命的有力工具。

这时参加新军的青年,本来都是具有爱国思想的人,经过倪映典以民族大义、革命思想教育以后,对清廷的腐朽统治更加不满;加上许多革命青年聚集到一起,人多议论多,好像一堆干柴,只要丢进一粒火星,便会燃起熊熊大火。这时这些爱国士兵知道起义已在眼前,"杀敌在即,不免志骄气扬",更容易因些微小事,引起事端。

1910年2月6日,即预定起义前18天,第一标一营管带胡兆琼密报,有几名见习官行动可疑,二营管带于如周也派人到党内侦察情况,将可疑人员密报张哲培,张乃于本日从一标、二标及炮、工、辎各营将林树巍、徐从远、段新茶等10余人撤职。2月7日张哲培又收到一张缴来的盟书,便转报督练公所韩国钧,请将各营武器弹药收缴入城。于是韩便借口元旦休操,把新军各标营所存12万余发子弹,全部运送入城,每营只留常备子弹1000粒,七营共留7000粒。① 这时李準已经知道革命党人"勾结新军欲图起事",也知道在新军中散发同盟会票和运动新军起义章程。便立报袁树勋向省城调集军队,袁立即调来亲军中队

---

① 参见张醁村和徐维扬文,《革命逸史》初集,《庚戌新正广东新军反正记》。

(原扎猪头山)、中路巡防队新军付中营(原扎顺德)于2月8日晨开到广州。先锋卫队(原扎大岗墟)、巡防新军右营(原扎西海太平)、亲军左营、第四营、第十营(皆扎虎门)、亲军右营(原扎惠州)等也在2月9日到达,两日内共调来8营军队。① 现在,不仅已经发动起来的革命武装子弹被缴,而且清军又已大批开来。2月8日二标一管正兵刘茂昌又因散发盟票被捕,形势更加紧张。

既然没有子弹,便不得不考虑推迟起义时间。赵声、倪映典正要为此事到香港与胡汉民等商量,但不料此时都发生意外事情,使起义万难延期,必须提前。

1910年2月9日下午2时,突然发生了二标三营士兵吴英元、华宸衷二人向商店拿取定做的私人图章和名片②与老板发生争执而受到老城巡警第一局责打的事情。恰遇新军士兵王冠文、祝雨晴等8人赶到,看巡警责打士兵不服,伤了巡尉朱某,巡警鸣枪聚众,将士兵逮捕关入禺山关帝庙警局不放。由于平时巡警横暴,士兵已深感不满,现在又关人不放,士兵数十人拥至警局,要求放人,后来士兵越来越多,达到"哗者数百人"。警局闭门防守,三标管带戴庆章出来领保,警官不允,士兵更加愤怒,闯冲警局数次,形势更加紧张。运动新军的机关也立即派人到二标劝说,叫他们暂时忍耐,不要酿成大事。

赵声、倪映典立即动身前往香港,10日倪映典向南方支部提出:"经此事故,无论如何,殆难抑制,应提前改期,勿待元宵。"经黄兴、胡汉民、赵声等研究决定,同意提前至2月15日起义,并规定了起义旗帜和重要物件,由徐宗汉女士带进广州,谭人凤、朱执信、郑赞丞也常到宣安里策划,并经李应生介绍向法国

---

① 见徐维扬文。
② 据徐维扬文他书皆作图章或名片。

人买了一些手枪和炸药。届时黄兴、赵声都来广州指挥。

在倪往香港的当天,广东巡警道高覲昌、广州协副将李某知道新军和巡警争闹,害怕酿成大祸,邀督练公所参谋吴锡永"到局劝谕",但已有二标一营管带周占魁将被关的8个士兵带回。① 8个士兵回营后"极言巡警欺新军太甚",更激起广大士兵的愤怒。

清军方面,反动巡防营既已到达,协统张哲培便下令旧历元旦不放假,更引起新军的普遍不满。

事件发生的第二天,即2月10日,又发生了一件意外的火上浇油的事件,二标采办伙食的士兵中午时在双门底(永汉路)又和巡警闹了起来。② 一兵回来报告,立即有大批士兵各执木棍涌入城内,先包围巡警第一分局,打伤巡警数人,巡警不敌逃走,分局被捣毁。大东门第五分局也发生殴斗,警察开枪,士兵怒极,冲毁第五局;又延及第六局也发生互殴,巡警死1人,伤20余人,新军也受伤二三十人。③ 这时新军士兵几乎逢警即殴,燕塘一标士兵也有参加的。待水师提督李準率亲兵百人和巡警道高覲昌、参谋吴锡永赶来"弹压"时,新军士兵已回营取枪。(因巡警开枪)吴锡永向两广总督袁树勋汇报,袁即"面授方略",要他们以讲话为名,收缴二标、三标枪栓,使不能为"乱",然后再收缴一标枪栓。

于是督练公所总办吴晋、协统张哲培便到北郊二标、三标,和标统王余庆召集两标士兵到大操场讲话,而暗中派宪兵收缴

---

① 见徐维扬文。
② 见张醁村文。
③ 见徐维扬文。

了两标枪栓,运入城内,①使两标武器成为废铁。讲完后各兵回营,见枪栓已全被缴去,万分愤怒。这时已经天黑,未及收缴一标枪栓。

当天,即2月10日,袁树勋又下令关闭广州大东、小北两城门,②并派旗兵在大东至小东门一带城墙布防,如临大敌,又派兵到街上巡逻,城内外交通断绝,人心惶惶。

吴晋、张哲培将二标、三标枪栓收缴后,又密令燕塘的一标标统刘雨沛和炮、工、辎各营管带,也将各营枪栓秘密收缴。并传令:"初二不准放假,初三阅操。"张哲培还说:"明日各营目兵禁止外出,如违反以该营官为问。"③

2月21日晨,一标各营兵向标统要求放假不得,三营"率先鼓噪",都怒骂说:"警察与二、三标闹事,与我等何干?""一标不放假太不公道","一时同情附和者数百人"。④ 这时又听说二标、三标枪栓已被缴去,又听说李準已调集大军来攻,顿感生命受到威胁,绝不能坐以待毙;"与其坐待(缴械)而死,孰若揭大义于天下而死!"于是各营一面推人飞投省港机关,请赵声、倪映典等速来指挥,同时也急不可待地自发行动起来,夺取枪械。但见枪械已无枪栓,不可用,又闯进炮、工、辎各营"搜集枪械并子弹一箱"。标统刘雨沛大声喝止无效,反而"被伤头面倒地"。张哲培见事不妙,从后门逃走。

这时正好各营将枪栓用马车装运入城,便立即夺来,又在协部搜出能用子弹一箱,又控制各营电话,不准任何官兵出入,这

---

① 见钟德贻和徐维扬文。
② 见《武昌起义直史》及张酿村文,但张文作广州将军下令。
③ 亦说,初二、三改为士兵运动会。
④ 《革命逸史》初集,《庚戌新正广东新军反正记》。

时"指挥权已不属于官长,而属于各营队之(党)代表矣!"但是此时不仅步枪缺子弹,快炮也无炮弹,只有步枪一千数百支,但已势成骑虎,只能前进,不能后退。上午10时,有步兵两三百人"汹(蜂)拥出营";不久,多数奔回大叫:"警察派大队来攻,我辈当出御"!于是全标行动,虽"素不同谋"的也束装、执械、负子弹(袋)而出,汇合炮、工、辎各营士兵,向城边进发,①要"袭击省垣"。

当新军士兵到达城下时,"城门(早已)紧闭",旗兵及巡防营已"严防于城上及各要地矣"。② 下午1时,新军进入城墙边的陆军讲武堂,卸下各枪枪栓,带到二标、三标营,配于枪上,又回来与清军作战。

这时大吏又派来平时颇得军心的陆军小学总办黄士龙,③出来招劝士兵,在东郊"痛切演说","众皆无辞(以对)"。黄又劝士兵们"携械返燕塘",并"向士兵担保(可以)无事"。士兵方面也渐渐地"已尽释猜疑",即将回营了;但有几个士兵说,还有几十个兄弟在东门附近,应该把他们带回来才对。黄答应了和士兵一起前去,但旗兵不许通过,将军增祺下令开枪射击,当场5人受伤,连黄士龙也被射伤两处落马。

士兵们看到清军的欺骗行为,"愤恨填膺",立即向"旗兵宣战,互击良久"。新军缺弹,不便久击,乃留兵一队在北郊场附近占据钱局后小山和横枝岗等处,另一队占据东郊场茶亭附近,打算第二天再和清军决战,其余退回燕塘,且派兵拒守沙河,不准清军进入。

---

① 《革命逸史》初集,《庚戌新正广东新军反正记》。
② 见徐维扬文。
③ 曾任一标标统,但非盟员。

这一夜,广东主要武官都登城防守,都统守东门,将军守顺德门,李準守北门,旗兵并运炮登城。袁树勋又电催虎门防营及提督秦炳直迅速来援,城内巡逻不断,居民一夕数惊。

11日夜11时,炮二营同盟会员张军、钟德贻、罗炽扬、徐礼、甘国恩等,自动到本营防地沙河圩上巡视,见士兵已派有哨兵、预备队、巡查队等,防守严密。又到步一标了解情况,士兵们也都是武装待命,尤其是二营林子斌队,防备最为积极。

当机立断,夺取新军起义

1910年2月12日晨7时,李準令巡防军统领吴宗禹,在协统张哲培协助下进攻敢于抗拒的新军:先锋卫队营管带童常标部为前卫,巡防新军右营管带太永宽为右队,副中营管带李得铭为左队,吴宗禹自己和帮带吴景濂率亲军中队为中军,左营管带薛治和、巡防十六营管带刘启璋为接应;前面还派有侦察队,最后又派了联络兵。全队共2000余人,结成临战队形,互相联络,浩浩荡荡,由东部场直向燕塘进发,阴险狡猾地扑向新军。他们以咨议局为根据地,大队已进至东明寺一带,待机进攻。

1910年2月10日下午,倪映典自香港乘夜轮急匆匆地返回广州。他还打算"劝新军暂(时)忍耐数日",不必仓促"暴动偾(坏)事"。11日夜,倪到达广州小东门陈炯明的机关,听到简单汇报后,知道大事已不可收拾。这时有人报告,清军吴宗禹已率领巡防军到燕塘进攻,倪听了说,我要到燕塘去。有人问:你去了怎么办?倪说,我去会把事情弄得更好。① 便立即带了两支手枪一袋饼干,和海丰罗演、马永平同志于半夜2时出发,直奔

---

① 见莫纪彭《同盟会南方支部之干部及庚戌新军起义之回顾》。

六、新军运动家倪映典烈士

燕塘。他估计由于清军的压制,新军的革命怒潮已经沸腾了;倪大约也估计到清军一定会用阴谋手段消灭这支革命队伍,他便绕道经过东山前往沙河,①考察敌情。

倪映典见清军大队已偷偷地开来,知道不可收拾,惊叹说:"李贼真阴险","半生心血,败于一朝……吾安可坐视我亲爱的同胞独死"。于是乃毅然"潜入(新)军中","期挽救于万一"。上午10时,倪到炮一营,振臂高叫说:"事急矣,我亲爱同志其(快)速起,战亦死,不战亦死,誓与李贼同死。"新军发动员(同盟会员)刘广荣、黄大俸、冯启洽等百数十人也齐声高呼:"誓与李贼同死!"②

"三军易得,一将难求",倪映典一入军营,立即受到热烈欢迎:吹三番号欢迎倪映典。这时只有炮营管带漆如汉反对,尚要士兵站队训话,要士兵"勿受革党诱惑",这家伙一贯反动,倪大怒,立即拔枪连发三弹,漆立死。队官宋殿魁、李震畏罪自杀。于是倪下令整队出发,率队入炮二营,大呼"归队"!同盟会员立即前来帮助,发动员黄洪昆叫站队,潘大雄、徐礼等踊跃站队,中队官张军、右队官钟德贻、排长罗炽扬等迅速帮助集合,由罗炽扬率领出营;管带林全统偷偷换装逃去。倪又派人到工程、辎重营,和各营发动员一齐发动,不久这两营也整队而来,到大操场集合。

倪映典又率领数百人,"疾趋第一标",执事官刘祥汉想要关门,一营右队一排长赵珊林拔枪制止说:"今日何日,切勿糊涂。"倪率兵拥入标内捉住刘祥汉,寻找刘雨沛,想叫刘反正,刘祥汉竟欺骗说,刘雨沛在楼上。这时刘雨沛已被二营管带于如周派

---

① 见钟德贻文。
② 见徐维扬文。

前队队官罗某护送跑了。

倪乃派人入第一营,枪击管带胡兆琼不中,反动队官胡恩深被击伤。赵珊林举手大呼:"汉人归队。"前队官王天佑想逃走,被击伤左手。于是第一营士兵争相附义,右队官林子斌最为热心,士兵都服从他。第三营排长杨凤岐,已率先带队出营集合。只有第二营未至,倪又带队入二营说:"今天是革命起事时候,你们快快站队(集合)。"并开数枪示威。该营官长请管带于如周出见,倪说:"漆管带已被我枪毙……请管带率队帮我。"于说:"本想帮忙,奈无子弹何?"倪说到小东门即有。于仍不愿意,要倪"速将我(他)打死"。倪说:"你乃全协老管事,我何忍出此,请你为一标统带,去占领新城。"倪并向前行礼说:"你老人家不要糊涂,若再延迟,时间误了。"于也还礼请速死。倪大怒说:"今天误我们事的是于管带。"于急逃走。全管官兵都"欣然出营,死心革命"。

于是步、炮、工、辎七营,三千之众,推倪映典为司令。倪当即宣布"举义救国宗旨",并对天宣誓:"愿为革命战死。"3000人也同声欢呼:"愿为革命战死。"这时事已紧急刻不容缓,倪即率全队分三路向省城前进:炮、工、辎营为中路,由沙河马路前进;一标大部分由南路绕广九铁路竹丝岗前进,攻东门及咨议局清军后方;以工、辎一部分为北路,由横枝岗向小北门方向,侧击来犯清军;并由中路派兵在排哨赴茶亭通北郊场小路戒严。

牺 牲

起义军司令倪映典身穿蓝袍,骑在马上,以青天白日旗为前导,率中路军抵茶亭,清军已占领牛王庙、猫儿岗、三望岗等四座小山,以步兵在前,退管炮兵在后,并用铁丝网布置阵地。倪也

六、新军运动家倪映典烈士

令炮工辎四营分为四队,分占牛王庙前驷高岗、鸭子岗及茶亭各岗,严阵以待。

李準派人来诱降,"宣布朝廷优待军人德意","缴械投降可以免死"。倪映典和王占魁跃马出阵,痛数清政府罪状后说:"今日乃独立之机会,正革命军出世之日。"他号召巡防军掉转枪口,响应革命,"清军多动容"。吴宗禹又派代表来劝降,倪也派王占魁劝清军归顺,"如是四次,均无结果。最后清军限半小时答复,不从就要开枪"①。倪映典不再回答,立即挥兵进攻,"遍山围攻,率众开枪"。②

清军居高临下,占据有利地形,派出一支由相箕村、黄冈抄起义军之后,起义军伤亡较多。倪映典亲率一军至横杖岗,和吴宗禹相遇,李準又命水陆缉查处帮统李景濂(惠州人、投机加入同盟会,此时叛变)和巡防营管带唐维炯、童常标等出来找倪映典出阵讲话。李景濂既已入盟,此前答应起义,唐、童二人也都是安徽人,童更是倪同县邻村人,都是倪亲手发展的盟员,但不知他们即将叛变,倪仍劝说要他们率领防营起义。

童不同意起义说:"新军有枪无弹,不足举事,何必陷众兄弟于死。"倪说:"有香港接济子弹,已运至军中矣!"又说:"我所持的是主义","革命大义已深入人心……望你即请军门(李準)刻日赞成革命,宣布独立"。童等故唯唯,③"佯示赞同",但说还需请示统领方能答复。④ 等到倪回队时,"清军忽(然)发出呼

---

① 见《武昌起义真史》。
② 见《中国国民党史稿》。
③ 见《辛亥革命》三。
④ 见张酦村和徐维扬文。

声",①用乱枪将倪映典头部击伤,起义军当场被击杀28人;清军乘机进攻。②(按:使唐、童出来骗倪映典是李景濂的阴谋,这是李景吕亲自听李景濂讲的,是可靠的,这和倪、童家乡传说也相符合)

起义军当即猛烈还击,血战数时,终因弹尽无援失败,共牺牲百余人,盟员黄洪昆、王占魁、江运春被俘杀,罗炽扬受伤,枪支被夺千余。

这时起义军已弹尽腹饥,伤亡枕藉,不能再支,纷纷溃退。一部分退向石牌、龙眼洞,退回燕塘军营的有两三百人。清军赶到燕塘,将倪等四人首级悬于营门外哨兵亭。入夜有内奸纵火,清军来攻,新军复出大队用声东击西战术反攻吴宗禹军。吴军用重炮轰击,新军又突围而走,到瘦狗岭,被追杀20余人。

2月13日,起义军残部退到白云山、石版、东圃一带,虽已两天未吃饭,但仍遵守纪律,"不入民家",子弹虽少,仍尽力抵抗。附近人民"多悯其寒而予以衣,悯其饥而予以食","殷勤慰问有加",还有给路费请逃走的,"军士皆婉却之","其义勇实足以动天地而泣鬼神"。③

这时清军又三路包抄而来:一路500人守流花桥;一路500人守长堤,断起义军去路;一路由秦秉直率领,把志士们四面包围起来,勒令缴械。起义军无弹抵抗,被杀的很多,前后共死伤200余人。

李景濂在害死倪映典后,怕遭党人报复,伪说是"阵上杀倪"。

---

① 见《辛亥革命》三。
② 见陈昌吕《庚戌新军之役倪映典遇难真相》。
③ 见《武昌起义真史》。

新军志士们都是无私无畏的英雄,原司务长干事员王占魁,湖北人,当两军对阵时,王欲打入吴宗禹军被俘。他对审讯人说:"新军入党者居大半,将来军队必有再反正(起义)。"讲到运动新军,清吏说:"何不以此做演说台,讲给我听!"王即站起来大声说:"满州占据我国二百余年,重视满人,薄待汉人,甚为不平,故我辈决意革命……"洋洋数千言。又问:"革命后何人做皇帝,是否孙文?"王答:"择功之最大者由众公举。"又问:"彼为子孙(占)据为世业(系)何?"王答:"可使众力攻扑之,务使成为完全民主国。"清吏说:"中国现已预备立宪!"王答:"此等伪立宪,特愚弄国民耳。"吏说:"我将汝超生,汝肯悔过自新效力赎罪乎?"王答:"宁死不能变宗旨。"

黄洪昆,广东清远人,原正目,新军中干事员,在供词中说:"(此次起义)如能成事,当立倡事得力总头子为主,以后改为民主……公举做总统。不能如清朝代代相承……往往生乱,故我党以民主为宗旨,在我自己思想,确以革命为是,虽死亦不变宗旨。"

燕塘起义的失败,是孙中山所说的"吾党第九次失败"。新军失败后,广州文澜书院各社会知名人事、省咨议局进步议员,均一致指斥广东当局对新军办理不善,巡警欺压新军,以致激成事变。清廷在进步舆论压力下,电令粤省收容新军官兵,除被杀阵亡及少数判刑者外,一律宽待。14日,张哲培又押来新军军官数十人请李準行刑,最后也幸免于难。被俘人员黄洪昆、王占魁、江运春3人被判死刑,甘永宣、尤龙标、苏美才永远监禁,押解回籍,古振华、林开盛监禁8年,林国盛监禁5年。

正是在全国舆论支持下,广州新军并未解散,督练公所又到各地征兵,恢复了新军旧制,使广东新军的革命力量没有被粉碎,这又为1911年黄花岗之役和广州光复留下了重要力量。

辛亥光复后,李景濂逃往香港,朱执信任广阳绥靖处督办时,将李景濂从香港诱回广州枪毙。① 朱执信杀了李景濂后,又找童常标谈话,童被惊吓而死。笔者曾调查过倪映典故乡也留下这一讲法:"谋死倪映典,吓死童常标。"

燕塘起义倪映典振臂一呼,3000人同归革命。新军运动的成熟程度是空前的。倪映典只是经过几个月的努力,就有3000人加盟,其成绩是惊人的。这是倪映典坚强的革命意志、惊人的革命魄力的结果,倪映典是勇敢的革命力行家。他不但是革命家、新军运动家,而且是善于帅兵的良将。他牺牲后,赵声赞他:"生平几个言能践?死后方知君不多。"的确,这样毫无畏惧,一往直前的革命冲锋陷阵精神,即使在革命高潮时期,也是罕见的。

但由于资产阶级政党同盟会的力量分散,组织纪律散漫,起义又是偶然发动,是清廷文武大员袁树勋、增祺、李準、张培哲、高覠昌、吴宗禹等逼出来的。虽未超出起义总估计,但却超出具体计划——日期、配合等之外的。起义既势在必发,倪映典不去不行,不能让同志独受其害。不发动也不行,革命同志已经暴露,清军的穷追残杀也是必然的。倪映典从革命大局出发,从爱护革命力量出发,从爱护同志出发,从"有难同当"出发,把生死置之度外,不顾个人安危,毅然担当起领导革命军队的责任,真是"大仁大勇"毕集于一身,真是"时穷节乃见"。笔者也有幸,与烈士之侄倪世杰在第三临时中学高中为同窗,听之久矣,感人肺腑,每念及此,未曾不叹服而涕零者也。

倪映典以"只身"入军,杀逆夺军,3000人听其号令,推他为

---

① 李景濂兄在李被捕后,曾托陈昌吕向朱说情,朱大义凛然,先将李枪决,然后拆阅陈炯明信。

司令，唯他马首是瞻。倪的工作达到极大的成功，在中国历史上绝无仅有，受到黄兴的称赞，被誉为最好的"贤"者，黄兴可谓识人矣。但由于投机分子的临阵变节，甘当鹰犬，革命便没有回旋的时间和余地，等不到其他力量的配合，只能孤军失败了。宣安里机关，虽曾纵火，旋被扑灭。以致当时在香港、广州的革命家黄兴、胡汉民、朱执信、谭人同、赵声及陈炯明、徐维扬、高剑文、潘微达、郑赞丞等都无能为力，束手无策，只能为英雄扼腕叹息，也只能在清军的追捕下逃去，后来黄兴和赵声都"非常悲伤"。

从倪映典《运动新军章程十条》看，倪对运动新军的规律，可说是充分掌握了的；"革命大师"是对他最好的评价。他在第十条中充分估计到运动本身的发展，只要产生起义的"可能之势"，即应"随时大举"。只有这样才能及时领导群众，共同前进。而运动的实践，也确实和倪事先估计一样。但倪在制订计划时，对清军可能采取的反措施估计不足，特别对收缴枪栓、子弹，从未估计。以致利器顿成废铁，有利变为不利。也正因有此教训，后来组织黄花岗之役时，革命者才事先解决武器问题，组织革命精华力量直接起义。

倪映典直接发动和领导的起义虽然失败了，但倪运动新军的目标，即争取"弁兵"，而不是像以往那样，只注意军官，这个经验却是成功的。这为日后的革命提供了经验，为武昌起义开辟了道路。倪映典的直入燕塘，"夺军取帅"，为中国历史所仅见，孙中山誉之"有大将雄风"，评价极高。笔者有感于倪映典燕塘起义而作抒怀诗云：

  大将雄风胆气豪，夺军取帅志忱召；
  燕塘报国三千士，亘古男儿独一彪。

燕塘失败3个星期后，南方支部筹了一笔恤金，派郑赞丞、莫纪彭到安徽。郑提出将此款购置六安某人家古画,到上海出售,可赚一笔钱。1910年夏秋间,此款才送到倪家。

1934年,国民政府追认倪映典为陆军上将,安徽人民为了纪念他,在合肥城内办了一所"映典小学"。[①] 校内建有纪念塔一座,上有吴忠信题词"追赠陆军上将倪映典烈士纪念塔",塔有基座,水泥栏杆,塔之四面刻有"总理遗著"、"国民政府令"、"倪府君塔记",并有卫立煌所撰"倪烈士塔铭",供后人缅怀。1953—1954年合肥拓展长江路,竟具有讽刺意味地将该塔就地推倒,埋入地下达38年之久。1992年长江路再次拓宽改造时,才又重见天日。

在合肥市政协副主席陈衡等人力促下,几经论证,才把倪映典纪念塔搬到长江路西头一个叫"淮浦春融"的景区内重新修竣。并立一"广州庚戌新军起义倪映典烈士纪念碑",合肥市人民政府立。其妻李氏,后来终身未嫁,由其长兄映辉长子世雄兼祧。李老太直到1967年76岁时在合肥病逝。

---

① 地址在今长江路小学。

七、宋玉琳烈士传

宋玉琳(1879—1911),亦名豫琳,字建侯,安徽怀远县城关永平街人。玉琳出生在怀远,父名元甫,曾在怀远县政府供职为文书,晚年得子。母李氏河南籍人,逃荒至怀远。后以思亲成疾,早年去世。幼年玉琳与弟铁梅,由继母刘氏带领成人。父去世后,刘氏孤身抚育二子,常以典当维持生活。玉琳自幼聪明,二目炯炯射人。年十二读书私塾,"目(下)十行"。文思敏捷,其为文章,操纸笔立就。擅诗文,曾有"神童"之称。

1893年,15岁的玉琳奉父命赴凤阳府应童子试,府试冠军。入县庠补弟子员,非所愿也。玉琳常语人曰:"大丈夫当马革裹尸,安能随诸嗑头虫后学趋跄也。"19岁时,娶本县沙沟草寺孙氏女为妻,伉俪之情极笃。其妻婚后不到90日即死。未期年,其父又死。玉琳固世家,而家道寒素,又多遭不幸,养成他"寒素廉俭,痛世疾俗"的性格。虽饥寒未曾称贷于人。人有恤之者,非有深交不受。玉琳既连遭家难,罄其资以葬父。贫无以生,"遂纵情阿片"(即鸦片)。"交游病之",实不知其胸中牢骚抑塞之气,借此发泄也。

1906年春,其友铁某遇宋于金陵旅舍,知其沉溺已深,呵之曰:"建侯,今日何日,尔何人,尚容恣情为乐耶。苟若此长日悠悠者,愿无复相见。"玉琳翻然醒悟,潸然出涕曰:"微(无也)子,吾其殆（完了之意）。"自此后痛自刻苦,自除积习。

后来陆续结识了方剑飞、姚剑泉、张涵初、范国才等一些青年爱国人士,他的思想更趋激进。

1907年春,玉琳进入安徽巡警学堂,7月5日,光复会首领、巡警学堂会办（副校长）徐锡麟刺杀安徽巡抚恩铭起义。玉琳也和30多位巡警学堂学生,同时被捕。徐锡麟被杀害时,曾以宋玉琳、朱蕴山二人陪斩。后又以无罪释放。后又进入三十一混成协某团任文书。

1908年11月19日,熊成基在安庆率马炮营起义。玉琳和范传甲是这次起义的实际策划者。当范传甲正要举枪射杀余大鸿不成,而被逮捕受刑时,玉琳痛哭失声。范传甲怒目以止之。众人以为他俩是兄弟。

1910年秋,玉琳再至安庆,隐藏身份,谋有所举不成。恐被侦者所疑,其时"方试优拔",玉琳也报名入场。又考入高等巡警分校。在当时一般人认为巡警学堂,流品较杂,而玉琳来此,非其素愿。殊不知玉琳正是在这里"借以自秽",不引起人们的注意。他在此时,住在安庆同安旅舍中,旅舍房屋矮小。玉琳并不气馁,在楼楹上写了对联一副云:"危楼无下士,矮屋住高人。"

1911年2月,广州党人传召玉琳,玉琳将往,他给他弟弟写信,"信中语意恳挚,概（全乃）家人妇孺事,不及其他"。玉琳应同志之召率领江淮子弟97人至广州。时归赵声所部,谋划起义。玉琳初到广州时,被分配与饶辅庭同治饷事,"不与战事",并不是进攻部队。后来宋玉琳又在马鞍街设立机关部,由程良专门投递革命机密文件。3月29日,赵声部因有延期之议退去。玉琳本来也可以随部退去。但他没有退,而是与数人（其中有程良和石德宽）加入黄兴所部,攻打两广督署,冲锋陷阵,英勇顽强,弹尽力竭被俘。审讯时,言辞慷慨,陈述了黄兴主张立即进攻的三大理由。问官及观审者,无不为之动容。玉琳大声说:"安庆之役(指马炮营起义),吾应死而不死,将有以报死友范君(传甲)也。今日者可以死矣。"大义凛然,英勇就义。时年32岁。他在以前曾给家人写信说:"富贵利禄岂能动,生死决不变初衷。"又说:"斩刀成一鬼,莫负少年头。"表明他早就下定决心,要为国牺牲。

本文据赵泉《宋玉琳、程良传》及《台湾革命人物志宋玉琳》及《民立报》1911年7月19日、7月12日、7月27日等文整理。

2001年10月于安大

附：宋玉琳供词（原文太长，报社节之，转载如下）

宋豫琳，号建侯，年三十二岁，怀远县人。曾入县庠，以就馆养家。前入安徽巡警学堂，未毕业，出外谋事。由上海到广东，想顺道过广西，赴军营报效。因在上海时，认识报馆之莫其匡、张岐山二人，去冬路经香港，复遇伊二人介绍，得识湖南人黄兴，系革命党总司令。因谈起革命之事，彼此志同道合，故入党听其指挥。又由黄兴介绍，认识广东人胡汉民，说他是报馆主笔。党首孙文，在外洋运动军火，各事皆由他主持。香港即由黄兴、胡汉民、赵声三人主持。赵声只闻其名，尚未见面。党中分十一部分，或熟悉军事，或才具出众。现在联络之人甚多，原想今年四五月动手，但未说明何日。二月中旬，先来省城，住在仙湖街，前数日始见黄兴来省。有一部分人住小东营朝议第内。其军火炸弹皆由黄兴暗中送来。黄兴人极有胆，承认焚攻督署，生同各党焚攻水师行台。黄兴因官府查拏太严，又已纠邀著匪，分头举事。迟不举动，恐怕败露，遂于二十九日下午举事。是日上午，生住小东营公馆内，见各党已有七八十人，枪弹均已派出，生同执枪弹，并缠白布毛巾作暗记，一齐拥至督署，以喇叭为号令。黄兴、张岐山、莫其匡、陈明荣前队先入督署，施放炸弹，开枪轰击，生只在二堂攻打。因内面火起，各党有退出者，生随同胞往龙王庙攻打营盘。绕至莲堂街口，同堂与官兵对敌。后见官兵愈多，不能取胜。随带炸弹由小石街逃至一菜园内住家房中躲避。次日被官兵寻获，并起出生之弹子一个，余无别情。

八、程良烈士传

程良(1883—1911)烈士是安徽省怀远县城关后街人,亦名学梁,字亮元。其父万彭,性侠义,扶孤弱,抗欺凌。好为乡里排难解纷,不避权贵。里中旧习,常持阀阅晋绅之家,遇有侵凌孤弱,万彭时与之忤,动骇群众。良少时,有原左宗棠、郭宝昌部将提督李绍武,以善战名,老而无子,与万彭有葭莩(苇中薄膜也,意谓有亲戚关系)之谊,爱育之,收养良为己子。李绍武死后,良受其宗族排挤,乃自立门户,仍为程氏。

良兄弟四人,长兄早殇,良排行第二,三弟杰,字佩英,四弟子衡。

良少时,少通文史,臂力过人,诚朴侠义,人称"呆公子"。19岁时,肄业于安庆陆军小学。1905年经倪映典、郑赞丞介绍,加入同盟会,始悟国家种族之大义。当时赵声统三十三标驻南京,良任赵部正目(班长),赵率操明陵,常演讲革命道理,讲至情节生动处,良为之感泣,不能自抑。后因孙毓筠谋刺端方不慎而被捕,赵声因避捕而逃往广州,柏文蔚逃往东北。良亦至广州觅赵声,为赵下级军官。

1908年返皖,与熊成基、宋玉琳、范传甲等共图谋,参加了新军马炮营起义。范传甲、薛明甫死之。次年,良再至南京,与宋玉琳共誓:同死粤垣,同起广州。吴旸谷闻之,向张根仁说:

"程良必死。"根仁说:"其为人也忠厚。"吴又说:"不止此,(良乃)真义士也。"

辛亥二月,广州准备大举,宋教仁、胡汉民、黄兴、赵声、邹鲁诸人,潜集省港。宋玉琳先至广州马鞍街建立机关部,入狼虎穴。良往返香港、广州间,充哑人,专门递送机要文件。3月29日下午,良与宋玉琳同至小东营出发,攻两广总督署。宋部署各部,即莫云飞、继鹏等,沿陵华宁里北之屋壁,枪击清军。战至日暮,宋见尸骸狼藉,民军大挫,急呼程良,下墙壁死战。良托枪入重围,直刺卫兵。再毙数人,退归报命。警兵追而呼之,又毙之。如入无人之境。血殷襟袖,仍坚持战斗。宋玉琳见大势已去,大声对程良说:"吾不可为不义屈,又何生为?你可去也。"呼良先退去。良说:"与君同来,不能忍去。"须臾(片刻之间),遂弹尽被捕。清提督李準,严刑逼讯。良破口大骂:"吾与满奴无可言者。"问其事,良不答。问其姓名里居,良亦不答。当时被称为"哑党人"。大义凛然,从容就义。死时年28岁,无子。

"黄花红土埋忠骨,淮水荆山树令名"。烈士虽亡,但他拯救国家、民族的革命精神,则与世俱存。广州人潘达微曾筹款收殓广州起义七十二烈士之遗骨,棺葬于广州白云山麓红花岗。潘氏极其尊重七十二烈士,取宋代苏轼诗"荷尽已无擎雨盖,菊残犹有傲霜枝"句之意,把红花岗改名黄花岗,以赞誉烈士品格之高尚。怀远人民为纪念他们,在城南荆山著名风景区——白乳泉东南建立宋玉琳、程良的"双烈祠"。

里人更在程良家大门上贴上一副对联曰:"功昭日月,名著黄花。"现在,双烈祠是怀远县风景保护的重点之一,受到人民的景仰。

其弟杰,字佩英,1918年从张根仁南下,汕头之役,杰死战北军。侠骨同根,也有乃兄气节。杰生前曾请张根仁写稿,保存历史,"表扬其兄遗迹",说"非先生不能旌阐潜德"。又隔了4年之后,张根仁又受到邹鲁的多次催促,才写出"程良"一稿。由于程良的事迹非常感人。张说,他写此稿时,"一日摩挲(同抄,以手摸面也)十二回,儿不知涕泪之横流也"。

张根仁,也是怀远县人,年龄较大,与良比属先辈。其颂程良之忠义说:程良少时,由其婢荣兰抱立余舍,天真烂漫,里中所谓呆公子也。冠年从军,志在国家,许健侯(按即宋玉琳,曾应宋也)死生与共,允(果然也)践前言。比之事前炎炎(亲热也),事败反目,背义事仇,侵害同志,甚至小临利害(刚遇到一点点利害),转眼不相识,落陷阱不引救,而下石者皆是也。闻程良之风,可以愧矣。

本文据张根仁《程良》及赵家林《程良》二文整理而成。后文亦据前文写成,所增甚少,又去了不少最精彩的,本文又增用之,以见原文之神韵。

2001年10月于安大

九、石德宽烈士传

石德宽(1886—1911),安徽寿县人,字景五、敬五,最终又易为经武。1902年17岁时,即通小学(文字学)。慷慨有大志,不甘心在家吃闲饭,乃从学皖省陆军小学。1904年游学东瀛,肄业于警监学校。1905年,参加同盟会,更加发奋。经武身长七尺,英俊沉毅。

1908年,清廷光绪帝和慈禧太后相继死去,南洋军会操太湖,经武以为此机可乘,乃急归皖,谋发难。游说新军,与熊成基、范传甲合谋,以马炮二营为主力,部署同志,起于江干,鏖战于集贤关。事败,范传甲殉难,经武逃到上海避难。会其族兄石德纯(寅生)自东京来电召他,遂再返日本,在同文书院和东京日本大学就读。

1910年春,熊成基在东北吉林被捕殉难,经武闻之,大痛。

1911年2月,宋玉琳代表江皖两省率子弟97人,从海路南下,入广州。而经武也从日本来沪,和宋等同行。同盟会安徽评议员常藩侯也代表东部同盟会,随宋赴广州。经武初任招待职,后受黄兴委托,专门组织暗杀炸弹队,奔驰于香港、广州间,"夙夜不遑"。

当时,黄兴与宋玉琳相约,黄攻督署,宋攻提督署。黄部散布于小东门内,主要分布在旧仓、榨粉二街各旅馆。宋部散布华宁里、马鞍、天平街一带,"潜集昼优,星散夜聚",此所谓民国之兵也。

1911年3月28日,事机已泄,众人都说要提前一日,但此时所集中的"绿林侠客",已经转往佛山,仓促间很难提前起义。但次日(3月29日)宋玉琳之"手枪先发,各处响应"。在黄兴领导下的士兵,进攻督署。但"兵阻督署,巷战半时"。黄兴始纵火烧督署马厩,光耀熏天,人声鼎沸。清水师提督李準,自护枪械,谨防内变。总督满人张鸣岐弃火不救,任其燃烧,而兵警则环绕卫边司后街之前后。双方战到日暮,玉琳死战屋壁,士兵"尽被逮"。

黄兴从西关越关逃走,胡、陈、邹、莫等诸同志也相继而去,多自莲塘街退北山后。唯独经武视死如归,虽身受重伤,仍力战,以一当百,以终此局,故死事最惨,时年26岁。①

经武有二子,裕鼎、裕清。烈士死难后,其遗孀及二子,均由其兄德纯承担,直到二子学成为止。② 但怀远人张根仁说,石德宽无子,只有一弟名鸣球。

本文作者张根仁说:吾爱经武柔情侠骨,文士知兵,接物推诚,喜纾友难,可谓贤矣。自东京盟誓,潜归图皖,亡之沪渎。奔驰港澳,再接再厉,可谓劳矣。及攻督署失败,贤者死,健者逃;彼犹以七尺血肉躯,抗满清煊赫兵力。身无完肤,犹呼杀贼,难道不是传说所谓"临难不苟"的人吗?忠烈义气,宜与(史)坚如(吴)孟侠先后等伦矣。

本文据张根仁《石德宽》及朱竞《爱国军人石寅生》二文综合写成。

---

① 见张根仁《石德宽》一文。
② 据寿县人朱竞《爱国军人石寅生》一文摘来,朱与石寅生相识。

十、为革命献身的吴春阳烈士

吴春阳(1884—1911),字旸谷,合肥人。兄弟三人,长性之,次春生,春阳行三。出生于儒学世家,父少庵公,"敦行笃学",在乡里享有很高声誉。春阳父亲憎恨清廷腐败,不愿为官,他的独特思想和性格,对子女影响很大。春阳自幼富有民族感情,崇尚侠义,性情耿直。他之所以泛读诸子百家、人物传记,只是为了寻求救世济民之良策。他每读岳飞、文天祥诸人事迹,"辄欷歔不能已"。阅读汉唐宋明党祸之后,感慨地说:"世主(皇帝)率仅中才,靡不妮(亲也)小人而远君子,(理)宜乱多而治日少也。"见到庚子之役中国失败,深感清廷腐败,已不可救药,中国危机加深,只有推翻清政府,才能拯救中国。从此立下救国救民为天下先的抱负。他想去除专制而"铃束(的)君主",进而主张从根本上改革中国政治。

1902年,18岁的春阳便疚心国事,集合同志在合肥创立"强学会",①一意提倡民权,泛览古今及欧洲哲学政治。②

1903年春,沙俄违约,拒不从东北撤兵(义和团时侵入),全国哗然。旅日留学生在中国青年会领导下,于4月26日发起组

---

① 姜亮夫《吴烈士旸谷事略》说他21岁创立了强学会。
② 《吴烈士旸谷革命史》,《辛亥革命》七。

织"拒俄义勇队",要求袁世凯率领此队,对俄作战。清驻日公使蔡钧报告清廷取消拒俄义勇队,留学生大愤,又组织"军国民教育会",并决定采用鼓吹、起义、暗杀三种革命方法,另外还派运动员回国宣传和组织起义,推翻清政府。

正是在此影响下,浙江龚宝铨也从日本回国,在上海组织"暗杀部",想暗杀清廷大员,增强革命声势。蔡元培等也在上海组织"对俄同志会",又发行一份报纸,名叫《俄事警闻》,专门反对俄国侵略,抨击清政府的丧权辱国。

1904年2月6日,日本海军攻占沙俄占领下的旅顺口,10日日俄战争正式开始。3月11日为了反对日俄两国侵略东北,对俄同志会改为"争存会",《俄事警闻》杂志也改为《警钟日报》。与此同时,蔡元培等的革命学校"爱国学社"也被查封,中国教育会也迁入爱国女校。刘季平、费公熙、秦效鲁等又在上华泾乡办了"丽译学校",不久也解散了。"其残存学生一部改为'青年学社',校址在上海新闸路",①和《警钟日报》相呼应。这时蔡元培、刘光汉、林少泉、章士钊等仍在该校为教员。青年学社有个学生叫陈自新,扬州人,为刘、林所赏识,说他"志在革命,尤愿比踪荆聂,能听指挥"。② 刘、林二人都是主张暗杀的,想铲除清廷大吏,以震撼社会人心。

参加光复会、华兴会支持万福华
暗杀前安徽巡抚王之春

在1904年春夏间,吴春阳为了实现救国理想来到上海,和

---

① 《"中华民国"开国革命史》卷上,及《革命逸史》第三集,刘季平条。
② 见章士钊《书甲辰三暗杀案》。

高荫藻都参加了青年学社。① 吴、高的加入,鼓舞了青年的爱国热情。他们聘请蔡元培、秦力山来主持教务,加强了革命思想的传播。同年秋冬间,龚宝铨又召集江浙皖数省同志组成光复会(冬天正式成立),是"光复汉室"的意思,陶成章、刘光汉是最早的成员。② 吴春阳也参加了,是安徽志士参加光复会的最早、最主要成员。③ 在上述主张暗杀思想的影响下,吴春阳也认为社会人心已麻木不仁,如没有激烈震荡,便不足以振奋人心,而荆轲聂政杀身成仁,是震醒人心的良法。吴春阳和这时上海的暗杀思想,又影响了吴春阳的密友万福华。

万福华,合肥人,此时在上海教书,吴春阳来到上海,使万也卷入革命活动之中。这时湖南起义事泄失败的黄兴、刘揆一等也来到上海,在上海新闸路余庆里设立机关,在沪各省党人,多常来此。万也经吴的介绍,认识黄、刘,并加入他们组织的华兴会。

这时前安徽巡抚王元春也潜居上海,他以前干尽"营私媚外,误国丧权"的坏事,在安徽曾"私卖矿产三十余处给外人",在广西又请法军镇压农民起义,现在听说又"勾结俄人侵略东三省",④"密谋联俄",⑤"倡议割东三省给俄罗斯"。吴春阳、万福华、刘光汉、陈自新都非常愤怒,共"数王六大罪",认为"非击杀之不足以阻奸谋而谢天下"。⑥ 万福华和陈自新自愿承担这一

---

① 《吴烈士旸谷革命史》作吴21岁时与蔡元培、高荫藻、秦效鲁、陈自新等创青年学社于上海,误。《安徽历史述要》此点同误。
② 徐锡麟本年12月份参加。
③ 《革命逸史》第二集。
④ 《华兴会与万福华刺王案》,《革命逸史》第二集。
⑤ 见《吴烈士旸谷革命史》。
⑥ 《吴烈士旸谷革命史》。

任务。

1904年冬,陈自新、万福华从张继处借来两支手枪,由陈自新主击,万福华作支援。11月19日以吴葆初名义①邀请王元春在上海四马路金谷香二楼饮酒,伺机枪击。谁知主击手陈自新临时害怕,不敢开枪,王将出走时,万福华开枪射击而弹不发。巡捕赶来,万当场被捕。青年学社和《警钟日报》也因此案被封。西人巡捕跟踪至新闸路余庆里机关,党人因嫌疑而被捕者十余人,后来幸获释放,此事迫使黄兴、陈天华、张继等都逃往日本。

留学日本、参与发起组织同盟会,任同盟会安徽支部长

1905年春,江苏候补道负责十二圩盐务督销的合肥人蒯光典(礼卿)主张兴办地方实业,为了培养人才"备将来之用",由蒯个人出资,派其侄蒯寿枢从合肥青年中选出吴春阳、吴春生(阳初)、李绪昌、王兼之(善达)、李仁绪等5人到日本留学。

吴到日本后,和日本社会党宫崎寅藏(白浪滔天)最为友善,畅论人道主义,谈到"淋漓痛快"时,即"相对纵饮,大醉不止"。又经日人内田介绍和日本进步党人尤养毅及大隈重信相识,"反复辩诘复兴东亚政策,(学识)乃益大进"。②

1905年7月15日,孙中山从美洲回到日本横滨。25日以后的某日,安徽同乡程家柽召集黄兴、宋教仁、陈天华、张继、白逾桓、田桐、吴春阳和孙中山在程的住处"北辰社寓店"开会,研

---

① 一说借王友赵某名义,《革命逸史》第二集《华兴会与万福华刺王案》。

② 《吴烈士旸谷革命史》。

究组织政党办法,①程家柽主张建立一个全国性的大政党。

某日吴春阳、吴春生、王善达又随程家柽到尤养毅处。

7月30日下午,孙中山召集黄兴、张继、陈天华、曹亚伯、田桐、冯自由、程家柽、吴春阳等70余人,在东京赤坂区枪町三番内田良平宅开同盟会筹备会议。在孙、黄的倡议和曹亚伯、程家柽等的积极支持下,与会人员依次签名同意成立同盟会。确定了同盟会的十六字纲领,推黄兴、程家柽、陈天华等6人起草会章。

8月20日,中国同盟会在东京赤坂区日本人灵南珍弥宅举行通过会章及成立大会。公推孙中山为总理,下分三部,总理自兼执行部,执行部之下又分六部。同盟会在全国和海外都设有支部,吴春阳被推为安徽支部长。这时安徽加盟的除程、吴外,尚有蒯寿枢、殷葆田(季樵)、孙毓筠、吴春生、王兼之、王天培、吴弱男(吴长庆女)。

9月10日,孙中山派冯自由、李自重组织港、澳、广州等地分会。吴春阳推荐蔡元培任上海分会会长。

回国发展同盟会成立同盟会
长江同盟,推赵声为盟主

1905年冬,为了反对日本政府限制留学生的革命活动,掀起回国发展革命的运动,200多名同盟会员先后回国。吴春阳也回到南京,号召同志"密谋光复"(起义)。他先和岳王会南京分部柏文蔚联系,柏率在京岳王会员全部加入。1906年初,吴又邀集岳王会员和其他革命人士会议于南京鸡鸣寺,举行同盟

---

① 《革命逸史》第六集。

会长江同盟宣誓入盟及成立大会。许多出名人物赵声、林之夏、冷遹、伍崇仁、孙麟、韩金声、何遂、杨韵珂、倪映典、龚振鹏、胡维栋、方健飞、王静山、江彤侯、张伯纯、张仲纯等皆依次宣誓入盟。柏文蔚提议推赵声为盟主,得到同意,又设立联系机关于鼓楼东凤仪门内某宅。

会后吴派杨国弼赴东京同盟会总部汇报此事,总部批准了这一发展计划,并加委赵声为长江盟主,并颁发会章。吴又发展南京陆师学堂陈绍濂、吴吉初,警察局李玉斋、张侠琴,三江师范汪菊友等入盟,学生士兵加盟者在千人以上。① 为长江下游革命打下了良好的基础。以后吴又到芜湖发展了几个盟员,大约以张伯纯为支部长。

回合肥活动,组织合肥学务分会
成立同盟会江淮别部(武毅会)

1906年冬,吴春阳回到合肥,这时安徽绅士李经畲于1905年冬在南京发起组织"安徽学务总会",由蒯光典呈报皖抚转北京学部备案。(学部刚成立,未及时批准)吴春阳也以此为名在合肥主办"合肥学务分会",1906年改为"合肥教育分会"。大约正在此时,吴春阳又在合肥发展同盟会员,成立同盟会江淮别部,为了保密又称"武毅会"。但吴在合肥的活动,遭到合肥旧绅士的反对。

---

① 见柏文蔚《五十年经历》。

欲入新军，两次被人告发，蛰居合肥城西学堂，又受到李鸿章一族反动势力的控制

1906年春，安徽巡抚为了建立新军，成立步、马、炮、工、辎五种弁目训练所，培养最低级的军官。吴为了发展革命力量，也投入炮营弁目训练所。皖抚恩铭怀疑他既为留学生，何以又来当兵？督练公所宋芳滨回答说，吴"有志武备"。这时皖省志士进入军籍的很多，尤其是炮营，吴介麟是管带。常恒芳、范传甲、倪映典都在这里。吴很高兴，以为可以大干一番，谁知吴刚到"炮营三日"，便被人告发。吴便逃到寿州东南的芍陂学堂，被李兰斋任为"学校管理"。一年之后(1907)，"事稍寝"，吴又回到安庆，想联合军队起义，而省中"大吏捕之急"，吴又回到合肥负责办城西学堂。

吴在办学堂时，大约仍继续在扩大江淮别部，发展同盟会员，据说他设立的"机关代表布满江淮间"。但他不肯轻易发动起义，因为他生平"素事重人道，恐机会未熟，涂炭生灵"。①

吴春阳"娴技击，胆识过人，神采英毅，目中电能摄人"。他所办的学校，都教授学生"习武技"，这是他军国民教育思想的贯彻，都是为光复国家做准备的。

1908年初，倪映典在安庆新军中任骑兵营管带，密谋在2月1日起义，事泄失败。倪将逃往广东，行前返回合肥探视并与吴春阳计议，请吴暂时"毋(不要)动"，"俟我(倪)起于两广，君举江淮之众以向中原，南北并举，大事可济"。吴答应了，遂洒泪送倪赴广东。

---

① 《吴烈士旸谷革命史》。

十、为革命献身的吴春阳烈士

1908年秋,熊成基在安庆谋乘太湖秋操时起义又失败,吴春阳听到后,提笔奋书:"三年枉费屠龙技,付与东流逝水长。"此后,吴春阳仍闷闷不乐,主办城西学堂,直到1911年夏。合肥城西学堂学生经过吴的三年教育,风气大变,"士皆轻家而重国"。

吴春阳自到日本留学后,大约由于受到宋教仁等人的影响,开始注意"阳明之学"和谭嗣同的"仁学"。现在经过几年革命活动之后,由于活动并不顺利,"终不得要领",反而更"究心于阳明之学",主张"刻苦自励,务崇实践"。并觉悟到人必须"去私",如果自私自利的心不去,"虽日日说救人,(也)终向名利一边滑去"。他又将自己的"声、色、货、利、生、死、荣、辱各(个)关头","穷搜冥索"出来,然后把它们"层层抉破"。他又研究谭嗣同的"仁学","出入于佛老之间"。经过长期修养锻炼之后,吴的入世宗旨,"乃卓然大定"。吴常对人说:"人当牺牲躯壳(肉体)之快乐,以求灵魂的快乐,则诸日(各种)苦恼不能侵害。"又说人的入世方法:"必须处于极坏之地,而后能为万物先;故能本其入地狱之心,以拯同胞之苦。"总之,吴春阳为了革命事业,经过一番苦思冥想,做了不少修身养性的工作,他对待革命事业、生平处世和待人接物,都是从这些基本观点出发的。

合肥教育会一向被李经羲第二子李国筠所控制,以致开办三年,一事无成。1911年5月3日,副会长张文运召开教育会。吴春阳提出应办的四件事,张文运"逐条诘驳,语近讥刺"。吴春阳非常愤怒,见于辞色。合肥知县李松圃,竟立即下令:摇铃散会。吴春阳深深感到,在合肥已无可作为,只有离开。

再返上海,又回安庆发动,仍无头绪。往武汉请兵,又被黎元洪派往九江。再回安庆发动响应,仍然失败

1911年夏,吴春阳再去上海。有《别友人诗》(七绝)说:"茫茫此去复何之?誓与群魔远别离;浩荡长空一挥手,云翻雨覆再来时。"吴春阳来到上海,这时宋教仁、谭人凤、陈其美、范光启等已建立中部同盟会于上海北四川路湖北小学堂,"吴即入其机关……日谋光复事"。这时中部同盟会已布置长江中下游各地在适当时机举行起义。10月7日,吴自上海赴安庆,大约是为了组织安庆起义。谁知出发刚3日,即10日,武昌起义已经爆发,吴也于此时到达安庆。

吴春阳约陆军小学监督王天培和胡维栋,想以安庆起义响应武昌,但由于安庆经过徐锡麟、熊成基起义两次失败,革命力量一挫再挫,到了这个重要时刻,反而"豪杰散亡,士气较弱"。加上反动的"将校抑制,猝不及发",组织不起来了。吴春阳心急如焚,愤恨病发,抓住王、胡二人的手说:"时事至斯,不图(未想到)吾皖人心尽死,奈何,奈何?"以至于痛哭失声,竟至一"日呕血数十口不止"。王、胡安慰他说,"有我辈在,事终可图,君善自爱也",闻者皆感动。

在吴春阳的联系下,王天培、管鹏、李乾瑜(玉)、孙传瑗、杨佩龙、胡维栋等都积极活动,并决定分头联系各标营和机关。吴春阳见安庆已积极准备,经"略微布置"后,便将安庆事情交给胡、王二人负责。约在10月20日前,他自己"扶病赴武汉",研究进攻清军的办法。

吴到武汉,黎元洪"伟其才",欲任命他为鄂军参谋。吴说,北军已占据武胜关,武汉处处受逼,"大势一去,(则)无可为"。

十、为革命献身的吴春阳烈士

北军后方,自大河以南"绵亘千里,处处受敌",只要你能给我一混成旅的军火,我可率长淮"胜军万人",出颍亳:一出信阳,一出周家口,切断北军后路,"公击其前,我袭其后,彼将不战自却"。

黎同意吴的意见,乃任吴归"鄂皖联合(或作络)",并答应:只要安徽独立,就赠一协军火。吴见目的已达到,又返回安庆。黎又交给吴一项任务,叫吴去做九江镇守使原新军五十三标标统马毓宝的工作,①使九江独立,并发兵入皖,驱逐皖抚朱家宝。

吴到九江住在旅社中,遇到无为人吴振黄,吴原是安徽陆小学生,后在北洋陆军学堂毕业。吴虽蓄志革命,但并未参加同盟会。此时听说武昌起义,正赶来参加,两人接谈后,吴感到芜湖尚无人组织起义,便介绍吴振黄参加同盟会,并派他前往芜湖准备独立。恰巧芜湖也派年轻党人吴伯岚来武汉求援,吴振黄遂欣然受命,随吴伯岚立返芜湖。

10月28日,吴春阳自九江返回安庆。这时安庆除新军外尚有巡防队一千数百人,吴怕他们"阻梗命令"及乘机抢劫,乃拿出自己随身带的一千多元,犒赏抚署卫队并告诉他们,事成后当推为首功,给重赏,但不得扰民。使"新旧军营皆咸服,愿反正,悉受命令"。

10月30日,吴春阳召集胡万泰、李乾瑜(玉)、王天培等开会于萍萃楼旅馆,新军各标营均派有代表参加,决定当日晚② 10时起义。吴把城外攻城军分为三支:教官胡万泰为城外总指挥

---

① 马的参谋是宋芳宾,合肥人,与吴同乡。
② 见柏文蔚、王天培的传记,《安徽历史述要》、《北洋军阀统治时期史话》、《朱家宝奏稿》皆同。管鹏《安徽革命纪实》,亦作初九、初十日(指旧历),《安徽独立史料》作10日夜。《吴烈士旸谷革命史》作旧历9月8日晚10时。

兼一标（六十一标）司令,排长李乾瑜（玉）为二标（六十二标）司令,王天培为学生军司令。由二标（六十二标）发火为号,其他标营见火同起。而吴春阳则"自率敢死数人"居城内总司令部筹度一切,并控摄巡防警队,相机策应。

谁知城外总指挥胡万泰临阵畏缩,以送母回乡为由,临阵不告逃走。六十二标李乾瑜（玉）回营太迟,被标统顾琢塘关了禁闭,时间已到,无人举火。炮营六十一标陆军小学都发动起来了,等待起火,而火终不发,误了时间。陆小王天培在北门外附近,夜半时已"部勒民军,包围北门",后因没有子弹,未能攻城,后因"左臂受伤甚,部下受伤者亦相望,乃整队解围"。①

10月31日,朱家宝听说新军暴动,将反动的江防营两营调入城内防守,并将一标（六十一标）和炮营缴械解散；②搜捕吴春阳甚急。当日下午李乾瑜（玉）解除禁闭,和陈国荣、史沛然立即发动,赶走标统顾琢塘,连夜进攻安庆城；派陶治民、程祥玉率兵一排放火攻城,其余各军按原队扶梯攻城。吴春阳也召集同志发动第一标（六十一标）,夺营门而出,前来助攻。王天培也率学生军进攻。但江防营防守严密,布满城内各要道,内应"旋起旋扑","两军弹丸如雨,终夜相持不决"。到天明时新军终因武器不及江防营而溃败,一部分退往桐城。③

---

① 见柏文蔚、王天培的传记,《安徽独立史料》作：未能攫取子弹,故未进攻。

② 此据管鹏《安徽革命纪实》：一标昨夜冲出来了,炮营赶走管带也冲出来了,故解散。而《吴烈士旸谷革命史》作,"通令二标解散",语意不详：①是解散第二标还是两标全解散；②二标昨夜未动,何该解散,故此随管文。

③ 见《安徽历史述要》。

再赴湖北乞师,返回时,
安庆已迫于全国压力,宣布独立

朱家宝将留在省城附近的马、步、工、辎各营及陆军小学全部解散,并逼缴城内巡防营枪械。吴春阳见起义失败,两标新军星散,忧愤成疾。比较开明的绅士、咨议员童挹芳见新军退去而朱家宝要搜捕,急到抚署"诡言城内暗伏革命党数百人,携带炸弹无数,急捕则爆发与城俱尽"。你不搜查,他们"将挟危险物自去",应通知守城门人"禁入不禁出",便可消害于无形。朱家宝听了童的话。吴春阳乃于次日"潜出南门",密晤王天培说:"事已至此,不达目的不止;我将乞援湖北,此间事公好(自)为之"。

11月2日,吴春阳乘轮西上,到武汉后,南北战争方急,无兵可分。黎元洪便派詹大悲陪吴春阳到九江向马毓宝求援。马也"正备(防守)各方,无力兼顾",答应先给学生军数十人,以后再派人前来。

11月8日,吴率学生军数十人东下,拟先光复芜湖,然后再迫皖省独立。但8日夜经过安庆城下时,见城楼上已"白旗飘飘",安庆已经光复,吴"大喜过望",急急下船登岸。

原来自吴离开安庆,由于朱家宝解散全部新军,激起安徽省会人士和安庆人民的反对,甚至咨议局的议员、议长都去责问朱家宝,使朱陷入四面楚歌之中。而各城光复消息又不断传来,九江、南昌、上海、苏州、寿州都已光复,特别是苏抚程德全又当了光复都督,对朱很有影响。又由于王天培被释放后大胆宣传,地方各界人士见光复已是大势所趋,人心所向,都赞成光复,都愿听王天培指挥。这时巡防营又搞到枪弹,要和党人联合,"谋再举"。

正是在这种情况下,朱家宝顶不住各方都要求独立的压力,致电清廷请示。这时恰好袁世凯已攫得内阁总理职务,由他亲信赵秉钧复电,要朱"顺应时势","勿贪小节,致昧远图"。也就是要朱用假独立而保存力量,控制政权。朱家宝才于11月7日撤走江防营,把军警机关撤除,财政大权交给咨议局,招回被解散的新军,安徽宣布独立。11月8日挂出白旗,但由于革命力量小,安徽巡抚朱家宝竟被咨议局、抚卫队和部分军人推为安徽临时都督。

吴春阳匆匆下船登岸,呼叫城门说:"我旸谷也。"城上闻吴来,欢声雷动,急开城门迎入。军政府闻报,派军队来迎。吴到军政府后,即拟善后事数条:一、通电各省宣告独立。二、各州县照常办公,不准假名光复紊乱秩序。三、免今年租税之半。四、照会各国领事,并任保护之责。五、从速派人调查财政。六、各营即日发饷,并加犒赏银一月。

不受安徽都督职,只受安徽总经略职。安徽出现两都督。吴春阳又前往芜湖,解决争端

王天培要推吴春阳为安徽都督,吴说:"东南未定,战事方激,不能以一身羁留皖,坚辞不居。"众又推为"总经略使",又不听。说:"吾非逃名,但吾此出自誓,'只任难,不任名,为天下倡',使国民共晓然。吾党除救国之外,无二心也。"张武在旁说,"公举大事断非吴旸谷三字所能发号施令;举公(为)经略,为事,非为公(你)也。"吴乃接受总经略职务。

第二天,安庆召开各界全体大会,吴登台演说,宣布革命宗旨,共和好处。句句真诚,"吐露心肝",讲得声泪俱下。满座为之倾折,推为国士,皆以为"见国士晚"。

十、为革命献身的吴春阳烈士

这时朱家宝被推为都督,部分党人不服,又推王元培为都督,以致安庆又出现两个都督的争夺。9日晚吴春阳巡城,适逢抚卫队兵变,马被枪声惊动,吴春阳"坠地气绝"。救醒后,头部血流不止。童挹芳和学界姚永概前往探视,见吴倚在榻上"颜色惨瘁",案上"草书一(首)绝(句),犹作自励语"。两人为之叹息不已。

这时吴春阳忽然接到芜湖特派员吴振黄报告,称芜湖光复受到"巡防营反对,芜事棘,非以公(指吴)声威临之不可"。吴春阳只得"裹创就道",前往芜湖。原来芜湖已出现两个光复中心:一个是吴振黄,另一个是皖北党人阚兰溪和巡防营抚采营参将李振标。二者都在宣布起义,接收机关,相持不下。

约在11月10日夜,吴春阳赶到芜湖。第二天芜湖市军警商学各界召开大会欢迎吴春阳。吴乃"登台劝告,反复十数百言",闻者皆感动。李振标见会场服务者都是他的部下,大惊,不得不放弃独立。11日,芜湖军政分府正式成立,吴振黄为司令,吴春阳又亲自订立办法。吴到芜湖仅一日,而"芜事大定"。

这时南京尚未光复,吴又计划集合省城、芜湖、庐州和皖北的淮上军下攻南京。他刚准备赴皖北联络,而安庆的惊报又到,请他速回安庆。

安庆两都督之争,王天培愤而放弃都督职,浔军黄焕章祸皖

原来在吴走后,王天培要来了都督印,为都督。但反动军人又拥朱家宝为都督,向王天培索取都督印,王天培只干了两天,就愤而交出都督印,一气之下,于11月13日愤而离开安庆。以前吴春阳曾往九江求援,约在14日九江派来的黄焕章、顾英等

率军来到安庆,共约2000人,都是临时召集的纪律败坏分子组成。安徽怕黄军扰乱,倡议和黄军共组司令部,只推顾英为业务科长。顾是唯利是图的小人,见未抓到安徽财权,心内极为不满。

在顾英的煽动下,黄部乱军威胁黄焕章向安徽咨议局索饷,不但吓跑了朱家宝,11月15日又大抢了都督府、军械所和安徽藩库,仅藩库就被抢走8万多银元,又抢劫商店百余家,损失达百万。

吴春阳只身回安庆,痛斥黄焕章,被杀牺牲

吴春阳所闻安庆兵祸,"痛哭",急返安庆。芜湖军政分府要派兵随从,吴说:"我携众兵至,焕章必惧而抗我,兵锋一接,是糜烂地方也。我当拼此身以大义责之,乃或解,皖之福;否则当与吾被陷之父兄子弟同命。"乃只身赴皖。

吴回到安庆南门,要找黄焕章,有人劝他不要去,吴不听。既入城遇胡维栋,又劝,仍不听。将至黄司令部,孙传瑗拉住吴手说:"焕章狼子野心,不可理喻,何轻身入虎穴何?"吴大声说:"焕章假借民军(名义),行同盗贼,践我土地,虐我人民。吾皖素称多志士,今事至此,竟无一人仗义执言乎。"乃直入黄军,"面数其罪",黄气沮。吴诫焕章:"将所掠军械及商店财物悉还,我当为尔另筹军费,以遄(速)尔行。"焕章不好拒绝,只有唯唯从命。吴春阳马上出去,召集商界人士,商议筹给黄军退军费及接受黄军退回物品办法。

这时有个徽州人王则,前曾冒充黎大都督代表,招摇谋骗来皖。被吴下令拘留,现在乘机逃脱,混入黄军。向黄挑拨说,吴

来安庆是要"讨伐骚扰安庆的人,你逃不脱了"。① 黄破坏安徽本想自称都督,只因害怕吴春阳,而未敢宣布。他原也想退还抢物,现在受此愚弄,顿生杀机,乃密下命令,待吴再来时,即扣留。于是吴被扣留。

安徽绅士洪思亮、黄书林等闻信大惊,多方奔走无效。又托传教士去担保,只要放吴,可不追究。但门已禁,不得入。

11月18日夜,吴春阳知道黄焕章将下毒手,立即致书同志刘焕文,通知党人全部退出城外,免得尽遭毒手,并说:"城内事旸当之。"并赋绝命诗一首说:"来来去去本无因,唯觉区区不忍心,拼着头颅酬死友,敢将多难累生灵。"吴刚写完诗,黄来了,令卫兵开枪射击,吴春阳身中7枪,当场牺牲。吴春阳为了维护人民的利益、伸张正义,牺牲了自己宝贵的生命,死时年仅27岁。"惊耗传闻,远近悲痛"。

黄焕章杀死了安徽元老、光复功臣吴春阳,又杀死了向朱家宝告密的特务毕大怀。安庆秩序大乱,连以黄为司令组织的军政府也自动解散了,代表安徽军方的参谋宋宗翰、黄鸣盛、军务科长吴介麟俱逸去。

以前被朱家宝调驻英山的桂丹墀营回援安庆,胡万泰率百人先至,"痛哭薄西门,誓斩焕章"。次日桂的全军至,布告声讨黄罪,下令攻讨乱军。

这时九江都督马毓宝听说安庆混乱,派浔军参谋长李烈钧来安徽处理,"镇(服)其军,且谢皖人",说焕章"罪可后图"。

11月23日,安庆街巷又出现反黄标语,黎元洪也电九江马毓宝,令将黄召回九江。李烈钧遂邀其同学胡万泰和安徽绅士陶镕等从中调停,限黄部三日内离皖。黄知作恶太多,不容于皖

---

① 或作:你不要想出安庆一步了。

人，11月28日乃率部满载而归，撤回九江。

吴春阳生前曾建议推孙毓筠为安徽都督，皖人又提前议，迎孙前来。

吴春阳"醉心共和"和"国家社会主义"，为民党所倚重。他对待革命工作，"任难（事）则争先，论功则居后，肝胆照人，故人乐效死"。他生前所策划的"民物志事"，"十分未得行其一二"。后在合肥建有旸谷小学，以为纪念。吴春阳遗体归葬合肥，安庆万人空巷，都挥泪为他送行。经过芜湖时也是如此。葬礼在合肥举行，十分隆重，全城人民都前往悼念。

吴烈士生平敬爱父母，母丧已经年，尚常哭泣；善"体父意，壮年依依若孺子"。对兄子如己子，"躬施教诲，劳（过）诸兄"。与师友交谊甚厚，既死逾年，谈者往往至于泣下。

后民国政府追赠吴春阳之上将，拨款14000余元修建墓地。

余按：吴春阳是合肥人，无疑。而在2000年左右，有人自合肥工业大学打电话来说吴是太平天国将领吴如孝之后，但本人未露面，只是转托别人来询问。本人虽有查询之意，但始终未遇机会。

十一、临终还想着革命的张沛如烈士

张鲁德(1989—1911),字父缤,又字沛如,安徽祁门人。张氏为祁门望族,世业儒。祖静斋,讲学于乡。太平天国革命时,湘军驻祁门,对人民进行骚扰。他祖父为避兵灾,一日数迁,终因奔走憔悴,郁郁而终。父亲谦,年幼时茕茕一人。年十三,便学习做瓷器生意。20岁时,到上海,仍操瓷业。勤恳经营,生活俭朴,为人诚实,注意信用,博得商界信任,营业也蒸蒸日上。不久开设义兴丝线庄于上海大东门外大街。

长兄蔚云,先习举子业,因不喜欢帖括,乃改入复旦公学,长于西学和西语。沛如幼时,聪慧勇敢,年七岁,受业于沈葵如先生,学习五年,已很明白,"讲解也了然"。

1901年,沛如年十三,父亲叫他学做丝业生意,虽非所愿,但也认真学习。只不过半年功夫,他在生意上"往来晋接",已经是和成人一样"精明干练"。年十六,即管理丝店业务,条理井然。人们都以"少年英俊"视之。

1904年,沛如年十七,即往汉口采办黄丝,远客异乡,都能顺利完成任务。亲戚故旧称赞他,都说他是一把精明能干的好手。

1906年秋,沪南商业团体组织的"商业体操会"成立,这是一个以军事知识训练青年、锻炼身体,强国保种的爱国组织,沛如欣然入会。他平时"交友敦信"、"尚义气"、"重然诺",和同学凌季潭、郁仲榴、马骥良、孙守伯、赵锡宝诸君都是莫逆之交。1907年冬毕业,他成绩优异,取得"优级文凭",他这时已19岁。

1908年,上海商界在爱国思想影响下,又组织进步武装"商团",作为加强锻炼国民体质、防御外侮的组织,沛如也和同志组织"救济会",作为战时救护组织,以辅助商团。后因沈仲礼组织"红十字会","救护会"遂中止。后来商团公会成立,他也加入了,成为会员。

沛如性格内向,平时"不苟言笑",但对清廷的腐败,统治中国的积弱,深感不快,常"郁郁寡欢"。他常说,"男儿昂藏七尺躯,当建一番大事业",才不负此生。又常慨丝店业务不易推广,很想创办实业,如蚕桑、茶叶、畜植等,以施展自己强国的抱负,振兴国家。

他常阅读近代各国的亡国史,看到越南、印度之国被人奴役的记载,便弃书叹息,对他哥哥说:"亡国之惨,奴隶之痛,如是其甚。"现在"清政不纲,满奴盈错",只靠外债来维持反动统治,摧残民节,用"假立宪"美名来欺骗天下,"恨我才智薄弱,既不能著大声疾呼的文章,以唤醒同胞。又不能荷戟从军,为犁庭扫穴之举",多么可恨啊!

1911年10月10日,武昌革命爆发,不到1个月,全国各省已群起响应,11月3日下午6时,上海革命者也发动起义,闸北被民军占领,李燮和派巡警管带陈汉钦占领巡警总局,上海商团也踊跃参加,张沛如奋勇争先,登上城楼,插上革命的旗帜——白旗。又去搜查硝磺局,然后回到公会。半夜时候,又同义勇队长刘逊谦去进攻南汇上海制造局。但此时手无军械,便从同学凌季潭处,借得十三响马枪一支。天亮前赶到制造局,11月4日晨5时进攻。他和凌季潭齐头并进,见清军张楚宝部抵抗,急

十一、临终还想着革命的张沛如烈士

切不能攻下,又怕民军开放大炮,则损失不堪设想。他想突击迅速拿下制造局,掌控革命局势,减少损失,便"义愤填膺,奋不顾身",向前猛扑。激战至9时,突然中弹倒地,幸被凌季潭抢救下来,送入上海医院。最后制造局终于被攻下。

他哥哥蔚云来看他,他因伤重又过度疲劳而昏迷,问他伤势如何,沛如答,右腿微伤。又说:"伤易治,兄速归,请慰二老,勿以弟为念,休养数日即愈。"实际上他已弹穿腹内,伤及大肠,大小便不通,疼痛难忍。傍晚时,父母又派人来看他,他又回答说:"已饭少许。"他的父母才感到稍微放心。

11月5日晨,哥哥又来看他,他答,仍如昨日。并反问蔚云:"制造局已攻下,全市安静否?"哥哥安慰说:"病中勿多言,静养为要。"

下午,郑心侯、施仲篪、赵锡宝来看他,他仍镇静对答,只是对施小声说:"大小便不通,腹痛异常,未知有碍否?"施君不解,问:何以大小便不通?再三询问,才知尚有一弹,中股腹之间,已穿入小腹,伤及大肠,弹未取去,故大小便不通。他之所以隐瞒不说,是怕父母为他担心,才强行抑制疼痛,装作若无其事的样子。"其体贴亲心,亦云苦矣"。施让他改请德国医生治疗。他答:"等明日再定吧。"

傍晚,他哥哥又去看他,正值医生为他灌肠,"疏通大便"。沛如力竭气喘,痛苦之状,看了令人心酸。待至夜10时,"神志不清,呻吟反复",情况已危,询问王医生,仍云无碍。问有无子弹?答:"业经详察,并无子弹。"问何故腹痛?答是便结。蔚云知已危险,急为设法抬回,想改医就治,谁知已来不及了。

夜1时,临危前的张沛如,竟仍然惦记革命,忽睁目大呼说:"汉贼不两立,事机不可失,前赴后继,事在同志!"语毕,竟溘然长逝。这一长才未展,而又念念不忘革命的普通人物,也是中华民族的优秀儿女,就这样与世长辞了。当时同志们有挽联两副。

(一)

抱负本非常,听其言,观其行,宜其有爱国思想;
天年何不永,志可慕,情可伤,谁共此世界文明。

(二)

革命为同胞,壮志未酬,身先逝;
裹尸成夙愿,悲怀空负,愿难偿。

沪军总司令部通告全体商团会员为张沛如和另外两位烈士荣九松、俞志伟佩戴黑沙3个月。荣矣,哀矣,可以安息矣。

十二、农民英雄吴家泰烈士

吴家泰(1885—1913),字乐亭,原籍凤阳县。出生在农民家庭,家贫如洗,无力入学读书。但生性聪颖,靠自学通文。能讲《水浒》和咸丰、同治年间太平军、捻军在蚌埠地区攻圩夺寨的许多故事。

家泰自幼即仰慕"梁山英雄",也奉捻军盟主张乐行、龚得、顾大龙等为楷模。十七八岁就开始仿效捻军"吃大户"的做法,常于春夏之交青黄不接之时,率领贫苦农民向地主"借粮"。深得乡亲们的感佩和信赖。有时也邀约几位志同道合的青年,拦劫一些巨商大贾。用所得的钱粮救助那些濒临绝境之家。像小蚌埠(在蚌埠正河北)林狗子一家断炊三日,家泰倾囊赠送5块银元,帮林狗子一家渡过难关;正街的吴三才,多亏家泰资助20块银元作染坊资本,才免借"驴打滚"的高利贷。

家泰喜欢助人为乐,路见不平,总是拔刀相助。有一次吴小街逢集,混号"瘦虎"的地主吴子珊想压价强买曹老集(蚌埠北二十里华里)"老光棍"史学兆的两头牛。史不从,被"瘦虎"的打手们一顿拳脚,打得头破血流。家泰闻讯赶来,当众指着吴子珊,怒斥他依仗权势,欺行霸市,败坏一方声誉。直骂得他哑口无言,几名打手也悄悄溜走。

吴家泰兄弟四人,他排行老二。因为他常讲演《水浒》中打虎英雄武松的故事，而他自己又恰是老二，且自己又身体力行地效仿武松，又加上吴武谐音，而被别人称为"武二郎"。附近农民有困难，总要找他商量，使他成为当地农民之"胆"。而一些地主则转而恨之，当面称兄道弟，背后则骂他是土匪，称吴家庵为"土匪窝子"。

此时吴家庵尚归凤阳县管辖，凤阳县政府听到一些流言飞语，将吴家泰拘押在凤阳县衙，达半年之久。家泰虽然身受酷刑，但仍声若洪钟地据理抗争，那些恶语中伤的人，只敢暗放冷箭，不敢当堂对质，以致官府杀之不敢，放之不甘，束手无策。在骑虎难下之际，吴家泰经民众投保释回。

吴家泰虽遍体鳞伤，但豪气却丝豪未减。地主们既害人不死，对家泰也更加畏而敬之。乃大摆酒宴，为他"压惊"。席间，吴"瘦虎""慷慨解囊，赠送以资"，并献计要家泰骑佃户吴霞泰家的小白马，去徐州治病（其时蚌埠尚未兴起）。家泰说："借他家牲口，他用什么种地，秋后你不能免租不要。我是一客不烦二主，承蒙你助我以药费，何不连同马匹鞍鞯一同借用？"吴"瘦虎"既舍不得而又痛恨，然而还是答应说："只要兄弟你看得起我，愚兄在所不辞。"

1911年11月下旬，苏、浙、沪联军进攻南京，联军总司令徐绍桢、浙军司令朱瑞、苏军司令刘之洁、镇军司令林述庆、沪军司令洪成典、粤军司令黎天才，合力进攻南京。此时柏文蔚也率镇军一部与扬州军徐宝山一同进攻浦口。北军首领两江总督张人骏和旗人将军铁良登北极阁瞭望，被南军炮弹炸死随从数人，二人大惊。此时在寿州起义的淮上军东征军已接近蚌埠。张、铁二人便通过日本领事馆逃往上海。12月1日夜，北军主力张勋，也立即仓皇北逃，连小老婆也来不及带了。

此时津浦铁路已经铺好，张勋原欲撤至蚌埠踞守淮河，但淮上军东征军袁子金、岳相如、杨穗九,正好占领蚌埠,袁子金扎营怀远,即派廖朴纯率一个步兵营、一个机枪连和100多名寿县公学的学生登上蚌埠市中心的蚌山,阻击清军。狡猾的张勋从蚌埠东曹山鸣枪响炮,正面佯攻蚌山和淮河铁桥,另派一军迂回潜至蚌山之南,从西南侧蜂拥而上,廖朴纯率军奋勇抵抗,终因寡不敌众,廖与160余名淮上健儿,血洒蚌山,1/10的市民(当时市民尚少)也惨遭杀害。在蚌山西淮河大沟两岸,遍布尸体,半沟血水流进淮河,其状极惨。

正当张勋军在蚌山进行疯狂屠杀的紧要关头,吴家泰振臂一呼,得众数百,借得后楼高某"小白龙"土炮一门,枪数十支,其余皆手执大刀、红缨枪及铁锹、锄、棍,迅速赶到淮河铁桥北岸,向河南鸣枪开炮,堵击张勋军,声张淮上军声势。张勋听说铁桥被阻,恐遭淮上军围歼,乃放弃盘踞蚌埠的计划,连夜抢夺民船,抢渡淮河,疏通铁桥,仓皇北逃,这就是当时当地盛传的"吴家泰的柳棍子,抵挡张勋一阵子"。

南京光复后,各省代表会议决定以南京为临时国都,以黎元洪为大元帅,由黄兴代行大元帅职权,整编军队,组织北伐军。黄兴任命柏文蔚为第一军军长,徐宝山为第二军军长,王子祥为第三军军长,朱瑞为第四军军长,姚雨平为第五军军长。1912年1月11日,孙中山已任大总统,并下令由柏文蔚代理总司令领军北伐。

淮上军占领蚌埠之后,淮上军军统袁家声已被编为柏文蔚军第一军第二师第七旅旅长。袁家声立委吴家泰为连长,又把吴送到南京中山街第一军办的讲武堂步兵科受训,结业之后,被分配到该军第七旅十三团任营副。

1913年3月20日,国民党重要领袖宋教仁在上海被袁世凯派人暗杀;4月5日,重要将领林述庆也在京都医院暴卒。5

月,孙中山、黄兴、柏文蔚、李烈钧在上海黄兴宅磋商讨袁,无统一意见而未定。6月,袁世凯下令免去江西都督李烈钧、广东都督胡汉民、安徽都督柏文蔚的职务。7月,赣、苏、皖、粤相继兴起讨袁之师,世称"癸丑之役"。

  安徽讨袁军总司令柏文蔚,经临淮来蚌埠,刚刚3日,又应黄兴电回到南京。吴家泰随行护卫。7月底,讨袁失败,吴家泰也随柏赴沪。孙中山、柏文蔚密委吴家泰为淮北第二支队副司令,嘱其回乡组织武装,联络被击溃的兵士,组成淮北第二支队,以补袁家声的第一支队、张汇滔的第二支队和洪成典的江苏第一师从正阳关、寿州、蚌埠等地撤退后而留下的空白。相机驱逐倪嗣冲,占领蚌埠,作为江淮革命堡垒。吴家泰遂衔命潜回家乡,秘密活动于蚌埠、凤阳一带。

  1913年8月29日,袁世凯走狗倪嗣冲率军进入安庆,胡万泰迎降倪嗣冲。汤芗铭、胡万泰夹攻芜湖,芜湖亦陷,龚振鹏出走。张勋在南京烧杀抢劫3日,冯国璋火烧下关3日不息。孙中山、黄兴、李烈钧、柏文蔚都逃往日本,安徽在北洋军阀倪嗣冲统治下,长达七八年之久。

  倪嗣冲在安徽特别是在皖北,成立清乡团,停办学校,大肆捕杀革命党人。吴家泰因和凤阳府绅士柳冠民之侄素有交往,故常栖身于柳家。柳冠民有一女名曰锦华,自幼善文爱武,为人正直善良,久慕家泰之名,欲会无缘。现在家泰成为其家中常客,果见英武豪爽,便从吴学剑。在交往中,感情日深,欲嫁家泰。其父不愿担当政治风险,不仅不让他们见面,且下令逐客,家泰愤然离开柳家。后家泰在三铺活动时,被凤阳清乡团长王虎臣侦知,辗转跟踪至蚌埠,最终家泰在二马路"东万生药房"对面的小旅馆中被捕。

  吴家泰被关押凤阳数十日,受尽酷刑,仍坚贞不屈,临危不惧,怒斥贼首。最后被扣以"乱党、土匪"罪名,1913年冬,在凤阳壮烈牺牲。年方28岁。头颅悬于凤阳城内之鼓楼示众,尸身弃于府城南门外,老人桥边。柳锦华痛不欲生,亲书挽联两副,托人在深夜偷偷地覆于遗体之上。其一是:

> 识君有幸,去又何速,恨恶浪卷走艄公,狂风有罪折劲草!
> 结缘无望,招魂何处,盼春风传信渔郎,弱柳无力葬春花。

其二是:

> 苍天无眼,顿足问苍穹:何我今生命如纸?
> 魂归何处,痴意觅忠魂,与君来世话衷情。

落款是"柳敬花",乃锦花的谐意,路人见之,无不惋惜。

反动军阀暴尸数日,无人敢收。后其亲属乘夜收回,洗去血污,缝合身首。葬于吴庵北台子吴氏祖坟之中,沿淮人民闻之,无不痛骂倪嗣冲。许多人亲到坟前吊祭。其中并有挽联两副。其一为"教书先生"所挽,内容是:

> 为民国捐七尺身躯,叹民国名存实亡,袁政府殃民误国。
> 求共和洒一腔热血,看共和而今何在,凭嗣冲任意杀人。

另一副是这样写的:

> 平生立志反满清,推倒满清落贼名,真理何在?
> 可叹英雄牺牲早,是非功过后人评,终有定论。

本文乃石季龙据朱星伯遗稿及彭介祥、陈冠五、吴克黄、吴默昌等口述材料写成,另有成亮、加琦二人,亦据另1984年《蚌埠市史志资料》写成,本人略加润色。

朱星伯是蚌埠市小学的老教师。

十三、辛亥元老同盟会成立的
    促成者程家柽烈士

名师教益

程家柽(1874—1914),安徽休宁小汐石璧山人,字韵生、韵笙、润森、润生,又字下斋。少时随绩溪胡卓峰学习公羊学。又受学于江苏仁和举人谭献,治经学家言。谭善为词,著有《复堂类集》。谭通古今治乱之理,言天下得失如指掌。程家柽通过学习后,"洞烛古今兴亡之理,喟然以君主专制不足为法,必以大道为公之心为天下倡"。又以徽州处万山之中,"无足以言事者",而张之洞在湖北办教育,"异于他邦"。于是程便到了两湖书院,经过考试,被评为上等生。程"数数"与同学讲"满汉种族之别","司(管理)校者恶之"。这时正好留学日本的风气兴起,1899年底,程家柽以湖北两湖书院官费生名额,到日本留学。在东京帝国大学学习。

聆听孙中山革命理想,参加
  "励志会",参与创办《国民报》

程家柽是非常漂亮的帅哥,相貌堂堂。"貌俊伟,须眉奕奕。

十三、辛亥元老同盟会成立的促成者程家柽烈士

性爽直,不能容人之过"。大约也正因为此点,容易得罪人。

这时在日本留学的中国学生,不过 200 人。主要都是"惟言维新"的维新派。当年,学生中成立一个团体,名叫"励志会"。目的是"联络感情,策励志节",对于国家前途,则只有维新,"别无政见"。其中只有少数人有排满思想。

这时,革命领袖孙中山也侨居横滨,但和留学生没有联系,而且其"行踪甚秘"。程家柽心知满汉之别,又向往于"大道之行也,天下为公"思想。渴望见到孙中山。于是便"百计"寻求,依然不得一见。在程的多方寻求下,终于认识了广东香山人、开成衣店的三合会会员郑可平,在郑的帮助下,半年之后,约在 1900 年夏,才得以和孙中山握手相见。程原以为像他这样的大党魁,一定党徒众多,哪知见面之后,才知道兴中会员已经都被康有为煽惑,变成保皇党了。这时孙中山住在横滨番前町 121 番馆,和兴中会员尤列(少纨)住在一起。这时尤列已团结了华侨工人陈少臣、杨少佳、鲍唐、温禀臣等组织"中和党"于东京。兴中会的势力,已经"甚微"。留学生中只有戢元丞、沈云翔、秦力山等几个人经常和孙往来。

孙中山给程家柽讲了民主、民权、民生主义,及五权分立、铁路国有之说。对程家柽来说,都是"闻所未闻",便觉顿开茅塞。他认为孙中山一定"可达其志",一定可以成功。他当即向孙中山表态,他愿意追随孙先生"毕生以事斯"。他并向孙建议:要"树党全国,以传播之。"他是全国第一个向孙中山提出要组织全国性大政党,以实现革命理想的人,这个建议极其重要。但此时孙中山的考虑,尚未及此。他所想到的只是联合三合会、哥老会会员,再联合东京留学生 20 人,及学陆军的"武学生"10 人,统率两粤会党和长江哥老会以为起义之师。再以学政法的"文学生"10 人,在起义"占领城池后","整顿地方及(办理)中外交

涉"。可见孙中山此时还只想依靠少数革命者,联合会党起义,未看到广大的人民群众,更未看到工农。而程家柽则认为,这几个人太少了。

这时程家柽已经参加了留学生中的"励志社"。① 这个团体虽在学生中以"先导自居",会员中的大多数人,都只是"戒(怕也)于刑戮,移心仕进"。"君(指程)鄙之"。其中只有少数人思想先进,如戢元丞、沈云翔等,程家柽则正是属于激进一派的。

这时爱岩山下的对阳馆,是孙中山秘密活动的地方,程每到"校课之暇,必一访之"。并和关心中国的日本朋友宫崎寅藏、平山周、内田良平等"熟筹鼓吹(宣传)方法"。

1900年夏,义和团运动发生后,程家柽倡议:"学界起兵,以清君侧为名,先八国联军而入北京,则复国犹反掌也。"这当然是书生之见,是做不到的。对程的意见,吴禄贞、傅慈祥、刘道仁(庆云)、黎科、郑葆丞等都不同意。结果,吴禄贞等人都回国参加自立军起义去了。自立军起义失败后,傅慈祥、黎科、郑葆丞殉国,吴禄贞逃到大连,秦力山逃回东京。这时孙中山和尤列的活动计划,依然是两个方面:一、联络华侨;二、联络文学生。程家柽和秦力山、戢元丞、张继等,都是尤列联络文学生的对象。②

1901年5月10日,程家柽随着秦力山、沈云翔、戢元丞、王宠惠等创办《国民报》月刊于东京,鼓吹革命学说,宣传天赋人权,平等自由,提倡颠覆清王朝。

1902年4月下旬,章太炎、秦力山等十余人倡议举行"支那亡国二百四十二年纪念会",写出《宣言》请留学生签名支持。程家柽第一个签名。4月26日又准时前往东京上野公园参加纪

---

① 《革命逸史》初集,《壬寅东京青年会》。
② 《革命逸史》初集,《尤列事略补述》。

念会,同时赴会的有数百人,都被日本警署所禁止。当天下午,孙中山又在横滨补办了纪念会。程约了纽永建、吴敬恒、万廷献、吴绍麟等,前往参加。这时留学生中的革命倾向,已经开始萌芽。经过程家柽的介绍,纽永建、万廷献、吴绍麟等才得以和孙中山相识。

发起组织"青年会"革命团体,成立"拒俄义勇队"、"军国民教育会"

看到留学生中的"励志会"已经腐败,叶澜、董鸿祎、汪荣宝、秦毓鎏(效鲁)、张继、程家柽等人发起组织了一个新的革命团体,名叫"少年中国",为了避免清廷注意,又定名"青年会"。会约第一条规定以民族主义为宗旨,以破坏主义(革命)为目的。会员以早稻田大学学生为最多,程家柽、蒯寿枢(合肥人)等被推为干事。①

1903年,俄国违约,拒绝从我国东北撤兵(义和团时侵入),向清廷提出7项新要求。纽永建十分气愤,要求组织"拒俄义勇队",驱逐俄军。留学生会馆干事章宗祥、曹汝霖不同意,而青年会干事叶澜、秦毓鎏、王嘉榘、程家柽、蒯寿枢等都赞成,乃联合林獬、张登桐、李书城等开会研究对付方法。程家柽认为,人心对沙俄侵略的"愤懑,(已)至此日极",故积极支持。

4月26日,在东京神田骏河台铃木町十八番地留学生会馆召开干事及评议员会议。纽永建发言说:"留学生应自行组织义勇队,准备打仗。"这一提议被通过,当天下午便召开了全体留学生大会,到会者有500余人。纽永建、叶澜、蒯寿枢、程家柽、李

---

① 参见宋教仁《程家柽革命大事略》上。

书城、林长民、秦毓鎏、周宏生、蓝天蔚等十余人发表了演说,"慷慨激昂、鼓掌如雷"。程家柽"痛哭流涕,誓以排汉为事"。当场便组织起了"拒俄义勇队",也就是"学生军",报名者有130余人,报名办事者又有50余人。留日女学生也组织"共爱会",开会决定研究医术,为义勇队担任救护,签名者又有12人。义勇队定有章程十条,陆军小学学生蓝天蔚为队长,龚光明、敖正邦、吴祐贞为区队长,其下又有分队长12人。每分队9人,全队人数为125人。队有"本部",下有科长、运动员、经理员等。程家柽在本部工作。他们日日加紧操练,并致电北洋大臣袁世凯,请他拒绝俄人,还率领学生军赴东北作战。又推纽永建、汤尔和为特派员,回国说服袁世凯出兵。这个运动推动了全国爱国运动的发展。

　　清廷驻日公使蔡钧奏:"此间革命(学生)业已组成军队,将托(借口)拒俄一事奔赴各地。前岁唐才常一事则托勤王以谋革命,此间则托拒俄以谋革命。其用意与唐才常相似。"清政府令对回国学生"暗为防堵","闻有革命本心者……(即)就地正法"。蔡钧又请清政府解散拒俄义勇队。学生们以"报国无门……义愤填膺,痛哭流涕"。于是青年会乃向各省同乡会"大倡革命排满之说",由秦毓鎏、萨端、周宏业、贝铸礼、叶阔、张肇桐、华鸿、陈秉忠、董鸿祎、翁浩、胡景尹、程家柽、王家驹、郑宽成等15人为提议人,发起组织"军国民教育会",是为拒俄义勇队之变相组织。①

　　军国民教育会虽是从拒俄义勇队转变而来,但它是一个秘密团体,"招收会员(也)概取严密",人数不多,徽章是镍质圆形,如银币大小,一面有轩辕黄帝像,一面有铭文四句:"帝作五兵,

---

　　① 《革命逸史》初集,《青年会与拒俄义勇队》,《东京军国民教育会》。

挥斥百族,时维我祖,我膺是服。"后听传闻特派员钮、汤二人在天津被清廷杀害,军国民教育会又推出黄轸、陈天华为回湘(湖南)运动员,秦毓鎏、程家柽、苏子谷回苏州讲学,还有赴南洋的,都进行革命工作。①

这时,黄兴、刘揆一都到东京弘文师院学习师范,他们的革命思想都受到程家柽、李书城的影响,才"开其牖"。

1903年秋,程家柽又回国运动学生出国学习陆军,将来好共同规划光复运动,到南京联络张通典、安庆联络潘赞华、湖北联络刘成禺。事被湖北当局得知,从两湖书院把程家柽留学名额取消,并悬赏逮捕。但在义和团运动发生之后,全国人民都感到不能再闭关自守,竞谈升学,纷纷出国留学,于是"江介大侠、馨遁老儒",聚集东京者不下万人。潘赞华、刘成禺都到了日本,程家柽又"力为联合,(使)革命之说,日以益振"。有一日本老人吉田义一,熟悉法国历史。程认为对我国革命很有作用,便请他讲课,取名为"政治史"。又亲自为他翻译,以启发留学生的革命思想,"其开发人心,尤不在少数"。他还率领学生到日本朋友尤养毅、宫崎寅藏家,请他们帮助"晓以(革命)大势","务使豁悟乃心"。程又把吉田讲稿译成中文,供后去的留学生学习。1904年秋,程家柽已在东京帝国大学毕业。因受通缉,不能回国,便留在日本,做留日学生的宣传工作。主编《二十世纪之支那》刊物。

为建立全国革命统一大政党——同盟会而努力

大约在1804年冬,黄兴、宋教仁在湖南起义失败后,来到东

---

① 《革命逸史》初集,《东京军国民教育会》。

京、田桐、白逾桓、但焘等也来到东京。程家柽见留日学生逐渐增多,便想组织一个大党,作为领导"革命的中坚"力量。程家柽力为劝说,革命必须"务实",讲求实效,不是"惟(求)其(虚)名"。此时孙中山先生自美洲来信,说不久将到日本。程认为"孙(对)于革命名已大震",但他受到清政府通缉,不能回国,"不能履中国一步"。等他到日本后,再和他研究"设会(组织)之名","奉……孙文"为首领。他不能回国,而我们是可以回国的,只要"相机起义,其事必成"。这时程家柽已有一个日本妻子,其妻兄1965年七八月间在东京万朝报社当记者。

1905年1月,宋教仁积极联络白逾桓、吴崑、田桐、罗杰、鲁鱼、陈天华在东京筹集股份创办了一个刊物,即《二十世纪之支那》。3月26日推程家柽为总负责,任编辑长,黄益庵任总庶务。6月24日,开始出刊,"专以鼓吹革命为事"。第一期上有雷道亨的发刊辞,宋教仁写的时评《呜呼汉奴》、《清德山东之交涉》、《二十世纪梁山泊》。

7月19日上午,程家柽率领宋教仁到内田新宿日本朋友宫崎寅藏处。宫崎对宋说:"君生于支那,有好机会,有好舞台,君等当思好自为之。"又说:"日本政党中,始终为支那者,只有尤养毅一人……余当为介绍。"又说,孙中山不久将到日本,他"志趣清洁,心地光明,现今东西洋殆无其人焉"。

实际上,7月15日孙中山已自美洲到横滨。25日,宋教仁到程处。程对宋说:孙中山已到东京,"君可与晤面"。此后程家柽即召集陈天华、黄兴、宋教仁、白逾桓、田桐、张继、但焘、吴春阳和孙中山在程的寓处"北辰社寓店"开会,研究组织统一政党办法。但此时孙中山仍然"斤斤"考虑,坚持他在1900年的老打

十三、辛亥元老同盟会成立的促成者程家柽烈士

算,仍要以"二十人"为革命骨干。会议开了一个下午,未能有结果。①

程家柽私下考虑,革命者也像开山引泉一样,愈来愈多。眼看革命力量日渐扩大,快要成为大河了,何以还只要"涔蹄之量",以20人为限来限制自己呢?显然是不对的。既然"欲立革命之中坚,即(应)联合革命为大体"。他认为太平天国所以失败,就因为三合会、哥老会、安清道会"未相通也"。

7月28日,程家柽受孙中山委派,约宋教仁在二十世纪之支那社见面,陈天华、宫崎寅藏也在座。孙说:"中国不忧各国之瓜分,但忧自己内讧","各自起义,不相联络",终必成秦末二十国之争,元末陈(友谅)张(士诚)明(王珍)之乱。"故现今之主义,以相互联络为主"。又说,去年柳州之役,若有现在这样"数十百人出而联络之"。一旦发难,便可以"立文明之政府,天下事以此定矣"。并约定7月30日在赤坂区日本黑龙会举行会议。

在东京的革命党人,以两湖人为最多,为了讨论和孙中山合作的问题,黄兴、宋教仁邀集在东京的华兴会员讨论和孙中山合作问题。大多数都同意联合,只有刘揆一(林生)不同意。但对如何联合,仍无一致意见。讨论结果,以"个人自己决定"而罢。

1905年7月30日,孙中山召集许多同志在东京赤坂区枪町三番内田良平宅(外悬黑龙会事务所牌)召开同盟会筹备会议。到会者有黄兴、张继、陈天华、田桐、冯自由、程家柽、吴春阳、曹亚伯、张我华等70余人。② 孙中山首先讲解,革命的理由、形势和方法。曹亚伯说,凡汉人都应该驱逐异族,恢复河山。黄兴宣布:我们今天开会,是为了"结(组)会";又讲了革命后的

---

① 《程家柽革命大事略》。但宋在自己的日记中并未写到。
② 此数字见宋教仁日记。《武昌起义真史》作40余人。

教育、实业、内政、外交。宫崎寅藏拿出纸来说:请同意成立政党的人签名。

此时会场,众皆不动,正在犹豫。曹亚伯愤而起立签名,并说:"凭吾良心签字。"程家柽也立即站起来说:"凭我良心签名。"于是其余的人也依次签名。并决定把新成立的政党定名为"中国同盟会",并以"驱除鞑虏,恢复中华,创立民国,平均地权"为纲领。又由各人写出誓词,作为宣誓。孙中山又传授了党内联络的秘密口号。最后推出黄兴、程家柽等6人为会章起草员。①终于完成了中国同盟会第一次筹备会议。这次筹备会议的成功,曹、程二人起了重要作用。安徽参加这次会议的签名人,除程家柽外,尚有孙毓筠、吴春阳和张我华三人。

8月7日,孙中山到程家柽住处,晚6时又约"诸同志在山口方"相会。

8月13日下午,在日本的中国留学生和华侨召开欢迎孙中山大会于东京富坝楼,出席者有1300余人。由宋教仁致欢迎词,孙中山发表演说,指出革命形势发展很快:"往年提倡民族主义,应之者特(只有)会党耳……中流社会以上之人,实为寥寥"。曾几何时,"民族主义大有一日千里之势……无不承认为必要者"。他要求到会的人"将振兴中国之责任,置于己身之肩上","建一大共和国"。并驳斥了保守派的"由专制而君主立宪,由君主立宪而始共和,次序井然,断难躐等"的谬论。程家柽也发表演说,"痛言革命之理",他着重指出革命必须大家联合起来的重要性说:"自明亡国,秘密结社到处皆是,惟各自分立,不相统属,其势微弱,不堪大举"。只有联合归国留学生,让他们联合全国的秘密结社,到时候,"义旗一举,大地皆应,旬日之间垂手而摧

---

① 见田桐《革命闲话记事》。

房廷"。若兵连祸结,则外人商业,必受损害,而戎马倥偬,军士非尽受教育。则焚教堂,杀外人,所不能免矣。外交率涉,困难骤立。今留学(生)既众,曷若(何不)设立革命本部于东京,而设分部于国内通商口岸。以后,留学生归国,遍于22省,则其支部之设,可以不谋而成。于是会场立即发出众口一致的叫好声,"众咸曰善","鼓掌之声,上震瓦屋"。"孙文大悦"。程讲的话,对革命派的大联合,对同盟会的成立,起了重要的促进作用。

8月20日下午,中国同盟会在东京赤坂区日本人灵南珍弥宅举行会章通过大会,到会者有400余人。① 孙中山主持会议,黄兴讲读同盟会章程草稿,以便通过。正当他"演说酣畅"之际,忽然会场中有心怀叵测的人,向孙先生提出反问说:"他日革命告成,先生为帝王乎?抑为民主乎?"此句一出,会场演说声"忽如裂帛中止"。孙、黄也仓促之间,无言以对。"会之成否,间不容发"。机智坚决的程家柽立即站起来说:"革命者国人之公事也,孙先生何能为君主民主,惟在吾人心中。苟无幕手从龙之荣,则君主无自而生。今日之会惟研究清廷之当否革除,不当问孙先生以帝王民主也。"经程如此一说,风波顿时平息。②

会议进一步决定,为了革命方便,政党名称不加"革命"二字,而直接叫做"中国同盟会"。公推孙中山为总理,下分执行、评议、司法三部。执行部最有权,由总理兼,其下又分庶务、书记、内务、外务、会计、经理6个部。庶务可代行总理职权,由黄兴担任。书记胡衍鸿、内务田桐、外务程家柽、会计廖仲恺。同盟会本部下设支部,国内设东(上海)、西(重庆)、南(香港)、北(烟台)、中(汉口)5个支部,下设各省分支部。海外设有南洋、

---

① 此据《武昌起义真史》。《宋教仁日记》作百余人。
② 见宋教仁《程家柽革命大事论略》。

欧、美、檀香山4个支部。吴春阳为安徽支部长。

会议决定将程家柽主编的《二十世纪之支那》作为同盟会机关报。改由张继、黄兴总负责。留日学生相继加盟的有400多人,出现了前所未有的良好形势。安徽人参加的除程、孙(毓筠)吴、张(我华)外,尚有吴春生(阳初)、蒯寿枢(若木)、殷葆田(季樵)、王善达(兼之)、王天培(元符)。孙中山看到如此情况,非常高兴。他现在开始感到"革命大业可及(此)身而成。"

8月27日,日本警察没收查禁程家柽主编的《二十世纪之支那》刊物。因为该刊第二期发表了蔡汇东评论辽东半岛的文章,及《日本政客经营中国谈》,引起了日本政府的不满,遂以"防害安宁秩序"为名,禁止该报发行。程家柽对日本警察说:"本报原无什么价值,今以与大日本政府作对对待,本报荣誉多矣,有弓难 御座ィマス。"程又找其妻兄帮忙,也无济于事。警察连续查问多人,田桐、宋教仁几乎被捕,程也几乎陷入"异域缧绁"之中。又得到日本大隈重信、尤养毅的"排解",程才得免于祸。但日本"侦探(已)日(日)尾随君后矣"。

由于《二十世纪之支那》引起日本的反对,同盟会接办后,"不欲(仍)采排外主义,启(引)人嫌忌"。决定另办一报,"一切关系,表面即与断绝"。9月2日,把另办的报纸,称为"民报"。

程家柽和张昉移居于江户川侧,名其居曰"轰天隐"。程认为湘鄂人士"气锐才高,性尤剽悍",决定自己和他们多打交道,"冀收首义之功"。

反对日本政府控制留学生措施,扩大革命运动

清政府害怕中国留学生的反清运动,要求日本政府加以限制。12月初,日本政府颁布《取缔清韩(朝鲜)留学生规程》,压

制两国学生的革命活动。这时同盟会已成立 3 个月，留学生大半都已加入同盟会，听到消息后，都大为愤怒。12 月 4 日，有 8000 余人进行罢课抗议。程家柽认为，针对日本对留学生的政策，应"檄令（留学生）归国，以扩大党势"。于是写了檄文，秘密通知所有留学生和华侨，要他们回国。以胡瑛为首"相要（邀）罢学归国"的，共有 200 多人。推动了国内革命运动的发展。《民报》编辑陈天华为了抗议日本政策压制留学生，怒写了《绝命书》，劝告留学生要"坚忍奉公，力学爱国"。他自己则于 12 月 8 日在日本大森海湾蹈海自杀，想以此唤醒国人。程家柽也乘此时机加紧和日本文部省交涉，请其取缔此规定。

战斗在敌人心脏之中

这时北京大学聘程家柽为农科教授。党人都认为，北京乃危险之地，不能前去。而程则认为不"躬入其（清廷）肘腋之下"，如何能扼住敌人的咽喉。同盟会成立后，程曾提出建议三条：①运动清廷中央军政及大政治家，一举推翻清廷。②遍植党人于全国，"一地发难，首尾相顾"。③在边疆粤滇等地，时时起义，影响全国人心，使清廷鞭长莫及。现在他认为北京大学的邀请，正好能帮他实现第一条建议。"石（头多的）田"能不能收获，全在人为，虎穴虽险，他也"奋然就道"。

1906 年 2 月 18 日，党人们为程家柽践行。21 日之后程离开东京。

这时值吴越炸出洋五大臣之后，清廷特设一个巡警部，"以罗（捕）党人"。只要见到剪发的人进入北京，警察就认为是革命党，道路戒严，如临大敌。程家柽毅然进入北京，他在教书过程中，暗自宣传孙中山的民族、民权、民生三大主义，学生受到他的教育，"识大义者最多"。南北议和后的众议院议长吴景濂，就是他的学生。

满洲贵族中的肃清王善耆，在亲贵中最负盛名。以前满洲诸亲贵东游日本时，曾请程家柽当翻译，现在听说程家柽到来，认为他是汉族中的"学界魁杰"，便想"引之（交结）以自重"。于是"多方招致，备道（对程）倾慕"。并说他将通过程"通款中山，愿效革命先驱"。他的态度非常殷勤，所说的话，也都"娓娓动听"。程家柽知道善耆素有排汉之心，比铁良还厉害。但如果不应付他，不虚与委蛇，便不能掩护党人的活动，党组织也不易在北方存在，更不易在北京存在。于是便"伪与交结"，时相过往。

这时法国中将卜加贝自越南来北京，带来了孙中山的信，叫程在北京发展同盟会员。但因此时警吏监视太严，无从下手。程便回信孙先生，向孙请示，把他和善耆的关系、善耆的要求、自己的结交、自己的新打算，以及继续"伪与相交"，"借以徐张（发展）党势"，都向孙汇报及请示。孙先生回信，同意徐的办法。程便"厚结善耆左右，如王英、吴丁等"。又让自己的日本妻子教授善耆之妾及子女。以备为己用。

这时清廷初立学部，需要新人才，只要有外国初中毕业文凭，经过学部考试，就可以立即"擢身翰苑"。管学大臣是孙家鼐，既是安徽同乡，又是程父承翰的老师，更愿意拉拢关系照顾他，"意尤浓郁"。但程因为重任在身，不能太接近他，不愿因"腐鼠"之得，遭到世人的不满，也不易为同志所理解。因此对孙家鼐的好意，只是笑而谢之，不愿与他太靠近。有的人毕业比程迟，只要想做官，便立至"侍郎、执戟（皆指侍部，清为正二品）"。而程因志在革命，只是"十载布衣"，从未受清廷官职。不知内情的人还以为程是一个视富贵如粪土的人，多有为他惋惜者。

萍浏醴起义失败后,11月,同盟会评议员胡瑛在汉口被郭尧阶出卖,被捕入狱。革命同志第八镇统制季雨霖潜入北京,向程家柽紧急求救说"狱已具,少迟则被戮矣"。程不得已,于本年12月私托善耆之名,致电张之洞。"陈狱之宽(宽以时日),为乞开释"。想推迟死期,以设法挽救。发电之后,又速告善耆,以事急,无时间请示。善盛怒。程说:冒王之名,诚不容诛。然王曾允为革命先驱。如果你不同意,就把我交给法官,我愿与胡瑛同死。这时善耆的妻、妾、子女和左右都为程说情。遂派刘道仁请张之洞改判胡的斩决罪为10年监禁。(或云判永远监禁)胡因此得不死,直到武昌起义后被解救出狱。

代铁良纳贿万元,支援革命

这时,东京党人经费奇缺,"财穷已极",《民报》无法出版。负责《民报》的章太炎对孙中山很有意见。1907年春,《民报》在临时增刊《天讨》中,发表了吴越遗书《暗杀时代》,狠狠把攻击矛头指向那拉氏和满洲贵族铁良说:"余遍求满酋中,而得巨魁二人……奴(待)汉族者,非那拉淫妇而何?亡汉族者非铁良逆贼而何?"其下并有《揭铁良之罪状》、《杀铁良之原因》、《杀铁良之效果》三篇文章,都恶狠狠地刺向铁良。铁良害怕起来,请程家柽出来帮忙,请程携带巨款到东京向革命派求情。希望党人只"向满帝进攻,不及他人。即令及于他人……何必惟铁良是较(究)?"只要不攻击铁良,铁"愿先以万元表示通款之情"。

这时孙中山、黄兴都不在东京,刘揆一(霖生)负责同盟会庶务,不敢做主。章太炎知道了,叫刘"速开会表之于众",结果接受了铁良款10000元,暂时使《民报》摆脱了困境。

某一清廷走狗,不了解程家柽内情,以为程是时已降清,派两个日本人向程说,"愿以十万金而鹜孙文之首"。程家柽得此消息后,立即向刘揆一、宋教仁、吴昆、何炯等汇报,请他们立即转告孙先生注意防范。

在1907年三四月份,程家柽回到北京。"归未旬日",知道安徽同志孙毓筠、权道涵等谋刺端方未成,于1907年2月在南京被捕。吏部即将加害于他们。程立即"啮指血书",匿名警告端方,不得加害。结果孙、权等人(又加上其他原因)得以不死。

而前述之谋杀孙中山者,恨程"泄其谋",派4个日本人,把程诱骗到僻处,"朋(群)殴之"。因警察闻声赶到,程才"未至于死"。但脑部已被击伤,"记忆力顿减"。直到辛亥革命后,程头部"尚时(时)疼痛。"

反对袁世凯,自北京逃回日本

1907年9月4日,清廷免去袁世凯直隶总督兼北洋大臣职务,调为外务省尚书,兼军机大臣。明升暗降。袁世凯极力拉拢奕劻,而与铁良、良弼、善耆等明争暗斗。他积极镇压革命党人,表现自己对清廷的忠诚。他追捕在北方的党人戢元丞,"驱之回籍,潜杀之于武昌"。这时有坏分子王荣宝将程家柽告密于袁世凯,袁连下五道命令叫提督衙门逮捕程家柽,都被清太保世续所救,袁世凯追捕益急。

1908年11月中旬,光绪皇帝和慈禧太后相继死去,3岁溥仪继承皇位,其父载沣为摄政王,忌袁世凯势力太大。本年冬,袁世凯因苏杭甬铁路借款问题,江浙人士都反对袁世凯。程家柽也发动大学生1600人,联名向督察院控告袁世凯:"势气之甚,无有过于是者。"程也借此时乘机逃出北京,在日本使馆武官井上一雄帮助下,"雉发易渔人服",自白河浮舟而下,才避开警察追捕,经天津逃亡日本。

程到日本后,认为袁世凯如此显贵、有实权,又敌视革命,如不狠狠教训他,一定会成为党人的大害,于是便写文章揭发袁世凯,"直攻其隐"。清吏连派3个刺客到日本暗杀程家柽,都未找到。第四个又派后来成为戏剧家的刘麟(木铎,原名刘必成)到日本留学生会馆访查。刘到早稻田大学理化专修科读书。程知道刘来,立即主动登门拜访,并邀黄兴、宋教仁同到刘处,向刘讲说革命的正确性。刘被感动,从此,"惟以戏剧自娱",和袁断绝关系,转为支持革命的革命派。后来在山东登州起义,成为登黄都督。

这时程家柽住在东京下鸭村,继续支援国内革命。他和日本人苎野长知,同志何天炯、林文等努力运输军械,从"不贻误军机"。张继和辛德秋水(东亚卢骚中江笃介大弟子)在东京演说社会主义,日本政府要逮捕他们。程把张继藏在自己家中一个多月,然后协助他逃往欧洲。

为革命二入北京

在全国人民反对袁世凯的高潮下,1909年1月2日,清廷下令免去袁世凯职务。说袁"患足疾、步履维艰,难胜职任,勒令他开缺回籍养疴"。袁氏既去,程家柽也立即应陆军部之聘,回北京编纂全国陆军中小学堂教科书。这时袁氏虽去,但袁氏走狗、仇视党人的侦察长史伯龙仍然在职,危害很大。这时恰巧有人反对史,善耆也不高兴他。程便使自己的学生高等检察科长朱君伟(同盟会员)搜集史的材料,程亲为拟稿,奏劾史伯龙。史被驱逐回籍,程顺利除去了一条恶狗。

程家柽在陆军中小学堂教程书中,编入孙中山先生的三民主义(民族、民权、民生)的内容,以教育年轻军官。

宋教仁于1907年4月1日到东北安东(丹东),后便留在东北,组织同盟会辽东支部,和同盟会成员白逾桓、吴昆在沈阳活动起来。1909年,由于事机不密,白、吴同时被捕。程闻讯后,便在北京活动,将二人减轻判处为"递解回籍"。行至广宁县沟帮子车站(辽宁北镇),在日本妓女的帮助下逃走。白逃到北京,东三省总督徐世昌捕白甚急,程把白藏在休宁会馆,假称程的同乡,改名吴操,号友石。又把白介绍到时任民政部六品警官的安徽人黎宗岳办的国风报社当记者。这时北京党人甚少,程和白"表里提携,隐约运策,以俟外应"。

1909年,章太炎曾请日本朋友带信给善耆,向他提出两个建议:①请清廷回到东北,"旋轸东归,建立王国"。②劝他加入同盟会,"合谋革命"。善耆得信后,密告程家柽说:他不敢入会,但"愿加扶助"。请程代转章氏。①

在章太炎致书善耆后几个月,又有日本朋友加藤仡夫带来几个革命党人的信给善耆,要求清廷拨出西藏作为"民主政治实验国"。善耆与诸王公讨论此事,卒被多数亲贵反对而止。可见程家柽对善耆的争取,是有成绩的。善耆对革命党人的态度和其他亲贵相比,多少有些不同。

1909年冬,汪精卫想刺杀摄政王载沣。在载入朝必经的什刹海(今积水潭)东小桥下放置炸弹,被清吏发现,大索于北京。程家柽告诉白逾桓,说汪必须"少避"。而汪不理,数日后汪精卫、黄树中、罗沦三人被捕。大学士那桐、学部侍郎宝熙都主张凌迟处死。程家柽对善耆说:"今民族主义已深入人心,兆铭(汪精卫)岂畏死者,徒激天下之怒。"又说日本维新时,德川家臣优

---

① 见章太炎《致肃清王书》。

本杨武,因判(反对)政府被擒,因他曾学习海军,不杀留用。优本后来"卒转兴日本海军"。人才难得,何必对"逆我者而弗能用也"。善耆转告载沣,载才给汪精卫等定了"禁锢"罪。

但白逾桓因与黄树中往来,黄既被炸弹案追查出来,黎宗岳便向章宗祥告发白逾桓,程家柽又努力营救。黎知道自己对白已陷害不了,便指使其徒朱通儒散布流言飞语,说汪案是程家柽告发。程对黎的卑鄙伎俩,置之不理,程家柽也因此更受到同志们的尊重。

在此以前,1909年春,安徽寿州籍党人孙启,见党人谋事不成,皆由于经费无着,便和此时逃到日本的熊成基多方探求筹款方法,也曾就商于程家柽。程到北京后,孙启又经日本武官之手,得到日本陆军参谋部制定的和辽沈战局有关的《军事计划秘密书》。然后由熊到东北,孙到北京向俄国人求售,想得到一笔巨款。这时程家柽也在北京筹得5000元,大约是善耆资助的。程将此款全部奉赠孙启。旧历十月下旬,孙启即以3000元送给困在东北求售需款的熊成基。后来熊被坏分子臧冠三出卖被捕,搜得熊、孙往来信件,立即电告清廷民政部、提督衙门和顺天府到北京逮捕孙启。程得消息后,立即通知孙启逃往天津,藏在孙毓筠处,以后又转逃日本。

此时,山西保皇派梁善济仇视革命,山西巡抚丁宝铨也收买了黎宗狱的报纸《国风报》。对他们要逮捕的人,都先在报端污捏罪名,然后搜捕,被捕者很多。程家柽便向善耆进言,黎宗狱被除去警官职务,放回安徽原籍。山西党人在太原不能立足的,也多逃到北京。但从此黎也更加仇恨程家柽。

程家柽认为北京风气不开,所有报纸都是军人和立宪派办的,便和白逾桓、景定成商议,办一个报纸。虽然筹资困难,景定成仍毅然创办了《中国报》,由白逾桓任主编。但没有房子,"屋无半椽",只得因陋就简,连纸笔都从熟人处赊来,没有办公室,以致"文稿累累","以襟袖储之"。1911年2月10,《中国报》出刊,刚出来,便受到社会进步人士欢迎:"出未逾月,风行三辅。"后来"僦小屋于南柳巷中,以支笔砚",继续以零星捐募方式支撑。谁知黎之走狗朱伯儒向警厅告发,指名控告程家柽、白逾桓,说《中国报》是革命机关报,以致清吏常来找麻烦,使程、白等无日不在"惊涛骇浪"之中。①

1911年春,黄花岗之役失败,两广总督张鸣岐多次电告民政部,说党人尽入长江、北京。善耆"密以询君(程)"。此时程家柽已得到宋教仁信,知道他们正在长江流域布置大举。便"故作镇静",对善耆说,"党人戮者大半矣,余则尽走南洋,海内寥寥",无足惶吓。你只要看看章宗祥、金邦平等人就行了,他们当年也是"气焰上冲牛斗",而一旦做官,便"柔媚有若无骨者"。善耆深以为然,致使党人在全国活动自如,即便像田桐、白逾桓、景定成、熊克武等,都"经营(革命)于清廷辇毂之下"。警吏也不是全不知道,只是善耆自本年5月8日起,已任民政部尚书,"皆以有君(程)言,而胥弗听"而已。大约善耆此时是怕党人行刺,要程介绍6名同盟会员入民政部。程介绍了程克、孙金中、田桐、谷思慎、白逾桓及湖南人童某。白未接受此任,田桐则为"深入虎穴"计,还向善耆投了门生帖子,并献诗两首,企图博得善的信任。

---

① 见《程家柽革命大事略》。景定成《罪案》未提到程家柽,多谈自己的努力,此参阅二者而成。

从敌人心脏,支援武昌起义

吴禄贞是经程家柽介绍,才和孙中山相识的。武昌起义后,清廷想调吴的第六镇(师)前往武汉。程家柽以太平天国北伐所以失败,主要是由于"北方无大兵以为之援"的例子劝吴留在北方。"诚能西联晋军,以扼南北之吭;其取北京,犹(如)在掌握中"。吴遂谢病不行,留在北方。

10月29日,山西宣告独立,成立山西军政府,阎锡山为都督。程家柽劝吴禄贞,以剿山西为名,"留军之半"。如全镇都赴湖北,"君(吴)虽不行",但两手空空,不能为战。吴请于清廷,果然得到同意,但只留兵5000人,仍不够用。这时正好陆军二十镇张绍曾军驻在滦州,欲挟制清廷。吴亲往联络,两人相约于11月5日,由张、吴两军分攻北京东、西两直门。回来后吴又派人往山西联络,但山西军务司长仇亨、娘子关守将姚以价对吴都不了解,"阳虽许之,而兵延不发"。这时程家柽在北京,也积极"筹谋内应",派吴道仁往助吴禄贞。谁知袁世凯竟以20000元收买了马步周,袁让周于11月5日夜在石家庄车站刺杀吴禄贞。越日,(白)逾桓自辽归,和程家柽"把臂痛哭"。几乎近十年的(北京)攻城打算,竟"堕于一旦"。

这时汪精卫已被释出狱,程告汪:"大势已得八九,清廷苟知天运,则吾党必不以周之亡商,明之亡元者以亡清也。""保存虚位,何防于仁。"当时人曾议论说,这是后来上海会议汪精卫(谈判代表)提出优待清室条件"所由来"也。①

1911年10月27日,袁世凯被任命为湖广总督,为清廷督

---

① 退居颐和园,仍为皇帝,优给岁俸,王公等爵依旧。

师湖北。11月1日,北洋军占领汉口,又进攻汉阳。程家柽知道袁氏并"非忠于清室者,惟虑袁氏夺以自帝",便从两个方面促成武昌起义的胜利。他一方面往说袁的亲信民政部大臣赵秉钧,说明南北议和的好处,要袁世凯不要为了保护满洲贵族,而致汉人自相残杀。如袁氏能赞成共和,四万万同胞不会吝惜大总统职务而不给他的。赵说,袁现在督师,不得不一战。现在汉阳既被北洋攻下(11月27日),则袁可以不必再打了。程说,如北军再攻武昌,必然要引起党人的痛恨,必有"以五步而颈袁氏之血者"。

另一方面,程家柽等也加紧准备起义力量。他和白逾桓、汪精卫、李煜瀛创同盟会分会于天津,汪精卫任会长,李任副会长。又派孙启、石德纯、张国臣、陈重华游说毅军。派刘纫秋、裴梓青,设立"秘密聚会"机关于北方宣武门外福音堂,召集青年之"奋勇者",和日本人清山木泽定购炸弹万枚,手枪百支。又将陶鸿源、蒋奇云编为暗杀队,派徐冠南携书求助于上海军政府。这时又有汪荣劝说禁卫军,丁季衡劝说警察军,丁汝彪劝说游击队。清苑王佐臣有义民60000人,王虎岑、张洛超有义民8000人,深州李直、冀州李翰有义民20000人。又派刘辛、赵鼎华、江寿祺、郝潭、许润民、许筍臣、刘益之、李树勃、徐彤卿等,把上述力量继练成军。陆军中第三镇中的李世绍可以响应。又有李寿臣招得马杰千人由张家口来京。而毅军对于起义"尤踊跃奋发,磨刀霍霍,人悉鼓舞",打算直攻大清门,"以拴清帝母子"。11月29日,程家柽又和党人研究决定,可以使用这些力量随时起义。总之程家柽已做了不少起义准备工作。

但程家柽很快又考虑到,上述各种办量,头绪复杂,很难控制。"纪律不齐,易乱社会秩序"。各国使馆均在京师,"万一惊及外人,非计之善"。而且从当时情况看,将来再和民军为敌的,

十三、辛亥元老同盟会成立的促成者程家柽烈士

已经不是清廷,而可能是袁世凯。如过早暴露革命力量,恐怕并不妥当,因而"议虽决而未遽行"。

12月7日,清廷果然命唐绍仪为议和大臣,南下和革命派代表谈判。

武昌起义后,程家柽、白逾桓等人办的《中国报》,尤其致力于宣传,大声疾呼,以唤醒北方人士拥护共和制度。君主立宪维持会会长冯国璋甚至派来军队,架起大炮于报社门前,"以钳制舆论",但该报丝毫不为所屈,仍坚持舆论自由的合法斗争。

1912年1月上旬,南北议和已将近一个月,但仍相持不下。程与丁汝彪研究,写好了《劝清帝退位疏》,向清廷施加压力;文稿由赵秉钧交袁世凯看过后上奏。清廷立即召开御前王公大臣秘密会议,"亲贵满廷都相顾诺诺"。程以为南北可以议和了,谁知老奸巨猾的袁世凯,使用双管齐下的办法,向革命派和清廷两方都施加压力。一方面指责南方"擅用共和政体",不承认唐绍仪和南方代表的谈判结果。另一方面授意使俄大臣陆征祥领衔,通电清廷辞职,给清廷更大的压力,显示袁世凯才是真正有实力的人物。程家柽愤恨袁世凯破坏和议,1月16日,当袁从宫内出来,经过东华门到达王府井丁字街时,遭到党人张融、张光培、黄之明等从三义茶叶店楼上扔来炸弹的袭击,卫队长袁金标当场毙命,卫兵死7人。后来三烈士被捕牺牲,又搜捕霞公府十六号党人秘密机关,逮捕了陶鸿源(后无据释放)。

这一炸弹虽未炸死袁世凯,但袁已经丧魂失魄,知人心可畏。事发第二天,袁即派人向同盟会中人致意,"表示要效忠革命,推翻满清,并请各同志勿急"。彻底暴露了这一大奸雄的丑恶嘴脸。①

---

① 见《记北京同盟会二三事》,《辛亥革命回忆录》六。

通过这次暗杀袁世凯后,善耆、良弼认为,北京城内的革命事件,都是程家柽所"酿成",于是悬赏一万元缉拿程家柽。日本人须佐播治于半夜持武器到程住处(海丰门外麻烦胡同)杀程,结果程夺下日本人武器逃走。铁良也因程起草退位稿,派宗社党曾广为在路上邀刺程,幸被苏锡第预先得到消息,使程幸免于难。而程参与东华门袭击的证据,也被警吏吴笺荪得到。民政部秘书丁帷君,"密以示程",程无法躲藏,只好逃出北京。

向南京求援,又避居原籍

程逃出北京后,李煜瀛、易昌楣、江春棋、林世超、赵鼎华、刘辛等,想以陆军第三镇的兵力及清苑王佐臣的60000人"直捣北京"。程认为毅军原来"夙有成约",也应参加。但赵鼎华又认为,当时只筹到军费5000,实在太少。程家柽便和刘辛赴南京,找临时政府大总统孙中山给北方以资助。有人不负责任地说程是北方间谍,"非僇(戮)之不足绝患"。孙中山不听其胡说,交陆军部研究,允许帮助北方,并将授程为"幽燕招讨使"。

程在南京出席革命先烈追悼会,部分同志不明真相,指责程"变节事满,拟逐诸门外"。黄兴、宋教仁二人见程满腔热血,不惜牺牲,竟不为同志所原谅,便为他"极力辩解",才告结束。事后,宋教仁为了给程家柽辩白,消释众疑,才和景定成合写一篇《程家柽革命大事略》。①

1912年春,南北议和即将完成。程以为安徽是桑梓之邦,而黎宗狱还窃据大通,影响安徽统一,程乃应安徽军政府都督孙

---

① 1928年发表于《国史馆馆刊》第一卷第三号上,冯自由又为本文写了按语。

十三、辛亥元老同盟会成立的促成者程家柽烈士

毓筠的邀请,充任皖军都督府高等顾问,为皖南宣、歙两府的保全,出力不少。

2月12日,北伐军攻入徐州,清廷同意共和,宣布退位。孙中山决定将大总统职位让给袁世凯后,转入唐绍仪内阁。3月30日,任命宋教仁为农林部长,宋教仁等想任命程家柽为农林部次长。但这时的程家柽已经感到民国虽成而"世风犹昔"。半生患难知交,已"多埋碧血"。他很想学习黄黎州先生"隐于南雷",从事著述的高风,收集故人遗集,尽力表彰,以留给后世。对于次长职务,已经"绝莫过问"了。

大约在1912年11月份,程家柽回到休宁原籍,大约受到党内不信任的影响,从此养晦村居,杜门不出。① 1903年秋,讨袁军失败,安徽处于北洋军阀袁世凯的走狗倪嗣冲的反动统治下,倪嗣冲大肆屠杀安徽革命党人,膨胀反革命势力,安徽全省农村到处都掀起反对袁世凯的斗争。袁世凯复辟帝制的阴谋日益暴露,程家柽久见此点,怒不可遏,写了《袁世凯的皇帝梦》一文"揭诸报端",引起袁世凯的极大仇恨。

被袁世凯捕杀

1914年,程家柽忍无可忍,毅然回到北京,和熊世贞都有倒袁打算。但程到北京的消息泄露,与熊同时被捕。9月13日,

---

① 1912年8月,袁世凯邀孙中山到北京。8月18日,孙中山动身北上。景定成《罪案》称随孙中山北上的尚有黄兴、陈其美、张继、程家柽等。8月25日,孙中山参加了国民党成立大会,并被推为理事长。9月18日,孙又到太原。10月3日,孙返抵上海,大约程亦随他一道回来。23日,程到安庆,30日返芜湖。

被袁世凯杀害。革命元老冯自由称赞他的革命志节,"始终如一"。① 他完全实践了他在革命之初对孙中山所做的诺言——"毕生以事斯"。②

程家柽有二子,长光华(宏景),被保送入中央大学财会系学习毕业,后在贾汪煤矿工作,1966年在"文革"中被迫害致死。光华有二女:长朔芳,曾任休宁政协委员;次惠婉,曾为徐州市煤炭公司经理。程之次子,即日本妻子所生,据说仍在日本。

本书所用之程家柽照片,乃程之长女在"文革"后期寄来。本人已将其用于肖乾主编的《新编文史丛书》之分册,安徽文史研究馆主编的《江淮遗闻》上,并撰有《程家柽力促同盟会成立》一文在该书发表。

1995年初稿,2002年5月修改于安徽大学

---

① 见冯自由为《程家柽革命大事略》一文所写按语。
② 指孙中山的共和国主张,三民主义,五权分立。

十四、韩伯棠烈士事略

韩家铭(1892—1914),字柏棠,安徽省望江县人。自幼聪敏,少有大志。约在1908年,即17岁时,以本省旧制中学优等生资格考入京师法律大学堂,后转入法政专科学校,毕业时成绩名列前茅。

其时,韩积极主张改革,顺应潮流,遂参加同盟会。追随孙中山先生,笃信三民主义,曾任宣传组长。与会党同志彭家珍、赵铁桥、吕超、张秋北、王怀琛、张咸五、张仲权等人(原文如此),戮力同心,鼓吹革命,奔走京津两地,不遗余力。1911年10月10日武昌起义爆发,各省纷纷响应,中华民国政府成立于南京,中山先生就任临时大总统。韩在北京与诸同志致力革命工作,被清军禁卫军侦知,于同年冬某夜,被清军逮捕。被捕时,韩被从床上拖起,仅穿内衣裤,赤足被抓走。在狱中惨遭酷刑,但韩志坚如金石,矢志不渝。后来南北议和,南方代表伍廷芳奉孙中山命提出和谈当以释放党人韩伯棠等为条件,韩方得出狱。

其时,清宗社党首领良弼阴险狠毒,跋扈专横,残害革命党人。武昌起义后,妄图成立皇族战时内阁,武力对抗革命。韩此时在革命党人所领导的铁血团敢死队中抽签中了号码,承担暗杀良弼的任务。遂与革命同志彭家珍、赵铁桥三人定计,杀掉良弼。赵化装成某道员,彭为报刺(递名片)者,韩为随从。闯入良宅,伪称拜谒。适遇良弼自外归来,才下车。彭即取出囊中炸弹掷去,炸断良腿,血流不止,旋即毙命。彭因弹落撞石反弹,不幸牺牲。因事起仓促,良弼毫无戒备,韩与赵铁桥皆在混乱之中,逃出良宅。又赶上快车,逃往天津。此后韩又得知在南北议和过程中,内阁总理大臣袁世凯不断从中作梗,便坚决欲除此贼,为革命扫清道路。于是又受命锄奸。一日偕同志张光培、黄之明等,首先择地埋伏,待袁氏行经北京丁字街时,从道左某茶楼上掷下炸弹数枚,可惜都未炸中袁氏,仅毙其卫兵近十人。袁当即下令戒严,搜捕党人。韩在他人掩护下,跳墙穿巷,转一老百姓家,藏于密室,幸未被捕。但杨雨苍、张光培、黄之明都不幸被捕,壮烈牺牲。

清室推翻,民国成立,中山先生自愿辞职引退,建议由国会改选袁氏接任大总统一职。谁料袁氏专权,甘冒天下之大不韪,竟将政府由南迁北。又仇视党人,谋杀宋教仁等,阴谋复辟帝制。当时革命党已改组为国民党,孙中山先生发起二次革命。1913年5月,韩伯棠奉孙先生密令,乔装出都,沿海南下,准备在沪进行革命活动。到沪后,即与同志江寿山、钟鸣世、程饭牛、王怀琛、高雪若、万云青等多方设法,部署安排,积极做好讨袁准备。正在即将就绪时,又为上海当局袁之死党所探悉。只得改变途径,由沪转苏。韩于1914年春到达苏州,率领革命同志密设机关部于苏城三多巷周一同家中。他自己则奔走苏常一带,进行联络,已运动好当地军警3000余人,定期在苏州起义。不料由于叛徒告密,同年5月,派军警包围党人机关,当场逮捕韩伯棠及钟鸣世、方世林、唐荣、李膺、张超、余质夫等7位同志,并搜出青天白日旗及布告、印信等,事告失败。

韩在狱中,仍常吟诵文天祥《正气歌》,以激励自己及同盟党人。但有殷宏寿者,甘为袁贼爪牙,为袁效力,在狱中使尽伎俩,劝其向袁氏投降。谓只要归降袁氏,即可化险为夷,享受富贵。韩大义凛然,理直气壮,严加痛斥。殷宏寿阴谋未遂,恼羞成怒,即动杀机,饬令保安骑巡二队将韩伯棠、钟鸣世、方世林、唐荣、李膺、张超、余质夫等 7 位同志,押至苏州黄废基刑场。1914 年 10 月 1 日下午 4 时,韩、钟、方、唐、李等 5 人被杀害,张、余二人陪斩。韩在赴刑场时,不断高呼"打倒袁世凯"。临刑时,咬指出血,撕衣襟,毅然赋绝命诗一首云:

  借债重重已破家,是谁断送好中华。
  千秋自有董孤笔,撒手西归不问他。

痛快淋漓,激昂悲壮,真豪士也。

2002 年 6 月据烈士子韩霞成文略变其称谓而成

十五、献身革命、猛勇精进的黑马范光启烈士

范光启(约1883—1914),①字鸿仙,而以鸿仙行,笔名纯黄、哀鸿、孤鸿。"发短面黄,两眼近视"。安徽合肥北乡杏店村人,出身自耕农家庭。10岁时,又迁居城北10公里的下店王小郢,就读于塾师。父彦达,年轻时曾参加过太平军,对范鸿仙有一定的影响。虽家境清贫,而学习刻苦,笃学不倦,荒旱年头,虽辍学在家,仍务农自学。年方弱冠,即精通书、传,以文章博雅而称著于乡里。

有人说他在1904年即22岁时,受聘于寿州状元孙家鼐府。② 如真有其事,也只是孙家鼐的兄弟辈之家,而非孙家鼐家,因其家已数十年不在安徽也。又说1906年时同盟会员孙毓筠回来策动新军起义。回到寿县,范因与之交结,而参加同盟会。③

---

① 沈子修《坚持革命斗争的范光启》文说他生于1884年,周海平《碧血丹心留典范》文说生于1882年6月20日。笔者取1883年。

② 见周海平文。

③ 余按:孙回来是策动支援湖南萍浏醴起义,刚到南京便因试验炸弹被捕入狱,判监禁5年,此时并未回寿县。但寿县革命者很多,不必经孙手,也可能参加。和孙同时从日本回来的同盟会员张汇滔,就在寿县组织了同盟会的分支机构"信义会",也就是同盟会。同年,此时从东京回合肥的吴旸谷,也在合肥发展同盟会员,总之此时入会机会甚多。

十五、献身革命、猛勇精进的黑马范光启烈士

据说1907年范鸿仙离开孙府,回家小住,并留诗一首于壁上说:"男儿立志出乡关,业不成名誓不还,葬骨何须桑梓地,人生到处是青山。"1908年范鸿仙只身赴沪。①

此时,正有几个安徽人李燮枢(辛北)、李铎、陈仲衡等在上海创办《安徽白话报》,十天一期。1907年10月,才出版第一期,社长为李燮枢。这是一个政治态度并不明朗的刊物,内容庞杂。在本刊第四期"闲谈栏"上,有一篇写《法外自由》的闲谈故事,署名人为淝上范四,讲的是假托合肥农村的故事,很可能是范鸿仙的第一篇作品。本报刚出至第六期,就因火灾而停刊。

范在上海绍识了于右任、陈其美等人,参加了同盟会的活动。并参加了于右任任社长,于1909年5月15日创刊出版的报纸——《民呼日报》编辑工作。地址在上海四马路望平街黄字160号。陈飞卿、吴宗慈、王无生、戴天仇、周锡三、汤绂、张聿光都是该报主要成员。

协办《民呼日报》,挺身援救于右任

《民呼日报》每天都有比较精致的插图,激烈地讲评时政和抨击腐败的官僚。上自满洲贵族、袁世凯、各省总督巡抚,下至社会的歪风邪气,甚至印度巡警、差役的不法行为,都是它的抨击对象。言词激烈、讽刺幽默,大都直书其名,很少隐晦。该报大力宣传爱国思想,鞭挞清廷腐败,揭露袁世凯的阴谋祸心,鼓动路矿工人起来斗争。以致该报刚一面世,就受到各地反动官僚和上海反动报纸的"嫉视",且决心扼杀它。刚出版两个半月,

---

① 见周海平文。

自7月30日以后,就连续发生4起被反动官吏控告的"讼案":①甘肃省赈款诬陷案;②安徽铁路公司协理候补道朱云锦反诬该报"毁谤名誉案";③已故上海道蔡钧之子蔡国桢指控"毁坏其父生前名誉";④陆军协统陆德龙指控该报"毁坏名誉"案。

由于范鸿仙革命思想激进,笔锋犀利泼辣,他一出场便脱颖而出,受到重视,成为该报的主笔之一。①

甘肃赈案首先发生,于右任是赈款收集人,8月3日上海租界会审公廨,据朱云锦之控,传讯于右任,于被拘于捕房。8月4日范鸿仙以安徽旅沪同乡启事,指控朱云锦舞弊,证明该报无错,于右任无罪。署名人为范纯黄、李燮书、朱艮、陈国铨、李振黄、赵家璘、盛太完、王兼之、倪铁生。8月6日范又发起"皖路研究会",以加强揭朱的声势,署名人为范纯黄、李铎、高梦龙、李辛白以及上述的朱、陈、李、赵、盛、王、倪等。在会审公廨传讯时,于右任辩称,旅沪同乡启事,"乃皖路董事范某交来,由范签押负责"。

在此案审讯过程中,范鸿仙"徒跣奔走,呼号营救",并亲自到公廨为于申辩,证明皖路贪污是实,于右任并未贪污赈款。《民呼日报》也继续和反动公廨作斗争。7日该报在《社说》中指出此事"案不相涉而逮拘本报主笔而禁锢之","以如是之黑暗(政府)而犹望其能成立宪,非缘木以求鱼,必南辕而北辙"。在上海道的指示下,上海巡警见到该报就烧,报纸对外埠发不出

---

① 《革命逸史》第三集《民呼日报小史》,该报7月20日大陆春秋专栏揭安徽铁路总办朱云锦,引用私人包工队以贪污。28日又揭朱私定"规则"以营私,署名是范纯黄、盛太宪、倪铁生、高梦龙、朱艮、王兼之、韦启后、康视三、葛质夫等60余人。以后由范纯黄领衔,多次对此事进行揭发。范纯黄即范鸿仙。范领衔多,揭发多,又亲自写,当然已是主笔之一。

去,只能在租界内继续发行。

由于甘肃赈案查不出于右任贪污证据,其他的所谓"毁谤"也不过是反动派对民呼报发动的反动围攻而已。但公廨毫不讲理,扬言如《民呼日报》不停止发行,决不放出于右任。

8月14日,《民呼日报》最后一期发表《民呼日报辞世之言》说:"于君平时中官家之忌,以致讼案纷至,审判稽延,不允保释。……此次构陷,必以报社之存亡为惟一目的……同人等宁(只有)使民呼报先于君死。"民呼停刊了,仅出版92期。时间仅有3个月。于右任也被糊涂判决,驱逐出租界了事。

经过这次营救于右任之后,范鸿仙在党人中名声大振。大约也在此时,范鸿仙的住处成了安徽江淮革命党人的"联系总机关",地址在延庆里43号,直到1911年辛亥革命后的12月15日才取消。

独立承担革命宣传阵地,任民吁日报社社长兼主笔,反对日本侵略满蒙

民呼停办后,范鸿仙又协助于右任改头换面,积极筹办《民吁日报》。几天以后,又在其他报上刊登广告,以民呼名义宣告"竭业招盘",将"机器生财工具过盘给民吁日报承接"。又以民吁日报名义宣布"已将民呼日报机器生财等一律过盘,改名民吁日报"。并宣布民吁日报宗旨是"提倡国民精神,痛陈民生利病,保存国粹,讲求实学"。社址仍在望平路160号,并宣称"新报纸的内容、外观,均擅海内外独一无二之身价"。创办人仍为于右任,因于已被判逐出租界,不得出面,故以朱葆康为发行人,范鸿仙为社长兼主笔。协助者有景耀月(帝召)、王无生、周锡三等。在法国驻沪领事署注册。

《民呼日报》停办一个月之后,10月3日《民吁日报》又正式发行。在该报第一号上说:"民不敢声,故仅吁耳。"该报出版的插图竟是"龙嘘气成云"、"笔尖儿横扫五千人"。第二号的插图是"重见天日","孤帆一片日边来"。

　　该报崇论宏议,议论时评都较民呼更加尖锐,而且内容更多,水平也大大提高,更远胜《神州日报》和《民呼日报》,又多诗词戏剧,生动活泼,许多名学者如苏曼殊、柳亚子、高天梅、陈巢南、王无生、景耀月都是该报撰稿人。辛亥革命时期全国最出名的文艺团体——"南社"成立。民吁报曾多次刊载南社启事和南社章程。

　　1909年10月17日,由高纯剑(天梅)署名,登出南社启事说,与陈子巢南、柳子亚庐有南社之结,主要目的是"求友",以"唤起国魂"。27日又登出"南社例十八条",28日又登出《南社诗文词选叙》,末署陈去病(巢南)。29日又登出《南社诗序》,末署长沙宁太一。11月6日,又登出"南社雅集小启",约定于13日,觞于苏州虎邱。但范鸿仙在此时,只是一心扑在民吁报上,好像并未参加南社。

　　大约有鉴于章太炎、陶成章等不顾大义,强烈反对孙中山,光复会又恢复了单独活动,和同盟会对立。《民吁日报》的大陆春秋专栏刊出《救国主义之研究》一文,主张的第一条就是"党人与党人当弃去种种门户之见,以图联合大群,挽救一时之危"。这大约也是范鸿仙的主张。

　　这时日本正在侵略满蒙,朝鲜志士安重根痛恨日本灭亡朝鲜,刺杀了统治朝鲜人民的日本"总监"伊藤博文。《民吁日报》大量报道了此消息,刊登了安重根画像,像右题词是"刺杀伊藤博文之朝人爱国党之像",像左题词是"风萧萧兮易水寒,壮士一去兮不复还";像下题"安重根"三字。公然歌颂追悼安重根。该报共出版48期,而反日文章竟达62篇之多。

这时清廷丧权辱国事件层出不穷,全国人民痛心疾首。上海各报皆噤若寒蝉,只有民吁不畏强权,"日以危言,警惕国人"。日本领事松冈在10月照会苏淞太道蔡乃煌,以莫须有罪名,说《民吁日报》"大欠和平,任意臆测,煽惑破坏……有碍中日两国邦交,请将该报惩办"。民吁也毫不示弱,16日在大陆春秋专栏"以满洲之风云日急"为题说:"伊藤死后又继以优见宫东,优见本亲王,与乃木陆军大将,东乡海军大将,美其名曰旅行也。然则此严寒风雪之中,海陆军将帅与亲王,与韩国驻军之中将,不避险阻,不畏人言,以走满洲者,果何意欲?此不问而可知也。他人之预备也已久,蓄谋也已久;今日今日,岂危机一发乎!"

1909年11月中旬,日本领事又照会蔡道说,该报在16、17日仍继续"载论中国之危机及锦齐铁路与远东和平各论……恣意诋骂"。又摧蔡乃煌"从速惩究"。蔡乃令会审公廨,经过英国副领事签署,将民吁报封禁。18日巡捕房奉令派警兵给《民吁日报》贴封,并将社长、主笔范鸿仙传讯到案。19日,范主编的《民吁日报》停刊,一共只存在50余日。

该案发生后,上海各界人士异常愤怒,各省在沪人士也纷纷集会反对,要求清吏启封。苏、皖、赣等省学界刘仁航、李方模、闻元驰、刘鸿著、时雄飞、汪德树、倪维汉等800人分电北京外交、民政两部,指斥苏淞太道受日本领事要挟,便"未讯先封"了《民吁日报》,"既失主权、复背报律",舆论哗然。乞两部速饬沪道,"先行启封,秉公核办"。

蔡乃煌恼羞成怒,又发出告示说:"民吁报宗旨不正,所著论说,类多臆断,挑动中外衅隙,损害两国邦交,既为日本领事所持,故饬令封禁,实属咎由自取。该报本托法商出面挂号,交法国书信馆及日本邮电局递寄各埠销售,本未到署请领执照。初则乞怜于外人,以图抵制中国(政府),被封之后,又复百出其技,鼓动多人,挟制本道启封。本道既恶诪张,外人亦嫌其反复……何能照准"。

上海各报均指出蔡的布告不提"日本领请封禁"字样,是蔡直认封闭该报,乃是蔡个人所为,"不啻代日受过,殊属可耻"。

1909年11月20日,此案首次开审。英国领事以手续不合,辞不到堂。只有中国谳(会审)员宝子观及两个日本副领事中烟、三穗,非法会审。范的辩护律师礼明及担文二人,要求将案由宣布并申明,此案不审讯明白,便不应封禁;应先行启封,然后公判。日本副领事不允,并要扩大传讯他人。范鸿仙独揽全责,声言:"我为社长,当负全责,与他人无涉。"宝谳员说,既范鸿仙愿意负责,不必再传别人。

12月8日,第二次会审。二律师又要求先启封后审讯,并指出:此案日本领事及会审公廨如不承认是原告,则审讯便无法律根据。中外谳员都说,必须等日本领事将指责民吁报所载各条,"开列前来,始可审讯"。由于日本指责的文字未到,此案牵延多日。

12月23日,第三次审讯。日本领事称《民吁日报》所载的《外交回顾之惋叹》、《国民之自觉》、《利益均沾之余焰复兴》、《伊藤噩耗杂感》、《伊藤公赞》、《呜呼歌舞英雄》、《满洲痛史之鳞爪》、《和平了结之忠告》、《伊藤怪物之行踪》、《野心家走满之警告》、《外交危机之压迫》、《华人受压制之可怜》、《解除抵制日货之善后》、《国际礼仪辞例》、《满洲风云日急》等62条,都为"排日"的证据。

12月30日,最后一次审判。日本领事和蔡乃煌早已商议好办法,由蔡道台授予宝谳员以判决大意。开庭时,范鸿仙的两位辩护律师指出:"公堂办理此事殊不合法",日本领事既否认原告,则只是捕房寻常案件。按照会审公廨的成例,应由英、德、美三国领事会审,还请"照章办理"。宝谳员说,此案确由日本领事发起,函请道宪扎廨办理。前堂早经宣布,此事与英领事无关。道宪(指蔡)已与日本领事会商,准由日本领事会讯。律师只能就指控各论稿究竟有无关碍,进行辩解。律师声明说,此案件是违章办理,"不能服从"。"惟有申请领事公会提议此案之办法是否合宜,重请订期会讯"。宝某又与日本领事商议后,竟蛮不讲理地称"不准被告律师所请",就在当天晚上,强行宣布判决书:"……查该报并未注册挂号,已属有违报律,乃所载论说多系臆测造谣,实于中日邦交有损。待经传讯,复不稍息悛敛,尤敢有意挑衅,实为不合……查此案关系两国邦交……日领摘出六十余条,律师既未能辩护,此案自未便久悬。到案主笔范鸿仙并非该案紧要之人,从宽将该报永远停止出版。所有主笔人等均免于深究完案。机器不准作印刷报张之用,由该被告切实具结领取可也"。

此案的无理判决,引起上海各报的普遍反对。《字林西报》说:"被告律师以仍由日本两副领事到堂审判,太不合理,反对不(承)认。言将诉之领事公会,以待公判。"而会审官竟于次日晨将判决送给律师。该报又指出:"既无原告,又不容被告有辩解之隙……是可谓不合法之甚矣。""此野蛮裁判之责,日领事不能不任之"。英文《捷报》也指出:这种公堂组织的不合法,竟能乘律师不在,在当日晚"遽尔判词(决)",是"违法背理,置租界章程于不顾",是一种"肆无忌惮"的行动。

此案判结后,对该报最严重的打击,是机器永远不许作印刷报刊之用。这就使他们不能像上次一样,在短期内就改头换面,重新出版。致使于右任、范鸿仙、景耀月直到次年10月,才又筹备成立了《民立报》，距民吁被封已经11个月了。

再主铁笔，横扫满汉赃官，淋漓尽致，
鼓舞革命斗志，勇往直前为死难烈士致哀，声嘶力竭

1910年10月11日，新刊《民立报》出版了，取义是"不与民贼相并立"，地址仍是四马路望平街160号，于任社长，范为主笔。版面以"民立日报出版万岁"作标题，以一人手执"民立日报"大旗立于水泥塔顶的图画刊出。出刊后连续收到全国各地报社、团体和个人热烈祝贺词100余份。广州《平民报》的祝词是"民赖以立"！中国数理化学会的祝词是"神州黑暗，大放光明"。芜湖商会的祝词是"董狐之笔，横扫五洲"。庐州议员王善达的祝词是"报界之王"。该报大力宣传人道主义，范鸿仙在该报仍专辟一栏名叫"大陆春秋"，用"哀鸿"的笔名几乎每天都亲自写数百字的政论、时评或短评，寥寥数语像短小锋利的匕首一样刺向帝国主义、清廷和一大批反动官吏，以唤醒全国人民。除此栏外，范还在"无声人语"、"上海春秋"等专栏，以时论、短评、杂文、专记和社论等形式发表文章，总计在该报1916年1月至11月，共发表文章150余篇。

如在该报1910年11月13日上就以"聆美（国）人言而泪下"为题写文说："日俄之协约，性质叵测之协约也。似现而忽隐，露毛而藏头，其阴谋究竟，吾人殆无自而知之。顷者在日美人西府氏，突当万寿大会时，痛骂此协约之无状，且一揭其阴谋。噫！美人美人，尔何痛快之至于此也。""虽然彼美人之吐不平，殆彼美自爱其国也。自吾人言之，亦唯有掩面而泣已耳！""吾闻美人当发此言时，举座日人咸为失色。夫日人今日何惧乎？概惧此约之不能如愿以偿也。吾政府之醉梦儿其一醒乎？"

十五、献身革命、猛勇精进的黑马范光启烈士

11月18日,该报又就锡良不愿干东三省总督一事,以"泪眼中之白山黑水"为题写文说:"以堂堂之东督,非不安富而尊荣也。今无端而苦苦乞退,又无端而涕泪滂沱……彼东督者胡为而悲气沉沉至于此也。铁路则自由行动矣,轮船则自由航驶矣,今者某某国之军队且自由而增加矣。要政既无款办理,借款复虑人阻挠,危乎,殆哉,其东省乎?锡督垂泪,伤东省之将亡也。夫锡督尚如此,较锡督更有关系者,又将何以堪也。悲哉,东省民也。"

这时清政府正在以"立宪"欺骗人民,立宪派无耻官僚竟有用上"血书",以争取早日实现立宪的。于是10月11日该报上发表《血儿血儿,欧洲、亚洲》文章说:"黄花漫野、载酒出门,蓦见欧亚之风云隐隐间有血痕透见。血、血、血!不祥不祥!葡萄牙之血战,所以购共和也。中国国会请愿之血书,所以植民权也。自风潮之大小言,则葡人太甚,而中国为得中;自事体之难易言,则葡人为太拙,中国为最巧!呜呼大小难易所由分,斯国民程度所由判与矣"?

又如10月13日该报辱骂皇帝说:"今年欧亚之风云,帝王末刼之风云也。韩皇逊位于敌国,葡王逃冥于他邦。宫阙巍巍未转眼而铜驼荆棘,垂泪兮数行,而帝王去矣。风萧萧兮易水寒,壮士一去兮不复还!大丈夫视死如归之气概当如此;万乘(君主)若敝屣耳。乃岁靡廪粟,仰食于人,御艇潜踪,孤舟饮泣;其一种畏葸万难之情状,竟至毫无人气。予以知威权赫赫之帝王,实吾人类中之最下品也。今者欧美新潮,喷涌而出,始以民权,继以人道;百年之后,帝王之迹将无蛛丝马迹之可寻。寄语英杰之徒,慎无再作帝王梦矣。"

浙省反动官僚,痛恶民立报。范又在该报上发表《奉告一般小民贼》一文痛斥说:"昨浙友来信言,浙省官场自本报出现,咸

动色相戒；二、三聚语，但闻大呼'民立可恶'。记者闻之乃曰：嘻小民贼何苦尔也，夫本报命名民立，则有害吾民者，自不容为留余地。质而言之，即不与民贼相并立耳。今公等之地位，果能有民贼之资格否？有之而惧是曰无胆，无之而惧是曰无耻。无胆无耻之徒，本报亦不屑诛也。"

10月25日，该报又以"呜呼八方美人"为题讽骂反动官吏说："东人之称那相（桐），率呼为八方美人。自予观之，今之衮衮（华贵也）诸公，皆可享此艳誉；非独那相一人然也。一方面恋官，一方面爱国；一方面维新，一方面守旧；一方面提倡民气，一方面拥护官权；一方面赞成国会，一方面阻挠国会。当四面楚歌之中，而大施两面藏刀之术；信（如果）非八方美人，不能济也。"

10月27日，该报《哭者笑者南人北人》一文痛斥官僚"大老"们说："运动会开学生笑，农务会开平民笑；开会开会，大好大好，龙虎之金陵，固宜有此盛事耳。国会开大老哭，国会不开代表哭；国会国会开否，不开冠带之京华何以如此惨淡也。虽然炎炎者灭，隆隆者绝。吾更祝蓬蓬勃勃者尚稍带秋冬之气，意冷心灰，万事都懈。吾尤愿哭哭啼啼者，万勿存萎丧之心，呜呼噫嘻，南人北人。"

范鸿仙是安徽人，也关心皖事，此时安徽劣绅操纵安徽咨议局，并对安徽路（矿）会进行激烈争夺。1910年10月30日该报上发表《咄咄惊人之怪事》一文抨击说："昔日戏言身后事，今朝都到眼前来。此昔人悼内之诗，而吾今乃以悼安徽。安徽南北之暗潮，其由来久矣，最近（省）议长方玉山当开会时，忽无端而去。记者已知其不祥，今则路矿开会，而南北纷争，竟至动武。

十五、献身革命、猛勇精进的黑马范光启烈士

呜呼南乎北乎?同一省耳,何至存界限?存界限矣,又何至用武?① 或曰用武乃安徽之特性,记者则曰:若此咄咄惊人之怪事,盖非特性用武之皖人,不能演也。"

大约到了此时,范鸿仙才参加南社,通讯录的次序是177号,用名范光启。

自本年(1910)12月起,范在大陆春秋专栏的文章,即较前减少。但因沙俄侵略满蒙,英国侵略滇边,仍在本栏写文章抨击时事,不遗余力。

1911年2月以后,宋教仁在该报写稿逐渐增多。3月上旬,民立报馆被火焚烧停刊。经过于、范等的努力,十几天后,即3月20日,《民立报》很快恢复出刊。

1911年4月,广州黄花岗之役开始。在此之前,大批优秀的革命志士,从上海前往广东,范鸿仙也更加猛勇精进。当4月17日起义消息传来后,范开始改用"孤鸿"名字,宣传"岭南之杀声"说:"此次广州大革命,其声势又过于前次万倍。"《民立报》也公然为此时由于极端忧国忧愤而逝世的安徽桐城(先为和州人)志士张禹门(名鼎)立传,标题是"烈士张君禹门传",介绍他的事迹,② 这是空前的。

---

① 寿州人孙多祺,欲夺会长,非法买通太湖当权者,私推孙为太湖籍的议事。各县议事不服,结果,宣布作废。

② 张禹门非常爱国,忧国忧民,游天津,遇大旱,即上万言书。后又上书痛劾李鸿章在甲午战中丧师辱国。1909年在东三省见俄人辱打韩人,即在沈阳集诸人演说亡国之惨,几乎被捉,即萌生殉国之念。从此后逢人则痛言天下事,痛哭不已,人多以疯癫目之。遇难民则捐款发赈,废寝忘食。他痛恨日本人,提倡不用日货。听说上海成立敢死团,即前往参加,听说清廷要解散它,他拍案大骂。一气之下,脑膜破裂脑溢血而死。终前尚说:"吾志未遂,死不瞑目。"遗嘱请立"大汉遗民"碑。

黄花岗烈士被收葬后，《民立报》上又发表了《魂兮归来黄花岗》一文报道这一消息。党人但懋辛叛变投降，《民立报》揭其劣迹说：但在上海任体操教习时，学生即呼其为但旦、蛋蛋、八旦，"今但旦将荣归矣，经过上海时想必兴高采烈也"。

范鸿仙继续用"孤鸿"笔名在大陆春秋专栏发表《黄花岗下之七十二鬼》一文，把它和岳坟相比。岳坟"仅有雄鬼一名"、"黄花岗之价值超过岳坟七十一倍也"。"黄花岗下，满人敢从此过乎"！"以七十二人之革党，而丛葬一隅，其怨气所郁结，终必发为噫气，震陷羊城也"。总之范鸿仙从此后对革命者大加歌颂，而对革命的敌人则无情抨击。从此以后，范鸿仙不再用"哀鸿"这个笔名，而是改用"孤鸿"了。他手执锋利的匕首，直插清政府的心脏。

1911年5月12日，在《革命与内阁》这篇文章中范揭发清廷依然歧视汉人说："昔安庆兵变(指熊成基起义)后，端方询蒯氏(光典)曰：贵省人何以好革命？蒯氏曰我亦尝(曾)以此责乡人。然乡人问余：皖省知府共八缺，何以满人占其七？余盖无以应之也。"范又写道："今新内阁成立矣，其国务大臣中，汉人仅居其四，设有革党举以(此)诘政府，吾不识(知)彼梦梦者将何以对答也"。又说："有羊城之大革命，而新内阁始成立，是内阁者亦革命之产儿也"。真的，如果没有革命党人的反对清廷，假立宪的这套把戏也是演不出来的。这是多么深刻的抨击。

这时，一些上海爱国青年组织了"国民军"。但反动官吏们想用革党煽惑罪名，取缔国民军。范鸿仙又在《噫！国民军已矣》一文中写道："国民军爱国青年之事也，乃政府疑之，(驻日)公使沮之。呜呼辛苦总为君，可怜君不解。此血性男儿之所以灰心短气者也。政府既恶国民军，则严禁其事可，诛逐其人亦可；万钧雷霆何施不得，又何必借革命党三字，以陷人于罪乎？

驻公使电谓此次粤乱(指黄花岗)与国民军有关……公使之肉岂足食乎?"

两广总督张鸣岐说"新军不可用","新军大半皆革命"!范鸿仙又发表《伤哉爱国健儿》一文,继续抨击说:"各省新军非公等所练成否?""若使新守军而皆革党,则……公等亦其党魁矣。"又说:"自粤事后,敢死团也,国民军也,商民联合会也,均销声匿迹不敢一现……革命党者秘密团体也……岂有彰明较著之团体,而有革党在其中乎?呜呼诸君之眼光如此,又何怪乎革党之遍天下也。"

5月下旬以后,范又批判"学说误国论"。首先批判中央集权说:"今之主张中央集权者,实则'防汉'政策耳!以防汉之政策而欲天下之全权集于一二亲贵之手,不特于国家进化的公例违背,即揆之天理人情,亦有所不合矣。"

范又写了《贬罪篇》,把梁启超列为恶人。批梁的断送满洲说,批梁自吹"一己之启用,关系四万万人之福命"。又批他"非(任为)国务大臣不就的观点。批梁的'中美联合'"主张。

1911年6月,听说重要的革命党人赵声死了。范写道:"噫赵声死矣……使赵声至于此者,则不良之政治为之也。"对黄花岗英雄的死难,范意犹未尽,又在大陆春秋专栏上发表文章说:"痛哭英雄人心之惨死也……肝肠断矣。英雄为社会而丧躯,社会视英雄如土芥。英雄负社会乎?社会负英雄耳。英雄乎英雄,吾安得举开天辟地之英雄而尽哭之也。"

同盟会中部总会成立,范任江淮同盟会分会长,投枪刺向安徽彩票局、安徽咨议局,颂歌献给四川护路爱国运动

1911年7月,宋教仁、谭人凤、陈其美等在上海筹备成立同

盟会中部总会。宋教仁手订《中部总会章程》23条。又订有中部总会《总务会章程》。前者规定在会长未选出之前，由总务会干事代行职务。后者规定，总务会干事暂定为5人。又规定总务会下设5部，即庶务、会计、财务、交通、文事。另有《分会章程》，规定各地会员在20人以上，可以成立分会。7月31日，在上海四川路湖北小学召开同盟会中部总会成立大会，范鸿仙为与会的29人之一。范鸿仙被推为中部总会总务会的候补文事部长，并被任命为江淮同盟会分会长。其时中部机关设在牯岭路，由范鸿仙主持日常工作。而范鸿仙也在组织上成为安徽同盟会的领导者。

这时《民立报》对清廷大吏的抨击也更加大胆、泼辣、幽默、风趣。范鸿仙讽斥说："端方如美人，袁世凯如猛虎；美人易招政府怜，猛虎易招政府忌。允升是墓中枯骨，锡良是护主老家人。"①

安徽铁路公司负责人周馥之子周学铭（周学熙兄）4月17日病死，据说亏空六七十万，都是安徽人民的血汗。公司账目被周馥派人封存。但该公司抽捐、卖彩（票）、收股之事仍继续进行，安徽各界反响强烈。特别是如同赌博、欺骗人民的彩票，各省咨议局都已禁止发行，唯有安徽仍继续开彩。设有彩票局，以窦炎为主办，经理人陈尚文，每月发行五大彩。范连续四次在大陆春秋专栏中，给予猛烈抨击。

在全省人民的强烈要求下，安徽在北京的京官，又想派曾办过安徽彩票的劣迹斑斑的洪希甫去查账，范第五次抨击说："窦今日所办之彩票，即洪前日所办之彩票也。洪在局作弊种种，为皖绅所共逐，通国共知。"但安徽仍然不改，7月底，范又发表文

---

① 7月20日《民主报》。

章《不平鸣一二》继续抨击。

不久,革命志士杨笃生在英国闻黄花岗起义失败,愤而蹈海死。《民立报》刊载杨笃生传、遗诗和大量追悼文字。并在8月27日抨击原是革命文豪的刘光汉,竟变成清廷侦探,另一文豪汪精卫变成了暗杀党。表扬报界文豪杨笃生为爱国爱民而蹈海,以牺牲唤醒人民,而猛击另一报界文豪梁启超则"以文字贼(欺骗)同胞",想入清政府内阁而不得。

河南义民王天纵在嵩山中受到他妻子的影响,具有资产阶级革命倾向。范对他大加赞扬说,他"由野蛮之盗,而进于文明之盗,今其势力大成矣。办一学堂则教习(师)往趋之,出一告示则百姓乐从之。呜呼,大泽产龙蛇,而操纵龙蛇者乃一弱女子,此诚社会中一佳话也"。"以莽英雄而眷爱弱女子,不足奇;以弱女子而操纵莽英雄,则奇之又奇"。这岂不是鼓励人民起来革命!

广州水师提督李准死,范以"一生如死,一死如生"为题,抨击李准,表扬赵声。

1911年8月,四川人民为了保护铁路权利,掀起了保路运动,全省罢市罢课,抗纳捐税,不承认外债。四川总督赵尔丰逮捕了四川正副议长蒲殿俊、罗伦,枪杀请愿人民32人,并调清军入川镇压。范鸿仙以"蜀道难"为题,连续数次抨击清政府。9月19日又在大陆春秋专栏上发表文章《奉告西征诸健儿》,大张旗鼓地歌颂四川人民起义,又劝告清军不要镇压起义说:"天摇矣,地动矣,轰轰烈烈!川同胞竟张空拳、冒白刃,而与政府相见矣;此诚吾国革命之新纪元也。争路不得则罢市,罢市不得则抗租,抗租不得则围城。……督署焚、成都破,赵督不知下落,端方不敢入川,而今而后,四川独立之声将震动于世界也。"又说:"政府与川民均属骑虎难下,川民所持者父老子弟之颈血,政府所持者则有屠戮我同胞之健儿也。谓健儿必杀同胞乎？予心不忍也；谓健儿不杀同胞乎？予不敢信也。煮豆燃豆萁，豆在斧中泣，本是同根生，相煎何太急？健儿健儿，此行须慎重耳！""官场以人血染红顶子，试问我健儿能持人血以染军衣乎？"

9月25日，范又发表《国民战政府之新纪元》一文，鼓舞四川革命说："革命起事非一次矣，每次虽为政治革命，然总不免带有种族之思想。若此次川变，则实完全政治革命也。羊城（广州）一役，鏖战不过数小时，今以绅民团竟与官军鏖战七昼夜，此为有史以来所未有也。"就在9月25日这一天，四川同盟会员吴玉章占领四川荣县，宣布独立，这为武昌起义打下了良好基础。

这时安徽咨议局在无耻劣绅方履中、李国松把持下，面对帝国主义侵略和清政府的屠杀人民毫无表示。10月2日范又以"哑巴局"为题抨击说："呜呼，吾（有）望于安徽咨议局，不能不责之，吾责之不能不痛哭。安徽咨议局（实在）毫无价值，片马（在云南）问题之发生，各省咨议局莫不飞电相争，而该局无一电也。伊犁（在新疆）问题发生，各省咨议局亦莫不飞电相争，该局仍无一电……今川路如此激烈，争路川同胞横躺屠刀下者，不知几许……各（省）咨议局莫不飞电相救矣，而该局仍寂寂也。谓该局中尽哑巴乎？吾闻正议长方履中、副议长李国松皆工于吹牛也。其他议员实一群冷血动物耳。"

10月8日，南京佛学研究会会长、居士、刊印佛法的安徽石埭人杨仁山（文会）逝世。11月，范发表《噫二杨（仁山及笃生）逝矣》一文，誉杨仁山为"吾国有数之人物"。说他是道德家兼宗教家，提倡以皈依净土为归宿，和因爱国而蹈海杨笃生是从两个角度出发的，但都是悲天悯人，度己度人的造福同胞者。

1911年11月15日，范鸿仙写了最后一篇文章后便放下笔杆，直接投身到支援南京起义的事业上去了。

勇抛笔杆,奋身投入南京光复运动

武昌起义爆发后,江苏受到很大震动。上海中部同盟会决定集中力量大力支援武昌起义,上海暂不起义。约在1911年11月11日,范鸿仙、郑赞丞电摧在东北的柏文蔚火速回来起义。次日陈其美又电摧,柏文蔚决定南下。柏到上海后,11月24日派柏文蔚赴援南京,25日黄兴赴援武汉。由于南京是上海支援的重点,以致于右任、范鸿仙、郑赞丞,甚至上海商团重要人物之一的沈缦云都来支援南京。①

范鸿仙负责筹办南京起义的军械军款和沪宁两方的联络任务。而柏文蔚除负责全部南京起义武器弹药款项外,还直接发动起义。范共筹措多少武器、弹药、军款,现已无从划分统计出来,但据柏说,仅他一人两次(10月下旬及11月上旬末)从上海运回的器械,就有手枪1000支、步枪3000支、炸弹3200颗、子弹10万粒、现款20万。

10月23日,中部同盟会也曾派出孙万乘到庐州发动起义,这件事也与范有关。合肥同盟会分会长李绪昌(诚安)听说范在上海筹办军械,便亲自到沪向范为庐州起义索取军械。10月底范又给庐州手枪200支,子弹万发,炸弹百枚。派党人葛质夫运至合肥,李自己则留在上海帮助范鸿仙。②

由于上海中部同盟会大力支援南京,以致在11月20日由陈其美发起组织的苏、杭、浙、宁、镇推选的民国联军总司令是徐

---

① 陶菊隐的《上海光复前后的李燮和》作:派范鸿仙、柏文蔚二人到南京向新军第九镇策反,置范于柏前,可见范此时地位的重要。

② 《庐州光复材料》。

绍桢。司令部有顾问11人,范和于右任都是顾问。沈缦云(上海党人、资本家)和于右任也"特别担任筹款"。范的任务是"特别担任交通和筹款"。可见范不仅是三个主要筹款人之一,也是支援南京起义、负责南京和上海以及上海中部同盟会联络者。

12月2日,联军攻下南京,范当时大约在解决徐绍桢和林述庆争夺都督的纠纷,劝说林担任即将北伐的临淮军司令。并和章炳麟、宋教仁、黄兴等一起,推原江苏巡抚程德全为江苏都督。12月7日,江苏都督府成立,范被任命为都督府参事会会长。

12月14日,革命后成立的安徽维持统一机关处电推范鸿仙为安徽参加南京临时中央政府的代表。① 16日范鸿仙撤销了他在上海牯岭路延庆里43号的"江淮驻沪机关",转到南京。这时孙毓筠已就任安徽都督。范鸿仙、张继光被推选为参加中央临时参议院会议的安徽籍参议员。

转向铁血主义,组织"铁血军"

孙中山到达南京后,约在1911年11月,范鸿仙征得孙中山同意,组织"铁血军"。据范自己说他组织铁血军的目的是:"铁血军何为而创办哉?夫大地一铁厂也,人类一血球也。壮严世界一腥风血雨之变相也,人道主义——弱肉强食之别名也。是故人非血则其人不能生存,国无铁则其国不能自立。20世纪之世界,武装和平之世界也。世界愈和平,则铁血主义亦愈进步,法国非三次流血,则革命之事业不成。美洲无七载战争,则独立之目的难达。盖铁血主义者,专制国之恶魔,而文明世界之导火

---

① 《民主报》1911年12月16日。

线也;野蛮政府之不祥物,而保护国民之自由神也。"①又说:"今日之势,欲掣虏族之死命,非使我同胞有铁血思想不可,尤非使吾淮(皖)同胞,人人皆为军国民,以铁以血,与虏族相周旋不可。"②

当然,范的这篇宣言写得并不好。既说了些似是而非的话,又未把真正的目的写出来,为了彻底推翻专制制度,为了阻止袁世凯的野心,为了阻止倪嗣冲的南下,在安徽组织一支不怕牺牲的铁血军是可以的,但范并未把它直接讲出来。

约在12月底,安徽江淮同盟会员和皖南北军方人士在南京拥护范成立铁血军,推范鸿仙为总司令,并立即召兵,召到5000人,编为2个支队。把庐州军政分府的军队和王天培从安徽带出的500个敢死队,都编入铁血军。全军共分4个支队,每队2500人。第一支队队长为朱介苏,第二支队队长为龚振鹏。而前述的庐州军政分府军队和王天培军编入第三、四支队。另编有敢死队一营。总数一万人。铁血军初驻庐州,范又将合肥李氏(李鸿章族)开设的"仁源"、"源记"、"福源"三当典没收,一律"发封取赎",以充军饷。范又以铁血军司令名义发布《铁血军檄满汉将校部曲文》,指出清朝"猖獗肆逆,久盗中国,我夏民赫然震怒,兴师攻诛",号召清室旧臣"削号来归"。

1912年2月初,范又命令铁血军第一、二支队,开赴南京操练。令第三、四支队的步兵两营,机枪两队,炮兵一营,敢死队一营开赴颍州,保卫皖北。

范原为书生现突然当了总司令,这是社会上很少见的事,也是范此时在安徽人民中享有很高威信的证明。但也有人感到很

---

① 《民主报》1912年2月2日。
② 《民主报》1912年1月25日。

可笑,范的老朋友谈善吾听到后,就发表了《调戏友诗》,暗中开玩笑说:①

> 毿毿短发面皮黄,短视双眸一寸光;
> 衣服着来难服帖,簇新一套好西装。
> 从来纸上未谈兵,今日居然拥捷旌;
> 朴素迷离当借喻,健儿原是旧书生。
> 懒过狸猫习已深,者回作健费沉吟;
> 人来哄事②频惊问,乡气虽除未变音。

上述这个玩笑,把范的短发黄脸,两眼近视,都刻画出来了,口气近于嘲笑,当然不大好。而且还发表在范的老根据地——《民立报》上,不能不发人深省。大约只能是文人相互不服气的结果。谈大约也感到不好意思,不久又有《调友诗》为自己解嘲说:

> 江淮子弟旧知名,壮气能教雾胆惊;
> 万骑云屯齐蹴踏,会看燕蓟一时平。
> 袭带英英气自雄,居然摆脱旧酸风;
> 路人切切惊相告,毕竟书生事不同。

这当然好了一些,但还不明显。于是又正式署名发表了《寄赠鸿仙》诗说:

> 石破天惊海水波,众生顿使起沉疴;
> 事经万变心惟一,身历千辛志更磨。

---

① 《民主报》1912年1月6日阚兰溪声明。

② 哄事意为"什么事"? 余按此乃合肥土话,口语,合肥人皆好用此土话。突遇有不解之事,即问:"哄事?"

十五、献身革命、猛勇精进的黑马范光启烈士

曾诩(大言也)文章惊鬼魅,竟能谭(谈也)笑取山河;
楼台七宝黄金地,半是书生手造多。
自信功高不受名,力辞轩冕转提兵;
江淮子弟共陶铸,燕蓟腥膻待廓清。

因为范鸿仙坚决革命,遭到敌人的嫉恨。袁党合肥人段芝贵心腹黄某收买了原在上海任巡捕的合肥人朱祖卿,要他暗杀范鸿仙、柏文蔚、孙毓筠等。事被同盟会江淮分会暗杀部长阚兰溪侦知,便立即紧跟朱某。范回到上海,朱也跟踪前来。1912年1月2日阚在上海火车站连发6枪,才将朱击毙。①

范鸿仙为了集中力量搞好参议员和铁血军的工作,向江苏都督程德全辞去参事会长职务。

2月12日清帝退位,13日孙中山辞职,15日袁世凯窃取了临时大总统职位。

2月21日,南京陆军部奉孙中山令,以北军已赞成共和,"从此南北一家,必无自相攻击之理",通知将全部北伐军都改成"讨虏军",并在原地进行改编。

范鸿仙识破了袁世凯的阴谋,把自己的看法告诉党人。但这时和平气氛笼罩全国,没有人愿意相信。范忧心如焚,叹息说:"伪孽虽去,袁贼未枭……今权一时之势,以安易危,共和之政不三稔(年)矣。"于是他一气之下,辞去铁血军司令职务,将第一、二支队改为第一旅团,交给合肥人龚振鹏率领,直属陆军部,在庐州的第三、四支队仍改属安徽军。他自己则回到上海闭户不出。后来柏文蔚裁减北伐军时,也把龚部编为安徽军第二旅。

---

① 《民主报》1912年1月6日阚兰溪声明。

既拒绝接受安徽都督职,更拒绝袁世凯的收买

1912年10月,安徽都督孙毓筠无能辞职,柏文蔚在南京无暇回皖。安徽公众几次请范鸿仙出来主持皖事,任安徽都督。说范"巨材长德,遐迩共钦","欲脱皖督之悲运,首立都督之得人","全皖人民,颙颙望治,非范公不能胜任"。一致推选范鸿仙回皖任都督。范鸿仙发表宣言,婉言辞谢说:"今日大局既定,鄙人仍出面督皖,是诸公昆季任其劳,而鄙人独享其逸","贻误必多。自问生平,虽无长德,然争功攘利,尚有羞恶于中心。都督虽尊,自鄙人眼视之,则与肩贩事夫不过分工不同耳。不引之以为荣,何必任之以增累"。"务恳我同乡诸公,另行推选贤明,为全皖造福。"①

袁世凯也曾以利禄收买引诱,徐绍桢等又来向范索取履历表,范也置之不理。后阅袁政府公报,知"徐已保荐,奉总统令交大部核补"。范鸿仙立即以公开电文《范鸿仙不受酬公之典》致北京陆军总长段祺瑞说:"勋位名爵,本与平民主义不相容,袁君藉是以为笼络人心之计,实贻共和污点。目今上将中将等于羊头,勋位勋章,施于民贼。夫沙之功,既已可耻,而元规之尘,又复污人。光启虽不材,亦不愿躬蒙此秽浊也。"并坚决要求:"千万将此案立即取消。"这一公电既揭发了袁世凯的别有用心,又对其叛国行为嗤之以鼻。表明了范鸿仙的高风亮节。

以前曾是革命勇士的章太炎,后来把矛头对准孙中山。1912年3月1日,章又把他所组织的中华民国联合会(1911年11月筹办,1912年1月3日成立)改组为统一党。章太炎被推

---

① 见周海平文。

为暂行总理。合肥投机分子王揖唐也追随章太炎,参加统一党。范鸿仙指王为汉奸,在报上揭发其参与调查孙毓筠刺端方案,竟受到章太炎的庇护。

反袁二次革命再次失败

1913年3月20日,宋教仁在上海火车站被袁世凯收买的流氓叛徒应桂馨暗杀。27日,孙中山在上海黄兴家召开会议,黄兴、陈其美、戴季陶、居正、纽永建、李烈钧、柏文蔚都参加了会议。孙中山主张武力讨袁,而黄兴主张通过法律途径解决,耽误了起兵的有利时机。6月9日,袁世凯免去了李烈钧、胡汉民赣粤两省都督职,14日撤销南京留守处,解除黄兴职务。30日又免去柏文蔚安徽都督职,改派安徽寿县人、袁氏走狗民政长孙多森继任,又免去李燮和长江水师提督职。孙中山忍无可忍,7月上旬毅然发动二次革命,兴师讨袁。会上派李烈钧赴江西,大约范鸿仙也参加了,所以指定此时已是皖军旅长的龚振鹏策动反袁,负责安徽军务。

7月12日,李烈钧在湖口宣布讨袁。14日黄兴带着十几个人到南京发动一、八两师起义。

这时在袁世凯的收买下,皖军军官纷纷叛变。第一师长胡万泰和胡部第一旅长顾琢塘"密约中立",第二旅(龚旅)有两个团长陶隽、李乾瑜私通孙多森。7月12日,龚、范扣留了陶、李,留三团一营营长程芝宣负责芜湖军务。二人又率步兵两营、机枪一连到正阳关。14日召集在皖北的皖军第七旅长袁家声、第八旅长张汇滔、长淮水上警察厅长岳相如及管鹏、郑赞丞、凌毅等举行军事会议。此时范鸿仙的影响已远不及铁血军时代,因而群龙无首,意见分歧,未有结果而散。范鸿仙十分愤怒,只得和龚振鹏回芜湖,过合肥时又遇到原是铁血军的夏永伦叛变,龚几遭不测。幸有岳相如派兵护送,才安抵芜湖。这时安徽已如一盘散沙,大家都希望请柏文蔚来收拾残局。

7月15日,黄兴被推为讨袁军总司令,柏也接受黄的任命,为安徽讨袁军司令,立即到蚌埠成立司令部。

黄兴通电讨袁消息传到安徽后,安庆在7月16、17日,第一师长胡万泰遥推柏为讨袁军司令,自为安徽代理都督,孙多森仍为民政长,宣布安徽独立。①

这时安徽革命派不相信胡万泰是真独立。20日龚振鹏败胡军何占元部,乘机追往安庆。21日胡万泰、孙多森逃往南京,胡想请黄兴任命自己为都督。安庆方面柏部宪兵司令东北人祁耿寰立即行动,被推为护理都督,再次宣布安徽独立,等待柏文蔚来就任都督。原来的安徽立宪派所组织的安徽商团有团丁三团,团长叶鸣銮又发兵围攻督署,祁手执双枪突围而走。23日叶竟又推袁世凯部下参谋、随孙多森来安徽的刘国栋为安徽都督,兼民政长。②

这时柏又从蚌埠回到南京向黄兴建议,立电芜湖范鸿仙力促龚振鹏就近解决安徽问题。③ 这时聚集在芜湖的龚振鹏、范鸿仙、张子刚、管鹏、郑赞丞、凌毅、金维系等也认为胡万泰、顾琢塘都已被袁收买,"伪称独立,后患无穷"。④ 故又在芜湖宣布独立讨袁,推范鸿仙为安徽民政长,管鹏为都督。柏在胡、孙等的

---

① 见7月12日倪嗣冲致大总统、参谋部、陆军部电。7月13日,孙多森致大总统、陆军部电。7月15日顾琭瑭致段祺瑞报告。

② 《民主报》1913年7月22日。

③ 见《国风报》1913年8月1日。

④ 见柏文蔚《五七年经历》。

十五、献身革命、猛勇精进的黑马范光启烈士

陪同下,27日同到安庆。顾琢塘前来迎接,刘国栋闻风逃走。安徽革命同志龚维鑫、管鹏、张汇滔、郑赞丞、凌毅等都随柏进入安庆。

7月27日,柏委龚维鑫为参谋长,代行安徽都督职,管鹏为内务司长,范鸿仙大约仍为民政长,其他人也都分配职务。①

与此同时,1913年7月18日以后,倪嗣冲率大军进攻正阳关。22日夜败张汇滔部,占据河北岸据点。24日,倪军由颍上东攻,破淮上军顾桥据点,抵凤台县境桂集。27日袁世凯加委倪嗣冲为安徽都督兼民政长,撤销孙多森职务。又给倪增加军队,②在倪未到安庆前,由胡万泰护理都督职务。8月2日,倪军占领凤台,淮上军退入淮南。

柏文蔚正要电令葛应龙向正阳关集中,反击倪军。谁知此时江苏都督程德全突然潜逃苏州,通电反对独立讨袁,汪精卫也逃回上海,黄兴左右失据,又有人威胁。黄兴突然胆怯起来逃往上海,并密电柏"相机引退,留此身以待后用"。

黄兴突然逃走,使各路讨袁军都陷入失败和混乱之中。正阳关、寿州相继失守,革命军退入合肥一带。在袁世凯的分化收买下,皖军首脑互不信任,互相牵制,任由倪军南进。

安庆也一片混乱,胡(万泰)、顾(琢塘)有叛变迹象,柴宝山已布置围攻柏文蔚督署,要求交出管(鹏)、范(鸿仙)等人,遭到柏的严词拒绝。安庆无法防御,管鹏、凌毅、郑赞丞等都撤出安庆。范听说叛军索要自己,慨然地说:"吾党知杀身以成仁,不求生以害义,使吾得遂横草之烈,幸也。"遂驰马欲舍生赴义,被众人力阻。

---

① 见柏文蔚文,陈紫枫记录《安徽二次革命始末记》。
② 李辅勋,王明臣二军。

袁世凯大肆逮捕革命党人,使党人无处藏身。范鸿仙逃亡日本,柏文蔚也撤出安庆,逃往日本。此时亡命在日本的国民党人,已多达数千,前途茫茫,人心涣散。范鸿仙等剖析革命失败原因,认为主要是缺乏统一的意志。孙先生也深以为然。断然指出,"不统一服从,实无事不立于败刃之地位"。

为革命壮烈牺牲

1914年6月22日,孙中山决定改组同盟会,筹建"中华革命党"。9月正式成立,规定:党员入党时必须宣誓服从孙中山的领导,并按手印。其他人都宣誓了,只有黄兴不愿意,到美洲考察去了。

中华革命党成立后,即遍建支部于海内外各地。海外支部负责筹款,以使国内支部专事组织武装讨袁。范鸿仙与孙中山谈话,主张"革命形势不能等待,只能力以促之"。孙中山深以为是,决定以长江下游为基地,由江、浙两省首先发难。指派范鸿仙主沪,(又作中华革命党安徽主盟人)吴厚华主苏,夏尔琨主浙。范鸿仙当即返沪,图谋再举。这时袁世凯的爪牙郑汝成已盘踞上海制造局,"拥兵数万",深沟高筑,架炮其上,防护严密,武器精良,专干追踪捕杀革命党人的无耻勾当,对党人威胁很大。范鸿仙和陈其美密谋,决心冒死攻下制造局。范有同乡陈元辅,在制造局工作,很敬重范。范令其策动内应,陈元辅联合同志数十人来附,转相交引,达千人,方期一举攻破贼垒。谁知事被郑汝成侦知,陈元辅被捕杀,共捕杀200多人,并电告袁世凯。袁知范势不可遏,示郑以重金十万,购范头颅。当时范为了筹谋军务,从家中移宿机关部,郑等买通范之保镖钟名贵,钟透露消息后自己借故他宿。1914年9月20日,袁、郑特务陆开全等4人翻窗入楼,在上海机关部把范鸿仙杀害。身中7刀2枪,当即殉难。[①] 牺牲时年仅31岁。范鸿仙终于实现自己所说的:"愿将碧血搏共和。"

范鸿仙被杀,全国震动。孙中山在日本闻讯,谓"范鸿仙之死与宋教仁相类"。又说:"范君以流血,洗前士之大辱,即以种将来之果,断非徒死者也。"并致电烈士夫人李真如去东京,范夫人携幼子即8岁的天平,往谒孙先生。孙先生慰勉有加,称"烈士之所作所为,是顺乎时潮,合乎人心,虽死犹生"。并说"待革命成功,定将为鸿仙举行国葬"。范夫人泣不成声,泪流满面,说:"真如一定含辛茹苦,把儿子抚养成人,继承父志。"除此子外,范尚有一女,已12岁。袁世凯见目的已达到,为掩盖其反动面目,竟派专人赴沪,愿提供40000元丧葬费。被范夫人严词拒绝。

中华民国政府成立后,1935年11月23日,烈士灵柩由上海迁往南京,1936年1月3日,举行国葬于中山陵东隅,与西侧廖仲恺墓形成犄角。"文化大革命"中烈士墓被破坏,1973年4月江苏省委将烈士墓重修,并将范鸿仙夫人、同盟会员李真如遗体也移来合葬。

1986年初稿,2002年修改于安徽大学历史系

---

① 见周海平文。

附：范鸿仙诗（七绝）十一首
（原诗无具体时间，无具体划分）

中秋日赴荪楼处，戏谈至夜半。比归，月已栏矣，夜色苍凉，寒螀唧唧，俯感身世，百感进交。因成羽琛句以寄之。（哀鸿）

黄金华发两飘萧，但有秋魂不可招；
吟到恩仇心事涌，长天一日坠林梢。
历劫成灰感不消，万千哀乐集今朝；
自知语乏烟霞气，新荷无人话碧霄。
少年哀乐过于人，悔向云中露一麟；
今日不挥闻泣泪，谁疑臣朔是星辰；
人生宛有去来今，安用冥鸿格外吟；
一事避君君匿笑，英雄迟暮感黄金；
文字缘同骨肉身，天涯有弟话秋心；
不容明月沉天去，况复炎刘古学瘖。

（用接迹风人明白篇故事）

手扪千轴古琅玕，事事相同古所难；
一笑劝君输一着，霜毫掷罢倚天寒。

（与君辨析异同，不能胜也）

不容儿辈妄谈兵，绝业名山幸早成；
烈士暮年宜学道，莫抛心力贸才名。

（每劝君学佛故云）

人眅人材海内空,美人如玉剑如虹;
天花岂用铃旛护,厚重虚坏见古风。
（君配葛辨琴女士,科学湛深,近复精研小学,女界中杰出也）

雄谈夜半斗牛寒,笃信男儿识字难;
如此深心如此法,文章合有老波澜。

（凡治文宜自小学始,予与君持论正同）

眼前同志只朱云,猿鹤真堪张一军;
且莫空山听雨去,烦君他日定吾文。
秋灯忽吐苍虹气,万籁无声帝坐灵;
翠墨未干仙字蚀,不如放眼入青冥。

（以上原文如此）

十六、淮上军(实际司令)副总司令张汇滔烈士事略

张汇滔(1982—1920),原名维环,字孟介。1982年出生于安徽寿州(今寿县)西乡涧沟集张大郢村。汇滔兄弟五人,他自己是老大,二弟维桓,字仲掖,三弟维烈,四弟维超,五弟维阔,早亡。

汇滔少时,喜看侠客豪杰之类的书籍,受染颇深,终日习武,以为读书不如学剑。20岁以后进入安徽武备学堂,结识了同乡柏文蔚、张树侯和霍邱人郑赞丞等思想激进的同学。后来他们又一起进入新军军营。在新军中又结识了倪映典、熊成基、张石泉、胡万泰、龚维鑫、余中甫、李幼卿、孙权等有志之士。并合议组成秘密团体——"同学会",传阅革命书籍《猛回头》、《警世钟》、《扬州十日记》等。在活动中,张汇滔口才出众,言能动人。常在军营中作秘密演讲,日久,引起营中头目的注意,为避免遭遇意外,也为防止同学会组织的暴露,张汇滔脱离军营,潜往上海。

1905年,汇滔东渡日本,在日本东京,汇滔考入警监学校。那时,同县人孙毓筠(少侯)也在东京,在留学生中甚为活跃。他组织了一个学术团体,名叫"阳明学社",提倡"革命要知行言合一",此号召吸引了一批青年学生,汇滔也参加了。不久,经孙毓筠介绍,汇滔又加入了孙中山先生领导的同盟会。从此以后汇滔就投入了伟大革命的洪流之中,在中山先生直接领导下,慷慨

任事,英勇战斗,为驱逐鞑虏,恢复中华,流尽了自己最后一滴鲜血。

回乡组创"信义会",宣传革命

1906年10月,湖南醴陵起义消息传到东京,在东京的同盟会员,精神为之一振,纷纷请命回国杀敌。同盟会总部当时正在酝酿在江淮一带的革命起义,于是便派出孙毓筠、廖德番、李根发、段云、权道涵、程恩普、胡瑛和张汇滔等十几名盟员回江皖一带策动。到南京后,孙毓筠通过当时任三十三标管带的柏文蔚,搞到4款炸弹。经党人商讨,决定由孙毓筠、段云、权道涵三人携带炸弹,伺机刺杀两江总督端方,以增强革命声势。

12月6日,当他们从长安栈住处出发准备行动时,突然遭到侦探的围捕,三人当场被捕。孙毓筠供出自己是文渊阁大学士孙家鼐的侄孙,端方信疑各半。遂打电报给孙家鼐,孙回电称"逆孙顽劣,请严加管束"。于是端方便存心开脱孙毓筠,只判他5年监禁。而段、权二人则被押解寿州,终身监禁。

张汇滔经南京潜回故乡。乡人见他剪去辫子,穿着"中山服",都惊为奇装异服。传呼:"洋人回来了。"对此张汇滔并不引怒,常以串门拜亲为由,宣传革命道理。有一次听讲的人比较多,他在演说之后,发给每个听讲者10文钱,说:"这是送给你们去剃辫子的。"一听这话,胆小怕事者立即将钱退回。但也有几个年轻人果然去剪了辫子,表示愿意跟随张先生打天下。汇滔便把这些人组成"信义会",实际上便是同盟会分会。用的都是同盟会的口号,即"驱逐鞑虏,恢复中华,建立民国,平均地权",之所以不称同盟会,不过是为了掩人耳目而已。

这一年寿州一带大旱,饥民大多外流逃荒。张汇滔便带了几个剪了辫子的年轻人和一群饥民,以信义会的名义,到一家岳姓大地主家借粮。要求借给每人 2 斗,来年(明年)如数归还。俗话说:"好汉怕光棍,光棍怕不要命的。"岳财主见领头的几个,都是剃了辫子的,心里想,别吃眼前亏,就一口答应了。这样一来,信义会的名声,便传了出去,寿、凤(台)一带加入信义会的人很多。信义会的领导者是张汇滔,其中的办事人员有:张维屏(汇滔族弟)、张子和(汇滔族叔)、石芝兰、史端等,对信义会的发展,起了很大作用(见顾奈《辛亥革命时期的淮上军起义》)。

淮上军寿州起义

1907 年,徐锡麟在安庆起义失败,但此时在寿州的同盟会,却进一步发展壮大,而且已经有了武装力量 500 多人。

光绪三十四年(1908)农历三月十五日(阳历 4 月 15 日),是寿州四平山庙会,届时寿州城门将大开,各地的香客将拥满寿州城内外。张汇滔决定利用此时机发动起义,占领寿州,以配合安庆熊成基起义。但因起义事泄,只好改变计划。

11 月 19 日,突然传来熊成基马炮营起义事件,张汇滔急谋响应。而张汇滔一族的张烈,突然从安庆逃来,带来熊成基失败的消息,于是只得放弃起义打算。

马炮营起义失败后,寿县革命组织信义会已经暴露。张汇滔见信义会不好再保存下去,遂联合一批党人,重新安排。一面借组织寿县农会的名义,亲自打入农会工作;另一方面,又派孙旨美打入寿县教育会任副会长,有这两个组织活动更方便了。这两会同在寿县城内试院(原来改场)办公,朝朝相处。他们又有计划地拉拢县内一些上层人士,如县咨议局议员王庆云、张纶及地方绅士鲍礼亭等,作为革命盟友。(见顾奈《辛亥革命时期

十六、淮上军(实际司令)副总司令张汇滔烈士事略

的淮上军起义》)

1911年10月10日,武昌起义爆发了。消息传到寿州,同盟会员们都摩拳擦掌。张汇滔立即召集王庆云(龙庭,龙亭,原寿州人,今长丰人,开明士绅,当地民团领袖)、袁家声(子金,寿县人)、岳相如(冠卿,凤台人)、张纶(石泉)、张子和(汇滔族叔)、廖海粟、廖梓英、徐石君开会,决定在11月15日起义。先派一些人潜入城内埋伏,待机行为,然后里应外合。在城内潜伏为内应的是:张汇滔、袁家声、杨蔼青、李子久、岳逸九、徐石君、史立斋、李子久、刘西山。在城外的是:岳相如率凤台武装攻北门,廖海粟、廖朴纯、王庆云、王占一、李诱然、毕镜波攻东门和南门。

谁知情况发生变化,接印才三天的寿春镇总兵李某,大约听到武昌起义消息,又听到寿州要起义消息,竟仓皇逃走,住在城南门外的绿营兵,也都龟缩在营房内。于是城内党人在11月14日夜,便打开城门,并派张维森出城通知各地党人武装进入城内。

11月16日,张汇滔、管曙东在设于试院内的农业局和教育研究所研究接收寿县政府工作。他们一方面调来一部分武装,荷枪实弹,从武院大门一直排到西辕门外,另一方面找城内大绅士孙建侯(孙家鼐族人),把起义消息告诉知州魏绍英,劝他投降。张汇滔又亲到南门外绿营,收缴清军全部武器,并到州衙门办理接收手续。又打开监狱,放出革命党人权道涵、段云等人,并焚烧了清政府苛捐杂税的册籍。

11月17日,寿州城内及全境悬挂白旗,居民皆臂系白带作为欢迎庆祝寿州光复的标志。四乡居民也开始剪去辫子,革命党人也开始扩充军队,招募新兵,一两日内,队伍即发展到20000余人,定军名为"淮上军",淮上军正式组成。它以民团为主,加上社会力量,及收编的当地清军组织而成。各方并推张汇

滔为总司令，张坚辞不就。而转推寿州东乡较开明的绅士、秀才、安徽省咨议局议员王庆云为总司令，自任副总司令兼参谋长。另外两个副司令为咨议局议员张纶(石泉)和袁家声。总司令部下有：民政处，由孙建侯负责，审判处，由孙中习负责。军师为郭舫轩。另有"军统"13人，即王庆云、张纶、张汇滔、袁家声、廖海粟、段云、权道涵、毕镜波、岳相如、李子久、杨穗九、李诱然、王占一。又把全军编成18个步兵营，马队1营，炮兵2营，总数达20000人。

淮上军向周边出征，光复皖北各县

11月18日，淮上军分兵数路进军皖北各地：一路由张汇滔亲自率领经正阳关，沿沙河(即颖河)北上攻颖州(阜阳)；一路由权道涵、段云率领攻六安、霍邱；一路由袁家声、岳相如率领，东征怀远、蚌埠、凤阳，还有一支队伍由孙多荫率领，开往蒙城。自此以后，淮上军实际上变成4支独立队伍。

权、段一军前往六安，因六安清军已向北逃走，他们未费一弹，未折一兵即光复六安，派鲍礼亭为六安民政长。

由孙多荫率领的队伍于12月5日开往蒙城，该县知县和守备都乖乖地交出大印，蒙城也顺利光复。

张汇滔率部2000人，大炮2尊，小炮4尊西进，粉碎了颖上知县孙镜仁的抵抗，光复颖上。又向阜阳进发，颖州知府长绍派张士元率部迎战，淮上军先头部队人少，不敌，退回颖上。但后队已赶到，再往进攻，清军败走。11月24日，革命军挥戈直指颖州(阜阳)。

阜阳党人程恩普，系清长江水师提督程文炳之子。他从南京回来后，即在阜阳组织"安仁会"，发展组织，宣传同盟会纲领。

十六、淮上军(实际司令)副总司令张汇滔烈士事略

并以商会、农会为掩护,有一定基础。当张汇滔部与清军张士元作战时,程恩普、徐晓亭等便在阜阳城内发动起义。阜阳知县胡汝霖投降,颖州知府长绍见事不妙,溜之大吉。府差马林、胡谦、李栋、张鸿恩等主张迎接淮上军,阜阳训导汪调鼎不但自己投降了,还劝驻在阜阳的巡防营管带胡焜鹏把队伍拉跑,于是阜阳便被程恩普等光复。

这时淮上军已战败清军张士元,张汇滔进驻阜阳。但清军张士元一营残部逃至城西龙王塘,又阴谋反扑。后来,张士元被部下杀死,其部下投降淮上军。革命军经过整编,扩充至3000人。(清军防兵300人,安庆败散新军200人)有快枪2000支,成为一支像样的队伍。

这时阜阳秩序已趋安定。淮上军又派阜阳人宁治臣率军前往太和,11月27日,革命军顺利进驻太和城内,太和光复。

另外,淮上军又派出一军,由程恩普率领,前往涡阳、亳州。程部旗开得胜,11月28日,进驻涡阳,涡阳也光复。以后继续向亳州进军,亳州清军统领李辅勋,不敢硬抗,派人和淮上军接洽,表示愿意归顺。以致程恩普思想麻痹,毫无警惕。当李辅勋接到他的上级姜桂题密电之后,立即改变态度。竟调兵遣将,来一个包围战。当革命军进到亳州南溜集时,清军开炮轰击。程军英勇迎战,终因寡众不敌,于11月31日败回。牺牲队官、排长以下50余人,伤100余人。

淮上军东路军岳相如直趋怀远。其时怀远全县土匪横行,几乎有好几千人。北有安大眼、姚振亮,西有孙为凯、赵福田,他们正在包围县城。当岳相如统领到达该县西常家坟时,怀远城内代表刘楚南、韩渭生、刘少举等数人前来迎接革命军。

驻怀远的凤、颍、六、泗兵备道的兵士数百人,已撤至城西。知县宋南生,欲逃不得,只好关起城门。恰在此时,即11月19

日,岳部乘夜开至怀远,宋南生知道后,开门迎入。城外土匪逃散。11月20日,岳收编了城西清军。宋南生作了交代。怀远县新政权成立,刘蕴山为民政长,宋地山为审判长。

袁家声、杨穗九等领导的东路主力2000余人,及孙寿亭的学生队百余人,直接前往蚌埠、凤阳。凤阳县党人田仲扬(田激扬二兄)、田淑扬(亚豪,前参加马炮营起义者,田激扬三兄)起义于临淮关。当杨穗九率部抵达凤阳府时,二田兄弟在城内响应,率众相迎。凤阳守兵统领杜青远,因其家属在寿州,已被起义军扣留,举兵投降,免其死,尽收其兵。

此时津浦铁路刚刚修筑,北洋军张勋部正在南京和革命军相对峙不下,听说蚌埠临淮已被淮上军光复,张勋怕被切断退路,便立即丢下辎重,夺得车皮向北逃走。淮上军廖朴纯防守蚌埠市中心小南山,阻其逃跑。张勋以数倍兵力,围攻小南山,而大队则乘虚北走。廖朴纯及其部下160余人,皆战死于小南山下。山虽保住了,蚌埠市也保住了,而张勋也逃走了。岳相如部俘虏了张勋眷属。

总之,淮上军所到之处,淮河上下千余里,基本上都立即光复。

袁世凯派倪嗣冲反攻阜阳,张汇滔军遭受严重挫败

革命的烈火烧得清廷惶恐不安,在革命的强大压力下,清廷不得不起用正在河南"养病"的袁世凯。野心勃勃的袁世凯刚一出山,立即采用两面派手法:一方面派出唐绍仪和革命派议和,另一方面又压迫清政府交出军队大权。

袁世凯是河南项城人,项城和安徽阜阳近在咫尺,他最不能容忍的是淮上军向北发展,竟威胁了他的老家要挖他的墙脚。

十六、淮上军(实际司令)副总司令张汇滔烈士事略

袁世凯还认为,一旦淮上军占领豫东信阳一带,就和武汉方面的革命军联成一气,不但清政府可能完全垮台,连自己的如意算盘也将完蛋。至于兵权在握的倪嗣冲,当然不愿意看到自己的老家,被淮上军占领。于是袁世凯立派袁家的老走狗河南布政使倪嗣冲,(兼任武卫军右翼长)便立即进攻淮上军。袁并叮嘱倪,一定要在这次进攻中"立功"。并在此后不久(11月17日)赏给倪"额尔德穆巴图鲁"勇号。

于是倪立即率领大军,突然南下,进攻已经占领了太和、阜阳的淮上军。

首先,倪军分兵两路进攻太和。北路步兵两营,炮兵一队;南路骑兵两棚,步兵一哨,在颍河之南进攻。倪自己则率人马为后队。

守在太和的宁治臣见倪军数位于己,遂于12月10日夜撤出太和。倪军又长驱直入,猛扑阜阳。

张汇滔此时正在阜阳,但事先未虑及此,多处分兵出击,致兵力严重不足。遂决定固守阜阳,以待援兵,再进行反攻。他们用大石条堵塞阜阳西门和北门,并在城墙上做好防御工事。只派出一支小队伍出城,在阜、太交界的刘家集抵挡倪军,当然无济于事。

12月11日,倪军进攻阜阳,淮上军坚守抗敌,连战2日,被杀伤者不少,但倪仍未得逞。这时倪的大队后军又已赶到,在清政府募兵总办倪毓芬的率领下,加上地主武装,共有20000多人,把整个阜阳城包围起来。革命军夜以继日,冒雨防守,不断击退敌人的进攻。

倪嗣冲见仅仅军事进攻,不能解决问题,便使用阴谋办法。一面派城内反动绅士吴奉思、赵安润策动已投降的原清军巡防营管带朱兆勋、原清团防练勇管带徐金城(或作徐振清)背叛革

命,在城内接应。一面加强进攻,准备大量云梯,四面都可越城。

　　由于城内淮上军警惕性不高,只加强防守东门、南门,而对西、北两门,则未作考虑。12月14日夜,倪军营务处高士读、管带邱昌绵、帮带马联甲、管带周茂冬,及募兵总办倪毓芬等率领10000余人,爬上云梯越攻西、北两门。城内守军两营又内应开门,里应外合,倪军终于进入城内。淮上军英勇抵抗,展开巷战,勇歼入城之敌,一直战斗到12月15日晚7时,倪军最终还是打开四门,涌入城内。

　　淮上军迫不得已,分头突围而走。张汇滔看到革命军如此惨状,悲痛交加,欲与敌人在城内周旋到底,不肯撤出,经同志们一劝再劝,才破围而出退至颍上。这次硬仗,淮上军牺牲584人,被俘300人,被俘者后来全部被杀害。突围至颍上的有千人。牺牲者都是寿县、凤台两县人。仅张汇滔一族,就有57人。汇滔叔父张士杰及其子维屏、维敬,都惨遭毒手。据说,倪不仅全杀了被俘的300人,而且把阜阳城内的外县人,都集中在城隍庙前报数,只要听出不是阜阳口音的,就一律当做"乱党"杀害,估计淮上军被杀的最少也有100人,以致城隍庙前尸积如山,血流遍地。被杀者共有1000人。

各地光复军支援张汇滔阜阳之争

　　当阜阳失陷消息传出后,安庆光复后的安徽都督府立即派兵支持,派段志超为司令,管鹏为参谋长,率军于1912年1月中旬,前往阜阳。经合肥时,合肥军政分府又派刘文明率军一团前往。他们到达正阳关时,又和北伐军第一师团长柏文蔚派来的卢慈甫(佛)部会师,沿颍河北上。1月25日抵颍上,27日,北伐军5000人到达阜阳城东的四十里铺。28日大败敌军于阜阳东十八里铺。29日天明,革命军又由七里铺进攻,炮声隆隆,枪声密集。倪军惊恐万状,纷纷败退,自相践踏而死者,不可胜数。倪嗣冲几乎被俘,逃入阜阳城中。立即向袁世凯内阁发出求援电,称:"北援缓不济急,不能坐以待毙。"

1912年1月30日,倪嗣冲重赏部下,打开城门,分兵三路与革命军决战。战斗至为激烈,直到下午1时许,清军管带马联甲受伤,士兵死伤甚众。而炮营管带于九峰、队官段其缤,已与革命军联系,主动归降,不将炮弹射向革命军阵地。以致倪嗣冲不得不退入颍州城内,向河南巡抚齐耀琳求援。齐耀琳也向清廷告急,要求"派大支军队救援,以保颍州"。"不然,豫南必随颍州失陷,大势去矣。"

由于革命军没有统一指挥,而倪毓芬又率兵救援,革命军也无力进攻颍州,虽有涡阳援军王金韬(王士秀)救援,也未能扭转败势。而袁世凯又向颍州派出一个混成旅,两个团以上兵力赶来。恰在此时,南北议和会议复开,"北伐军已停止待令",淮上军只得退回寿县正阳。

二次革命,任淮上讨袁皖军第一支队长

1912年1月1日,孙中山在南京就任中华民国临时大总统,以黄兴为陆军部长,初步把南京一带的民军编为一、二、三三大师团,并继续征集第四师团。柏文蔚部被编为第一师团,柏任第一师团长。大约此时即有收编淮上军,扩大革命队伍之意。

这时皖北正值连年灾荒,灾情异常严重。而皖北淮上军在敌军压境之下,为了筹得军饷,难免有扰民现象。1月19日,柏文蔚发出了著名的《劝谕淮上军文》,文中指出:

"今淮河南北,为我淮上民军占领者,不下三十余属"。"人

谓淮上军昧于保护同胞之大义,有摧残人民之事实。举其大者不外无饷则派捐,派捐之不足则勒捐……更继之以搜索罗掘,……鸡犬不宁。我民军之价值,直有一落千丈之势,名誉扫地尽矣……

同胞之不堪其扰,其何以副救民水火之心哉?……本师团长虽非仁者,然大局攸关,安能蝉寂。……愿知过而改之,则民胞幸甚,民国幸甚。"

有一种说法是,张汇滔在此时,曾"被任命为副参谋长"。① 如果是真的话,也只能在2月份即淮上军刚从阜阳败回正阳之后。

1912年3月,袁世凯在北京就任临时大总统后,张汇滔的淮上军被编为混成旅,命张为旅长,并入皖军。张汇滔见血战多时换来的民国政府,竟被袁世凯夺去,愤愤不平,坚不就职。把部队交给毕镜波,他自己跟着孙中山先生去了上海。

1913年3月20日,宋教仁在上海火车站被袁世凯派人刺杀,使革命者从"议合斗争"中清醒过来。孙中山决心组织力量讨伐袁世凯,但黄兴主张通过法律途径解决,张汇滔自告奋勇,愿意讨袁。孙中山派张静江四处拼款40000元,交给张汇滔,并任命张为讨袁皖军第一支队长。

6月30日,袁世凯免去安徽都督柏文蔚职,以袁的走狗孙多森任安徽都督。

根据孙中山先生意图,张汇滔到南京,与章太炎、范光启(鸿仙)、郑芳荪(赞丞)、凌毅、龚振鹏等举行秘密会议,决定分头发动:范光启去芜湖,郑芳荪、凌毅去安庆,张汇滔去寿州。起义时间定于7月15日。

---

① 原文如此,但未讲何军,只能是国民革命军。

十六、淮上军(实际司令)副总司令张汇滔烈士事略

7月12日,江西李烈钧在湖江炮台通电起义,宣告独立讨袁。14日,黄兴态度突然坚决起来,召集在南京的第一、八两师军官,强迫江苏都督李德全于15日宣布江苏独立。

张汇滔起于淮上以后,龚振鹏、范光启二人突然感到,应先把淮上军力量组织起义,迎击北洋倪嗣冲部,于是自芜湖率步兵二营、机枪一连到正阳,14日召集第七旅长袁家声、第八旅长张汇滔(张部为毕镜波等部改成。毕部有步兵三营、营长为任仲平、葛昆山、罗光军、炮兵营长马仁生)、老同志岳相如(后任长淮北上警察厅长,有部下2000人)等举行会议。但龚、范二人虽都是合肥人,但淮上军对他们并不熟悉。因此在会上意见有分歧,群龙无首,形不成决议而散。

会议虽未形成决议,革命力量虽未统一起来,但7月20日《民立报》上却发表了一篇完全是讨伐袁世凯的《淮军檄文》。淮上军为何称为淮军,原来最后署名有龚振鹏、范光启,所以才称淮军。署名者还有田桐。田乃湖北蕲春人,曾参与同盟会的组建,曾受孙中山命在新加坡、泗水、北京创办报纸,和张汇滔私交甚厚,此时随张来淮上,本檄文可能出自田桐和范光启之手。但署名人中无袁家声,不知何故。(详见本文之后所附《淮军檄文》)

几天之后,原柏文蔚宪兵司令东北人祁耿寰在安庆赶走了孙多森,19日也宣布独立讨袁,并被推为安徽护理都督,以待柏文蔚的到来。

柏文蔚见安徽事急,自南京赶到蚌埠,成立讨袁军司令部,这时被袁世凯收买的皖军第一旅旅长胡万泰,竟指使部下柴宝山,以兵变为名,围攻安徽都督署,要捉祁耿寰,此时安庆形势又变。芜湖党人龚振鹏、管鹏率皖军第二旅大败胡万泰军,胡也逃离安庆,来到南京。胡万泰素对袁党不满,又与倪嗣冲不能合

· 217 ·

作,便主张柏文蔚仍回安庆。柏到安庆后,顾琢塘前来迎接。柏又在安庆组织安徽政府,任安徽都督。

此时由于北伐军的失利,讨袁军司令黄兴竟然突然胆怯,从南京逃往上海。

7月27日,柏文蔚在安庆就讨袁军总司令职。任命龚维鑫为参谋长,代行都督职权。管鹏为内务司长,代行民政长(相当于省长)职务。讨袁军的分配是:第一师顾琢塘旅驻安庆,龚振鹏旅驻芜湖。第二师长王庆云(从未到职)。第七旅长袁家声为第一支队司令,驻正阳。第八旅长张汇滔为第二支队司令,驻寿州。另拨顾旅陈雷一团归袁家声指挥,顾旅杨子默营归张汇滔指挥。

同日(7月27日),袁世凯第三次加委倪嗣冲为安徽都督兼民政长,并拨李辅勋、王明臣两军归倪指挥。1913年8月29日,倪嗣冲进入安庆,胡万泰投降。汤芗铭、胡万泰夹击芜湖,龚振鹏出走,安徽讨袁军完全失败。安徽全省从此陷入倪嗣冲的反动统治之中。

杀敌未成,惨遭倪嗣冲毒手

二次革命失败后,袁世凯连续发出许多通缉令,严密搜捕孙中山、黄兴、李烈钧、柏文蔚。安徽的倪嗣冲也在安徽大肆逮捕残杀革命党人,以张汇滔为首的淮上军一大批人,都是倪的残杀对象。许多革命同志在这一时期惨遭残杀,许多人被抄家,大批原同盟会员,都逃到外省,甚至外国,最多的是逃往上海。倪嗣冲在安徽立即展开对淮上军的疯狂镇压,在寿县凤台境内,不论远近城乡,一律挨村挨户搜查,凡遇壮年男子,便污为淮上军,一律逮捕抢杀,据淮上军重要将领王绍九的估计,仅在二次革命失

十六、淮上军(实际司令)副总司令张汇滔烈士事略

败后,死于倪屠户大搜查刀下的淮上军就有4000人以上。加上辛亥革命时牺牲的1000余人,淮上军初成立时只有25000人,其中有1/5的人被杀害。

张汇滔家乡流行这样一句话:"跟着张孟介,跑掉袜子鞋;跟着许伦敦(当地财主),顿顿不离荤。"是啊!跟着张汇滔闹革命,多少人献出生命。革命胜利了,清王朝被推翻了,为什么还被杀头、抄家?群众伤心了,心灰了。连不少逃到日本的革命党,也心灰意冷了。

孙中山先生避居上海龙环路44号,张汇滔、郑赞丞都跟随前往,住在龙环路渔阳里6号。为了保护孙先生,张汇滔特雇了日本武士大谷、岸田等4名保镖。一天晚上,一名武士发现可疑的人,打了起来。张立即向孙先生报告,认为住地可能暴露,请孙先生转移。孙先生当机立断,去了日本。张、郑也都跟随前往。

1914年7月8日,孙先生在日本成立"中华革命党",入党者必须按手印,并必须宣誓效忠孙先生。黄兴拒绝宣誓而未参加。张汇滔认为孙先生的做法是正确的,毫不犹豫地参加了中华革命党,并表示愿意跟随孙中山,奋斗终生,赴汤蹈火,在所不辞。

自1914年8月开始,张汇滔任中华革命党安徽支部筹备处长,安徽省司令长官,受孙中山之命,筹划长江军事,来往于东京、上海之间。亲自参与了南通起义、汉口起义、上海制造局起义……的策划与联络工作,虽树帜起义十余次,但均告失败。

起义的连续失败,并没有使张灰心丧气。许多同志的惨遭杀害,反而激起了他对敌人的无限仇恨。他决心干掉倪嗣冲。在南京、在蚌埠,他都悉心擘划,日夜劳瘁,寻机暗杀。正当大功即将告成时,却为人告密,党人李子宣等被杀。当倪得知张汇滔

正在谋划暗杀自己时,无比恐慌。他深知张乃是自己死敌。张一天不死,他自己即处于危险之中。于是策划了暗杀张的阴谋。

1917年7月,张汇滔跟随孙先生"护法",南下广州,8月,成立军政府。张被委任为大元帅府参军。

1918年5月,广州非常国会通过《修正军政府组织法》,准备取消孙先生大元帅称号,孙先生愤然辞去大元帅之职,离穗(广州)去沪,张汇滔随同前往。在上海他又奉孙先生之命来往安庆、芜湖、蚌埠及其他县邑,筹划大举。然而正在此时,倪的魔掌已伸到张的背后。在上海青洪帮里,有两个盗匪:一个诨号谢老五,一个是高某。倪出资40000元指使他俩潜伏上海,专等张汇滔回来。

1920年1月31日晚上,谢老五接到报告,说张回来了,而且是一个人,于是二人立即行动,在维尔蒙路(今士文士路),突然向张连发4枪,张立即重伤倒地。

张汇滔遇刺后,立即被送到广慈医院抢救。孙中山、廖仲恺都亲往医院慰问。在弥留之际张向孙先生断断续续地说:"死乃人所不免,可惜的是为未能为先生完成大业耳。"说完闭目去世。肃然一身,语不及私。时为1920年2月5日上午9时30分。牺牲时年仅38岁。中山先生和全屋的人,都为之痛哭。(上述杀手二人,逃往宣城,化名隐居,后被岳相如、葛昆山侦悉逮捕,在蚌埠被枪决)

孙先生亲抚烈士的独生子应淮(原名亮,时年10岁)说:"努力读书吧。"

张汇滔烈士灵堂设在安徽会馆"根本堂"。孙先生亲至灵前祭悼。并用白绢亲书"国魂不死"四字祭幅挂于灵前。张静江宣读祭文,祭文为怀远人孙希文所写。时陈独秀恰在上海,也参加了。张静江最为悲痛,会后至张家亲送800元慰问。灵前挂满

挽联,其中由章太炎唱挽,由田桐撰书的挽联,最引人注目,评价甚高:

遯初之死①可无伤,克强之死②可无恨,英士之死③可无惨。闻道斯得道,求仁斯得仁,肝胆有书生。凭孤郡,抗顽胡,大器推尊严太守。④

金陵共事见厥智,淮上共事见厥勇,江皋共事见厥仁。惟我能识君,亦君能识我,男儿尚意气。观奇数,知骨梗,穷途痛哭李将军。⑤

　　章太炎
　　　　　　鞠躬敬挽民国廿年二月六日⑥
　　田　桐

太炎先生被称为"狂人",而与张汇滔之私交甚厚,一般军人也对张汇滔印象极好。在追怀往事时,太炎说过:"余生平交好军人,如孟介之志大,而才亦足以济世者,不数觏。"(曾载于1929年《太平杂志》第一卷第二号《革命闲话》)

张汇滔壮烈牺牲后,孙先生曾批示:援宋公遯初、陈公英士优治丧葬。但后因时局紊乱,不及举行,而烈士灵柩,一直停厝,不得安葬。此事曾引起国民党元老的抨击。如居正就愤笔直书,逞递提案:

查安徽张孟介烈士,许身本党,从事革命十余年,出生入死,坚苦卓绝。其谋党之忠,临事之勇,死难之烈,堪与遯初、英士二

---

① 遯初,守教仁,1913年被刺死。
② 克强,黄兴,1916年病死上海。
③ 英士,陈其美,1916年被刺,死于上海。
④ 颜太守,颜真卿,唐人抗击并痛斥安禄山的人。
⑤ 李将军,即李广,号称飞将军。此处以张汇滔比李广。
⑥ 本挽联曾载于1929年《太平杂志》第一卷第二号《革命闲话》。

公先后辉映。今烈士遗榇尚停安庆,久未入土。一棺孤悬,能无惨然!拟请援以恤典,优予公葬,以为本党褒扬先烈之至意。(见1933年2月7日国民政府文官处第532号文件)

  然而此事一直拖到1932年12月16日,当时政府才正式行文:"褒扬张孟介烈士,兼转饬安徽省政府觅地妥厝遗棺。"但官样文章,文件往来,直到1934年12月20日,才在安庆北门外南庄岭安葬。安葬仪式在安徽省政府主席刘镇华的主持下进行。张汇滔烈士墓是主墓,两侧安葬烈士早年戎马相从的战友张子刚、马锦芳、郑赞丞、郑养源四人。

  "文革"期间,烈士墓地一切设施,全被捣毁。目前安徽省政府正筹划修复烈士墓。

附 记

张汇滔原配夫人寥氏,淮南蔡家岗人,生三女:长镜明、次镜莹、三镜源。皆随田桐教授文史,均笃学知大义。镜莹后考入圣玛丽大学医科。寥氏无子,以其二弟维垣之子应淮(即亮)为嗣。据说应淮后与四叔维超同读于南京中央大学文科,后任报馆编辑,盐务局员,养成吸鸦片恶习,解放初曾在蚌埠市机关学校任语文教师,1962年病逝,年52岁。

汇滔早年在上海活动时,曾结识南京歌女陈月华,容貌动人,琴棋书画均佳,二人一见钟情。后张为陈赎身住上海合兴里10号,人称二夫人。座上常客有:于右任、章太炎、居正、陈其美、张静江、岳相如等。汇滔遇刺后,孙先生特意保送陈月华进入上海督明女中读书。据孙先生卫士长田桓告知,陈在1934年安庆拜灵后,即回上海,后改嫁洪姓,解放初迁居香港。

二弟维桓,字仲掖,先参加淮上军起义。民国后,在许崇智部任军需处长,随蒋反许,被扣押,后被保释。又任湖北省禁烟总办。管鹏任安徽主席时,邀其任财政厅长,不就。说"自己不是当官的料",谢绝。1948年病逝于蚌埠。

三弟维烈,早年随汇滔参加革命,曾任淮上军骑兵旅长。汇滔遇刺后,心情激奋,常饮闷酒,醉则大呼:"有一天我要把倪嗣冲头砍下来,祭我大哥!"抗战前夕,在上海死于白喉症。

四弟维超,字季高,毕业于南京中央大学文科,生活放荡,嗜好鸦片。新中国成立后在寿六一带教书,五十年代末,病逝于宣城。

  据说,近年蚌埠市曾组织有张汇滔研究会,其情况不得而知。

  本文据侯鸿绪《国魂不死》一文与顾奈《辛亥革命时期的淮上军起义》二文整理,2001年10月于安大。

附:《淮军檄文》①
(讨袁世凯)

盖闻忠信者,国家之根本;谦耻者,国家之纲维;贤良者,国家之命脉;法律者,国家之经纬;文明者,国家之源泉。自古治国者,未有不秉忠信、重廉耻、任贤良、遵法律、浚文明,而可以措国家长治久安者也。中华民国第二期临时大总统袁世凯,诈伪相尚,残忍成性,卑污自侍,暴弃自甘。民党仁慈,不足以格其非心;世界文明,不足以化作戾气。方之桀纣,桀纣无其暴;方之莽卓,莽卓无其凶;方之催汜,催汜无其恶;方之杞桧,杞桧无其奸;方之张宪〔献〕忠、李自成,张、李无其残酷。至于此极,是诚殄绝忠信,斫丧廉耻,除害贤良,蹂躏法律,仇视文明,天下国家,世道人心所不能容之元恶大憝者也。

甲午以前,中日之好甚笃,世凯欲利用国家之便,以遂其一人之私,于是有甲午之役,丧师辱国,削地失藩。庚子之祸,伏根于此。戊戌之际,清政不纲,谭嗣同、康有为诸志士说清帝以变法,并组织新学会。世凯亦隶党籍,既而告密于荣禄,于是盟友之头颅,化作袁家之官爵,世道陵夷,谁料及者。六君子被戮,维新机会顿挫,十年爱国之志士,悲之至今。世凯旋以沽友之绩,擢督北洋,递入军机,竣脂削膏,进赂权贵,年

---

① 1913年7月,安徽讨袁军兴,淮上各军将领,齐集正阳,部署讨袁,研究作战方略。以张汇滔为首,集淮上军誓师讨袁。此檄文即为张汇滔与各军将领共同发出。由于此文揭发大奸袁世凯的罪行极其深刻而全面,故附录于此。

纳庆王者百万。其家奴段芝贵袭其故智，贡黄金献美人于载振，于是贿赂之风，朝野以溥。廉耻荡然，谁尸其咎？然犹得曰：“胜朝之逸事，与民国无涉，旧染污俗，咸与维新。”武昌起义，天下风从，是非顺逆，自在人心。世凯竟密派爪牙，傅佐良、周符麟刺革命伟人吴禄贞于帐下，且南犯汉口焚其市，全国精神化为焦土，残酷万倍白起，浩劫敝莸昆阳。文明战争仅见有此。然犹得曰：“世凯故国人臣，忠于其主，原心略迹，不事诛求。”阳夏既陷，和议方兴，世凯揣知民军仁爱，不忍久事干戈，我可以要总统之位置，彼可达共和之目的。相约停战，既复虑土地过蹙，难据要求之地位，遂当停战期内，乘民军之不备，诡曰剿匪，北袭我娘子，西略我潼关，南取我亳颍，公法之所不许，匹夫之所羞为者，世凯竟为之矣。

和议告成，总统定举世凯，首都定在南京，载在条约。世凯以南京不便于己也，除命赵秉钧、曹锟下京、津、保三镇兵变之命，以为要求改都北京之口实。君子可欺以其方，南京政府虽恶其反复，又以迫于求治之心，不事峻拒，且希望世凯终有效力民国之心。迨统一政府成立，进绝贤材，仇视端士，家丁门吏，贩夫屠竖，悉纳之于机关，以便操纵。于是中华民国之政治遂为袁姓家奴政治矣。参议院违其用人之意，彼即犯天下之不韪，军警出而干涉。国家初立，财政困难，裁兵之议，兴于志士。革命军人爱国家，信公理，谈权利，相率归田。世凯旧部，不但不令裁汰，且复招募，增益拱卫，各军又复倍其原数。各省军饷，数月不一发，北洋各师月一发而且加额焉。司马之用心果何在耶！革命军队裁矣，世凯去之犹恐不尽，复定大计，运动各军哗变，得收渔人之利，遂与褚其祥十五万元往烟台，徐鹤松十万元往南昌，黄祯祥二万元赴武昌，予范姓三十万元赴苏，组织九龙会，以图借口兴兵南下。身居总统之位，居然草寇行为，诛之固可胜诛哉！

十六、淮上军（实际司令）副总司令张汇滔烈士事略

爱国之士犹不肯遽尔弃绝，引领北望曰：世凯之所欲者正式总统耳，倘民党硕彦表示意见，不争总统，庶几改过自新乎。于是孙、黄毅然有北上之举。世凯恶犹不悛，阳与孙、黄周旋，阴肆鬼蜮伎俩，旋以黄兴为川粤汉铁路督办，计在杀黎以罪黄，覆灭黄以报黎。幸黄得其诈而去职，神奸巨慝，骇人听闻。

命令以代法律，即在君主立宪国家，且为叛逆。世凯以命令施行官制；法律无民政长，世凯竟置民政长；法律无护军使，世凯竟置护军使；法律无观察使，世凯竟置观察使。诸如此类，不可殚述。自我【为】之，自我行之，共和国家之总统顾如是乎？

鸦片之禁，民国所严。河北彰德府属遍罂粟，问谁所植，为世凯家人。人方禁之以除害，彼则因之以网利，奸商恶贾之行，经总统乃优为之。官有铁路，国家之财产也，交通银行，官有铁路之金融机关也。世凯据为己有，以之豢养盗贼，以之供给暗杀及侦探，以之收买议员及报馆，以之招纳罪人，如王和顺、黄士龙、张鸣岐、李準之徒，皆入幕府。迩复益肆猖獗，叠次蹂躏报馆，捕拿参议员谢持，以其枉杀张振武者，毒杀林述庆。以其暗杀罗明典、吴定安者，锄杀宋教仁。二千五百万磅京权辱国之大借款，不告国人云。二十二行省之质问，视而不见；四万万人之呼吁，听而不闻。又复派内务次长言敦源运动上海流氓，抢掠租界，以重民党之罪。幸临时变易，转强(?)制造局。是可为也？孰不可为也？

迹其行事，莫非珍绝忠信，歉(?)丧廉耻，除害忠良，蹂躏法律，仇视文明。决东海之波流恶难尽，罄南山之竹书罪无穷，任其率兽而食人，不加诛戮，人道沦亡，国于何有？汇滔誓师淮上，前驱讨贼，不敢告劳。愿我同胞，同心协力。谨告天下，咸使闻知。此檄。

张汇滔、龚振〔镇〕鹏、岳相如,毕靖波、范光启、田桐、郑芳荪、凌毅、凌昭、杨冠英、陈华亭、孙传轩、管应启、张汉、黄杰、顾汉、葛昆山、吴树滋、方楚翘、马仁生。

1913年7月20日《民立报》

十七、淮上军军统李诱然(茂询)烈士

李茂询(1875—1928),字诱然,亦字诉然,长丰县黄山乡马厂村大圩人。父李永,地方绅士,为乡里理事会董事,有五子,茂询居其次。茂询有子曰李乾,曾在南京读书,结识蒋经国,后随蒋去台湾。

好学乐施

茂询年幼时,就读于家设塾馆,聪颖而嗜书,好学不倦。年13岁,凡四书五经,已熟读成诵,能诗善文,娴于辞令,里中称他是"未进考的土秀才。"

李家在里中虽颇称富有,但茂询却富而不骄,凡里中有所求见者,能谦恭下士,礼貌待人,必亲出迎送。其父病故后,茂询便代父下塾馆,在家课书;课余,接其父兼理里中董事。他为人豪爽,讲义气,乐善而好施。一次,里中的族人李恒玉耕牛过冬无草饿死,开春无法犁地,茂询闻之,不惜重金购一耕牛赠之。又一次,住在马厂集的族人李孔文母子,因经营小本生意难以维持,诉诸茂询。事隔三日,茂询便送去30元,并说:"拿钱买头毛驴,既可经营磨坊,也可种田。"母子感激涕零。

广结革命志士 参加革命活动

茂询课书前后,已经广结寿州、凤台、合肥等地城乡革命志士,当时革命党人如柏文蔚、张孟介、袁家声、王龙廷等人便是他家中常客。有一次,他在课书之余,同王龙廷到各村发展联庄会队员时,为群众支持革命之热情所感动,归来便挥毫书下一联:"千寨绕人过,万山迎我笑。"春节张贴门上。不久,揭去上联,仅留下联,用以暗示:他已下决心,发动群众,从事革命。

当时的联庄会,是地方团防局的基础。而团防局又是王龙廷建议于安徽巡抚朱家宝批准并由王亲自领导而建立的。茂询乃里中有名董事,为发展联庄会成员,他经常四处往返数十里到各村发展队员。由于他平易近人,且有组织能力,故在各联庄会队联合为联防局时,被推为副局总,分管后勤工作。

威慑知州

1911年10月10日,辛亥革命爆发。消息传来,便吓跑了清廷刚上任的寿州总兵李某,革命形势一片大好,人心为之振奋。寿州革命党人也在积极准备发动起义,光复寿州,并召开了革命党人联席会议。会议决定11月5日为起义日期。茂询当即请命带人化装先行进城,观察州署县衙的动静,策应攻城。经会议批准,茂询便在起义前数日潜入寿州城。由于观察敌情无经验,接连几天,李茂询频繁地出没于州署衙门前,加上心情激动,神色紧张,引起衙役怀疑,因而被抓到州署。11月4日下午,知州魏绍英在州署正堂审讯李茂询,指责:"你是谋反叛逆,理当扣留关押。"茂询看到事已暴露,且起义日期又迫在眼下,退

十七、淮上军军统李诱然（茂询）烈士

却已无可能，与其束手待毙，不如大闹一番，或可幸免于死。于是挺身上前几步，一手掐腰，一手指着魏绍英，厉声喝道："我是寿县革命党人不错！革命党人城乡到处皆是。武昌起义已经成功，我们早就等得不耐烦了。只要我们一声令下，马上就能痛痛快快地宰掉你们这批赃官。魏绍英听着！如敢妄动，你先摸摸脑袋还能长多久？我只要少动声色，就能立刻叫你身首分家，家中鸡犬不留！"魏本胆小如鼠，已听说革命党如何厉害，况总兵早就闻风而逃，力穷势孤，小小知州又何济于事？今见革命党人威风凛凛，已经魂飞天外，浑身是汗，面如土色，连小腿也软了，连忙支支吾吾道："那好，那好。"抽身退堂，偷偷从州署后门溜进南街孙家鼐府中藏匿起来。总兵跑了，知州又躲了起来，全城文武官员有的仓皇出走，有的等待投降。当天夜里，王龙廷率众进抵城下，袁家声早已带人暗携武器混入城内。晚9时许，袁等人打开城门，革命军内外策应，喊声四起，起义队伍浩浩荡荡地冲进城来，占领州署，砸开牢门，迎接革命党人权仰之、段子祥（段云）等人出狱，在城内的清军纷纷缴械投降，知州魏绍英托人说情请降，交出印信。就这样，革命党人兵不血刃地光复了寿州。

从军从政复从军

寿州光复后，淮上地区革命形势发展迅速，城乡群众纷纷剪去发辫，请缨入伍。数日内，淮上义军已发展到9000多人，加上清军投诚者，声势浩大。为乘胜克敌、扩大战果计，淮上地区革命党人决定成立"淮上国民革命军"。起初，推选张汇滔为总司令，张汇滔固辞说："革命还要平复江淮，我实不能胜此重任。"于是改选王龙廷为总司令，张纶、袁子金副之，张汇滔自任参谋长。司令部辖有军统，分别由张汇滔（兼）、王龙廷（兼）、张纶（兼）、袁

子金(兼)、权道涵、段云、廖海粟、毕镜波、杨穗九、王占一、岳相如、李子久、李茂询等13人担任。军统下设管带(营长)、队长(连长),共编为18个步兵营、2个炮兵营、1个马队,分兵经略江淮各地,推动淮上地区各地的革命运动发展。茂询从军后作战英勇。

1918年,军阀倪嗣冲统治安徽结束后,茂询被委任为泗县县长。他从政后秉公办事,不徇私情。一次,茂询妹婿倪仰之跑到泗县找他谋求官职,茂询坚决不许。茂询随员吴鼎山略知拳术,一次酗酒闹事,被一个和尚打倒在地。茂询了解后,不但未袒护吴鼎山,反而严加斥责,并令其前去赔礼了事。其清廉公正作风,很得群众敬重。

1927年直鲁联军南犯时,茂询丢掉泗县县长职务,经柏文蔚介绍,到马祥斌旅部当参谋长。第二次北伐时,马祥斌率师追击直鲁联军过了淮河,进驻河南商丘时,茂询有短假,便回乡探亲。时马祥斌接到张敬尧的诈降信,伪称听从收编,谓:"至于善后问题,务请旅座和参谋长亲临亳县面议。"马祥斌急令茂询归队。经过讨论,马与李茂询只带一个警卫班,前往亳县与张会面。不幸中了张敬尧的诡计,人枪全部被扣。不久(1928),李茂询被张敬尧押解至济南枪杀。茂询殉难时52岁。

作者:孔文

十八、马祥斌烈士事略

受革命洗礼,自办乡团,被编入反动的安武军

马祥斌(1888—1928),字文伯,安徽宿县时村镇人。少时读书聪敏,年16即考入凤阳府经世学堂。以后又进入安徽巡警学堂学生班。时革命先进徐锡麟为巡警学堂会办(副校长),1907年7月徐锡麟借学生毕业之机,刺杀安徽巡抚恩铭,被捕后就义。学生被捕40余人,其中就有马祥斌,后被释放。巡警学堂停办,学生也自动解散。

马祥斌受徐锡麟的影响,革命思想也已萌芽。被遣散归田后,便在当地时村组织民团,自任队长,维持地方秩序,颇得人民好评。

1913年2月北伐军在总司令柏文蔚指挥下,大败张勋等北洋军队于固镇,再败北洋军于宿县,并一举攻下徐州。宿州知州粤人李铭楚投降北伐军姚雨平,但仍私藏武器,被柏部师长郑维成赶走,安庆又派来新知州朱城。马即扩充乡团,起来响应。未几,安徽都督柏文蔚失败,北洋军又由京浦路南下,倪嗣冲为安徽都督,改编马部为倪嗣冲部安武军第三营,或云第一旅补充营,[①]

---

① 见《马祥斌被害记》。

以马为营长。不久,又升团长。后来有人撰文说:"有人说该团团长原为舒龙甲,舒有病住医院,马祥斌以银币1000元贿赂医生,将舒毒死,而得升团长。待考。"又说:"他当团长之后,又调为混成第一旅参谋长。"但也有人不同意,说他"先被编为连长,后随安武军到江西打仗颇力,被提升为第三营长"。①

不久,马祥斌以革命党人的嫡系之嫌,被免除了安武军的职务。②

任蚌埠警察局局长,大显才能

马祥斌被免职后,赋闲居于蚌埠,此时蚌埠因刚刚兴起,财源较多,而被袁世凯走狗安徽督军倪嗣冲据为大本营。倪嗣冲之侄倪道烺认为马祥斌是可用之材,便任命他为蚌埠警察局局长。③

蚌埠是自津浦铁路通车后,才在铁路与淮河交汇的南岸新兴出现的城市。因系自发无序形成,街道狭窄、弯曲、坎坷,楼阁相连,高低杂乱,贫富悬殊,房屋又多以木材、草席、麦草为之,杂以棚户拥挤。1918年一场大火,烧掉了半个蚌埠。

正在此时,马祥斌出任蚌埠警察局局长。此时督军公署长官、各局局长、各会会长、钱庄货栈、粮栈掌柜们,茶馆、酒肆、饭摊客人们,街头巷尾,无人不在谈论此场大火,更令人担心的是,如此杂乱的街道,还要发生大火。

马祥斌深知此种情况,思量再三。经过和督军府长官商议,决定扩大市区,以穿过淮河的横铁路为中心,向东、西两个方向

---

① 见《对马祥斌事略一文的意见》,《安徽史学通讯》1958年第2期。
② 见《马祥斌事略》,《安徽史学通讯》1957年第3期。
③ 见《对马祥斌事略一文的意见》,《安徽史学通讯》1958年第2期。

发展,开辟两条平行马路。把杂乱无序的草房一律拆除,既注意街道的开阔,也注意路面的整修,所需砂石,一律取自即将成为市区中心的小南山。

当时的蚌埠,商号、官府很多,大大小小的官吏军将之家、富商之店,凡遇有损及私利的事,无不百般刁难,使执其事者,费尽九牛二虎之力。马祥斌亲临现场,手拉皮尺,划定拆迁范围,凡是拓宽路面必须拆迁的房屋,无论是否是官府吏居、富商店面,当面划定后一律限期拆除,无论何人,决无二致。

终于,一个崭新的蚌埠出现在人们面前。大马路、二马路在淮河南岸展开,所有的街道都宽阔了,路面平坦了,拉直了。所有的木板墙变成砖墙,草房换成瓦房,墙角都堆起消防用沙,墙上挂上了消防桶,压在蚌埠人民心上的石头,落地了。又把几条南北街道命名为中山街、中荣街、中平街、国庆街、国富街、国治街,一直沿用到新中国成立后。

马祥斌到任前的蚌埠,市面混乱,盗匪猖獗。马祥斌到任后便着手了解情况,整顿市面,哪知刚一下手,便有探访营缉私队队长郭华亭派人送来厚礼一份:居室、办公室、会客室全部家具各一套,枣红马一匹、虎头刀一柄。此举立即引起马的重视。他想,蚌埠盗匪,为何屡禁不止。屡屡匪案,为何不能剪除?是否有官府中人,暗中支持、分赃。于是便率领数人,明察暗访。果然此郭华亭明为官警,实为盗匪后台。他是蚌埠警官中的三朝元老,警察局局长换了几任,也奈何他不得。此人既是安清帮通字辈巨头,又有门徒400余人,都是流氓地痞,惯窃土匪。郭的门徒也学着他的模样,明为官、商,暗中却干些抢劫、绑票的坏事。凡新到蚌埠混世的人,必须首先到郭处挂号,如何抢,抢谁,何时动手,都由郭安排。一句话:郭华亭不除,蚌埠无宁日。

不久,一个黄昏时分,二马路闹市区老凤祥银楼对面,一家大皮货店被抢,抢走现金和皮货若干,警察赶到,逮捕二人,经审讯,二人皆郭之门徒,都是由郭策划的。马祥斌当机立断,第二天一早,派警察包围了郭华亭住处,搜出赃物皮筒12件,投师贴400余张,便立即将郭逮捕。审讯时郭供认不讳。马便将郭师徒三人押上大街,斩首于皮货店门前。全蚌埠人心大快。从来只有官官相护,官匪相通,官暗为匪,匪可为官,而且为大官,北洋军阀当权时,尤其如此。马祥斌杀盗匪,顺民心,真是有胆有识,大快民心。从此以后,盗窃案件大大减少,甚至盗匪之间,也赌咒发誓:"谁若昧心,出门便碰马祥斌。"①

马祥斌为了维持全市秩序,不分冬夏寒暑,总是黎明即起,骑一黑驴,带两个卫兵,巡视大街小巷。凡遇欺行霸市之徒,不分尊卑一律拘捕审讯。对情节不重者,便由管理人员押往市区,在街道打扫垃圾粪便,保持卫生。有人问马,为何不囚禁他。马略为沉吟便答:"因其身何如用其心力,弥补其过失,并除弊与兴利于一举中得之。"

任安武军第二混成旅旅长,变劣质军为优质军

正由于马祥斌在治理蚌埠过程中有不寻常的功绩,受到倪道烺的重视。不久,马祥斌又兼任安武军第一旅参谋长。大约在1926年前,又新任为第二混成旅旅长,驻防六安麻埠一带。据说马祥斌的"私人生活简单朴素,他对民间疾苦,时常关怀,遇有灾黎,乐于救济"。他的治军也"颇为严肃"。他常教育士兵,"律以三要":"一要兵不扰民,二要打仗勇敢,三要服从命令"。②

---

① 见史正礼《马祥斌在蚌埠》,《蚌埠市文史资料选辑》第一集。
② 见《马祥斌事略》。《马祥斌被害记》也说,马生活简朴,治军严肃。

《马祥斌被害记》中说,在整个安武军五个旅中,第二混成旅的质量是最差的,但经过马的整顿训练,"质量由最劣变为最优"。①

1927年1月,当北伐军攻克两湖,在江西和孙传芳激战时,此时尚困在河南的民军袁子金部,企图经过皖西,进入湖北,参加北伐军时,正好经过马祥斌防地,曾去动员马祥斌起义。据说此时尚是孙传芳部的马祥斌,拒不接受,并堵击此军。在安庆起义的黄如坡,即在此时被杀害。②

响应蒋介石北伐军,任北伐军独立
第五师长防守合肥,大败张宗昌

1927年3月,北伐军打垮了吴佩孚、孙传芳两大军阀,攻克两湖及东南五省。在革命形势急转直下的情况下,马祥斌以前曾参加过国民党,是倾向于北伐军的,此时也派代表马心亭和北伐军取得联系,响应革命,也投降了蒋介石。蒋立即任命马祥斌为新编独立第五师师长,兼安徽省政府委员。③ 他是当时安徽28名政务委员之一。马祥斌以第二混成旅为基础,收容了原安武军五个旅中的第四旅、第五旅各一部,在合肥整编为三个旅。张香谷为第一旅旅长,阎统贯为第二旅旅长,秦庆麟为第三旅

---

① 见《安徽文史资料》第七辑。

② 余按:此点值得注意。但是否杀害同盟会员黄如坡,恐怕尚不能成为定论。淮上军总首领柏文蔚在《五十年大事记》及《五十年经历》,曾谈及派人联络马祥斌的事,但马未来参加柏的三十军,而是投降了蒋介石,蒋是更大头目,降蒋不足为奇,袁子金即袁家声,原为柏文蔚北伐军部下,此时来投的也是柏文蔚,成为柏部三十三军第一师师长。但实际上马在降蒋之后,柏文蔚立即将李诱然派入马军为参谋长。足见马之不入柏军,但和柏仍有联系,可见他俩之间,是另有打算的。

③ 见《对马祥斌事略一文的意见》一文。

长。分兵防守各地。① 整编后的马部,已成为像样的队伍。

1927年4月,蒋介石掉转枪口,展开"四·一二"大屠杀,镇压共产党。乘此时机,前被打败的军阀孙传芳,请求直鲁联军总司令张宗昌率兵援助。孙传芳自己则攻入镇江。张宗昌派来大批援军,进攻安徽合肥、滁州,进攻合肥的是其西部主力,共有三师之众,将合肥团团围住。② 情况危急,马祥斌奉蒋介石令,"守住合肥"。于是马奋身而起,以寡敌众,抱定"城存则存,城亡则亡决心",与敌决战22个昼夜。③ 屡挫敌军,但以孤城寡众,仍有朝不保夕之势。但此时恰有淮上军起义时,也在涡阳起义的王金韬和因失势被编入张宗昌部下的褚玉璞部。此时乘机在滁州起义,响应北伐,因力量太小,无法抵御直鲁联军的攻势,向合肥撤退,遂率领其800人援助合肥。

马祥斌乘此时机,亲自指挥反攻,与张宗昌部大战于合肥城东七里站。冲锋肉搏、奋不顾身,"喊杀之声,震闻数里"。搏战3个小时后,敌军精锐损失殆尽,溃不成军,立即溃走。张宗昌为之胆寒,进入蚌埠的张军后军,也随之撤退,回到山东济宁老巢。这一战役也是北伐战争中著名的战役。④ 其前锋西部残部张敬尧、袁家骥的一军一师人,也退至六安、阜阳、太和、亳县。

参加北伐,任暂编第五军军长,
收编直鲁军张敬尧、袁家骥部

恰在此时,蒋介石又派兵北上,命令马祥斌参加北伐,为北伐

---

① 见《马祥斌被害记》。
② 此外,前见《马祥斌事略》,后见《马祥斌被害记》。
③ 见《马祥斌被害记》。《马祥斌事略》作21日。
④ 见四人合撰文。

左路军。马军立即北上，进军神速，经怀远、蒙城、涡阳，直插亳县十字河，挡住张、袁二军逃路。二人无路可逃，为了保存实力，便向马祥斌请降。马祥斌正在骄傲刚愎、毫无警惕之时，便立即呈准蒋介石。蒋提升马为暂编第五军（或说十一军）军长，其部下旅长也都升师长，并奉蒋命把张、袁二军收编在自己部下。张敬尧的祖籍是霍邱，颍上南赵集人，是北洋派皖系大将，曾任湖南督军，在湖南干尽坏事，湖南人恨之入骨。失败后潜入天津。直系张宗昌为了扩大其势力，请其收集余部复出，授直鲁联军第二军军长。此时正到太和。袁家骥是北洋政府农商总长袁乃宽之子，被张宗昌委为直鲁联军第十二师师长，辖两个旅。5月底，退到太和亳县边界。马祥斌把张、袁二人都编为师长。为了不致发生意外，马把袁部下程占元旅驻在亳县，而令袁驻在涡阳，并将袁部其余的人编为亳县8个大队，使用涡阳人马锡仁为统领，给警卫团长名义。此举引起了马祥斌和袁、程，以及袁、程和马锡仁的矛盾。

此时，北伐军尚在胜利前进，前锋进入山东，马祥斌也到达山东金乡。马军此时的布置是：阎、张二师随马北上，秦师留阜阳，张敬尧、袁家骥两部驻在亳县、太和。此时又出现新的情况，湘军攻安徽，和蒋介石、李宗仁争夺安徽。北伐军前锋停止进攻，并立即后撤。马祥斌接到后撤的命令，阎、张两师也正在后撤途中。马祥斌在毫无戒备的情况下，仅带数十人，乘汽车先行，返回亳县，住入城内姜家祠堂。当时只有他的参谋长刘和鼎和少数部队驻在亳县城内。还有少部分仅驻在城外，一个炮兵团，也驻在城外，而亳县城东门，则由袁家骥部程占元旅驻守。

降军张敬尧、袁家骥叛变，绑架马祥斌

利用突然变化的有利形势，奉系军阀立即反攻，重新攻下徐

州、蚌埠。担任北伐军左翼的马祥斌,又突然变成深入敌阵的孤军。不仅如此,张宗昌对马祥斌也痛恨入骨,他突然采取多箭齐发的办法,对付马祥斌。据说张一方面在军内贴有赏单:"如有生擒马祥斌者,赏银二十万元。"并派人找到袁乃宽,叫他劝告儿子袁家骥反马。另一方面又致张敬尧密电说,叫他监视袁家骥。并说,袁如是真心投马,便就地把袁处死。张、袁二人是拜把兄弟,又是儿女亲家,张敬尧竟把密电给袁家骥看。① 于是绑架马祥斌的事件,便发生了。

原来被马祥斌收编的张敬尧、袁家骥二人,6月4日还在太和过节,突然听说马祥斌从山东败回,便突萌杀机。马祥斌回到亳县城内后,立即通知在涡阳的袁,到亳县城内开会,袁推说有病未去。大约是9月2日夜,程占元即带马弁40人,携带冲锋枪、合子炮(一种短枪),由亳县河北(程旅部在河北)进城,声称奉命来开紧急会议,入城后即直奔姜家祠堂,开枪打死门卫,直奔马祥斌。马闻声惊起,穿着短裤,手拿芭蕉扇,出来问什么事。程说"请军长到河北。"马知有变,但已无可奈何。便说:"等我穿上衣服。"程不容分说,将马祥斌挟持而去。② 同时和马住在对面的,还有蒋介石的代表,当即被击毙。

据说马祥斌平时对保卫工作是疏忽的,从来不带很多卫兵。即使到街上去,也只带一两个卫士,远远跟随,因此有此空隙。当马走出军部时,马部已将机枪架起,要开枪拦击。马还制止说:"不要开枪,有话我到那里,同他们说。"马到东城门,被关于城门楼上。东门外马部也出动了,架起机枪,监视东门,不准出城。双方形成对峙,战火一触即发。亳县人怕打起来,有害地

---

① 见《马祥斌被害记》。
② 见《马祥斌被害记》。

方,以财政局长、商会会长、学界代表出面调停,找到绑架的营长卫某。卫推说是代人行事,旅长不在。又找到军部参谋长刘和鼎,一方面表示希望和平解决,一方面建议刘和鼎组织敢死队,由亳县城内人带领,走捷径爬到城楼抢人。但刘未回答。亳县财政局长陈丽生想:马被绑架,全军兵力未损,刘有升军长希望。如救出来,则刘无希望。而且仗一打起,定会有损地方。① 在双方对峙处,有人问刘和鼎,为啥不开枪打?刘和鼎答:军长有谕,不允许打。到了下午,刘和鼎突然将在亳县的马的直属部下都撤走了,撤到亳县乡下卢庙。马的部队一走,程占元立即将马祥斌"械出东门",送往涡阳。路过亳东十九里沟时,地方红枪会自动集中1000多人站在集上,准备抢夺,但因无人出面,而未敢动。亳人对马祥斌都有好印象。因直鲁联军过境时,纪律极坏,要地方供粮供草,而马治军较严,不要地方供应,故当地人对他很有好感。②

拒不投降直系军阀张宗昌,以身殉国

马祥斌在涡阳停了三四天,袁家骥又派人用汽车把马向徐州解送。用两辆汽车武装士兵,一为前导,一为后护。马祥斌和押解他的袁部营长方端臣和他的马弁在这两辆车中间车上。在途中马曾向方说:"方营长,你这个机会很好。"暗示方能否放他,将来自有好处,但方佯作不知。车过宿县时,马的旧部曾打算拦截,但方军绕道而走。到徐州后,张宗昌赏给袁家骥一个团的武装,当时便成立了一个特务团,命方为团长。

---

① 见陈丽生《马祥斌在亳县被害真相》。
② 见《马祥斌在亳县被害真相》一文。

马祥斌被解到徐州,见到褚玉璞,褚劝他投降,马执意不降。张宗昌慑于马的威名,说:"我要看看马祥斌是什么样的人物。"于是又把马送到济南,张宗昌亲自劝马,愿与他共图富贵,并允许他重回部队,率领旧部,马亦坚决拒降。张知马终不能为己用,便用药先将马注射成残废,不久便结果了他的性命。马死时41岁。

刘和鼎撤走后,和阎、张两师在合肥会合,后来刘和鼎又被蒋介石任命为师长。于是有人怀疑,马祥斌的被扣,可能是因为刘和鼎也扮演了不光彩的角色。但真实情况已不得而知。[①]

马祥斌在被害前,谈笑自若,视死如归。曾说:"我始终抱定革命宗旨,现在革命已打倒你们,我的志愿已达,生死何足轻重?你们祸国殃民的罪名,将遗臭万年。"

合肥人士惊闻噩耗,悲哀不已,立即召开追悼会,立灵牌于城内四牌楼和城外白衣巷两处。蚌埠人士获悉后,立即派人到山东运榇回蚌,葬于蚌埠市中心小南山之麓,并铸铜像,立于墓前。像于1938年被日寇破毁。抗战胜利后,又将马改葬于蚌埠南郊张公山。

        本文据六编文章综合整理而成
        2002年6月22日于安徽大学历史系

---

① 见《马祥斌被害记》。